远去的先生

《文史知识》编辑部 编

中华书局
ZHONGHUA BOOK COMPANY

图书在版编目(CIP)数据

远去的先生 /《文史知识》编辑部编. —北京:中华书局,2013.8

(《文史知识》主题精华本. 学林漫话)

ISBN 978 - 7 - 101- 09244 - 8

Ⅰ.远… Ⅱ.文… Ⅲ.文史哲—名人—回忆录—中国—现代 Ⅳ.K825.1

中国版本图书馆 CIP数据核字(2013)第 043597 号

书　　名	远去的先生
编　　者	《文史知识》编辑部
丛 书 名	《文史知识》主题精华本·学林漫话
责任编辑	包亦心
出版发行	中华书局
	(北京市丰台区太平桥西里 38 号　100073)
	http://www.zhbc.com.cn
	E-mail:zhbc@zhbc.com.cn
印　　刷	北京天来印务有限公司
版　　次	2013 年 8 月北京第 1 版
	2013 年 8 月北京第 1 次印刷
规　　格	开本 /787×1092 毫米　1/32
	印张 13¼　字数 170 千字
印　　数	1—6000 册
国际书号	ISBN 978 - 7 - 101- 09244 - 8
定　　价	38.00 元

写在前面

　　20世纪渐行渐远，在那已经逝去的时代里，在中国传统文史研究领域中，曾涌现出众多精于治学、为人师表的"先生"。如今，先生已经远去，但他们的学行、风采依旧为人所怀念。《文史知识》杂志保有一个常设栏目——"学林漫话"，汇集了先生的亲友、学生所撰写的故事，寄托着追思，不经意间也串连起现代学术史的脉络。

　　限于篇幅，这里，我们仅撷取41篇文章，由不同的作者，从不同的侧面，来展现远去先生的神采。所选文章，一仍其旧，在每篇末尾注明原文发表日期，以应读者检索之需。

　　"学林漫话"的故事还将一直讲下去，我们还要为学林的繁盛继续尽绵薄之力。

《文史知识》编辑部

目 录

图版目录

孙楷第先生晚年二三事

杨　镰

孙楷第

(1898-1986)

　　古典文学专家。1982年毕业于北京师范大学国文系,曾任燕京大学教授。以考证通俗小说见长,著有《中国通俗小说书目》《日本东京所见中国小说书目》《水浒人物考》《也是园古今杂剧考》《沧州集》等。他所编纂的小说书目,开拓了中国目录学的新领域,对建立科学的中国小说史学起到了重要的作用。

二十年前，1986年6月23日，被称为中国古典小说戏曲研究"现代第一人"的孙楷第先生于医院去世，享年88岁。

我生也晚，只是在孙先生一生的最后五年，才与他结识。在这五年间，我一直在他的具体指导之下从事古代文学与文献的研究，其中的收益，足可受用终身。这里所谈的孙先生的晚年，囿于自己的见闻，不但零碎，也有很大的局限。然而绝非道听途说可比。

1981年，我的第一本著作《贯云石评传》完稿，居然很快收到出版社的答复：决定接受书稿，要求我做一次认真的修订，尽快出版。当时，我手捧着文稿，激动得难以入睡，我下决心要开个好头：从第一本书开始就以高标准要求自己。可我又感到惶惑不安：我将从什么地方着手修改书稿呢？犹豫了几个月，我想到了孙楷第先生。写《贯云石评传》时，孙楷第的《元曲家考略》是我的重要参考书，而且，从1981年12月起，我就是与孙先生在一个研究室上班的晚辈了，何不亲自上门向孙先生求教？那时候到底是年轻呀！说做就做。几天之后我真敲响了孙先生在建国门外的寓舍的门。

其实我早见过孙先生。五六十年代，他家与我家同住在北大校园里。我常在未名湖边和镜春园中见到孙先生的身影,我与他的儿子还是北大附小的同学。在我的印象中,他是严谨、内向的前辈,不善于与人交往。敲开门,我就与另一个孙先生相识了。严谨还是那样严谨,可他随时愿意将自己毕生积累的经验讲给一个后辈听;内向归内向,这并不妨碍他去提携一个有志的青年。

我们的第一次谈话开门见山:我作了自我介绍,说明来意,接着请教,为什么《元曲家考略》不包括贯云石?他回答:《元曲家考略》一书在结构时就不包括有碑传传世的人,其立意是为一群"隐而不显"的元曲家作传。但他相当关注作为元曲家的贯云石。当场,他拿出了自己的笔记,为我——初次见面的晚辈——提供了几条写《贯云石评传》初稿时我未曾见到的资料,其中有南宋遗民王炎午的《上贯学士》。他留下了《贯云石评传》手稿,并约定:下周二再谈。到下个周二,他已经读完了我手写的18万字文稿,可以说,他认可了我这个编外学生。

此后,我们几乎每月都见面。我向他汇报:自己看了什么书,有什么新发现。他就指导我分析消化新的资料。看似闲谈,却始终不出治学的基本内容。什么叫学问,其实既可体现在论著中、课堂上,也可以体现在这种闲谈过程。比如,在《永乐大典》中,我读到一首贯云石的佚诗《翰林寄友》,并抄给孙先生。其中涉及了元仁宗初期翰林院的学士们。孙先生首先关注的是弄清楚这些学士究竟都是谁。其中有这样一句诗"文郁老经学",我说"文郁"应该是杨文郁,他想了一下摇摇头,说:没有见到杨文郁在皇庆、延祐年间活动的记载,这个翰林"文郁"实际是"文蔚"的笔误,文蔚是当时的翰林学士尚野的表字。贯云石是畏吾（维吾尔族）人，他在翰林院只待了不长的时间，这种差异太正常了。说实话，当时我对孙先生的判断半信半疑。从那时起已经过去二十四年了，前不久我读到一条新资料，说明杨文郁去世于元仁宗在位之前，证实了孙先生随口说出的推测竟是不刊之论。就这样，我每个月都在孙先生采光不好的起居室中听上几节文献入门课。

一年后，我在国家图书馆的一种孤本古籍《小山乐府》的卷首，发现了贯云石、刘时中等一组元人的序跋，这些新的文献，解决了不少以往未能解决的问题，比如元曲大家张可久的生年与字号等，我在孙先生指导之下，写出了自己的第一篇学术论文《关于天一阁旧藏小山乐府》，孙先生看了，鼓励有加，他说：他上大学时写的第一篇论文，由老师杨树达批了几个字："做得好。可喜也！"如今他将这几个字送给我。这篇近两万字的论文，一共改了四稿，每稿写成都由孙楷第、吴晓铃分别批阅，孙先生用黑笔，吴先生用蓝色铅笔，从结构、引证资料到错别字，连批带改。至今这些批过的稿子已经是我个人珍藏的纪念品之一。该论文在《文史》辑刊上发表了，孙先生专门约我去谈了一个下午。他用我的文章与当时的另外一篇文章做了逐段分析，并叮嘱我：千万不要做自欺欺人的应景文字。那几年，我就是在孙楷第、宿白、张政烺、吴丰培、吴晓铃等老专家的客厅里，完成了自己的"学业"。

1984年，我在元人文集中见到了一篇《张可久去思碑》，孙先生《元曲家考略》中的《张可久考略》中没有涉及这个文献。我曾问孙先生：您看到过这篇文章吗？他说：看到过。但我认为这个"张可久"，不是元曲家张可久。我说：是不是因为那是一篇"去思碑"？他难得地笑了，说：然也。孙先生的意思是：元代为某人写"去思碑"，是有级别限制的。文献已经证实张可久终身只是做到吏，不会有人去为一个数十年沉沦下僚的小吏写什么"去思碑"。这只是同名人而已。通过几年的交流，孙先生就是这样潜移默化地将他的毕生学养加注到一个初识门径的青年人身上。一次，我与学友王青平一起去看望孙先生，听说王青平正研究《斩鬼传》，孙先生针对《斩鬼传》的版本谈了一两个小时。就孙先生的"闲谈"我们查证了一星期，简直严丝合缝，如同专题讲座，发蒙解惑，要言不烦。王青平感慨地说：孙先生并不像有人说的那样严厉冷漠呀！我说，那要看谈什么。谈"学术腐败"他是严厉，谈名利他是冷漠。

从 1984 年开始，我在孙先生指导之下，协助他整理他的文稿。关于《小说旁证》，关于《戏曲小说书录解题》，关于《也是园古今杂剧考》，关于《曲录新编》，每一部著作，都是中国古代文学现代化进程的一通里程碑。每一部著作也都是供我学习领会的范本。那时，我的兴趣在元代诗文文献上，在元代蒙古色目人物"双语化"文学现象上。但通过对小说戏曲文献的了解，实际上是为我指明了一条以文献为基础来从事文学研究的路径。这一点是如此重要，不论研究方向是什么，你为之花的工夫都不会白费。特别是几年来孙先生通过具体的细节，始终强调要我们立足于学术规范之上，对此我的感触真是越来越深。

1986 年春，孙楷第先生患病住院了。

1986 年元旦刚过，孙先生还给我写了一封信，答复了我的几个问题。我在他的指教之下为写《元曲家薛昂夫》一书作准备。2月中旬,他突然呕吐不止,3月6日住院治疗。一再转院,病情也未能缓解。

作为私淑弟子,孙先生住院期间我正远在新疆天山深处的巴音布鲁克。巴音布鲁克是著名的蒙古土尔扈特部落东归之后的聚落地,那里有中国惟一的天鹅自然保护区,因此被称为"天鹅湖"。三十年前,一支那曲的藏族部落穿过青藏高原,也来到巴音布鲁克定居。我想就这些历尽沧桑的藏族与他们的女活佛的传奇经历写一本书。我已经住了几个月。当时,巴音布鲁克是中国交通与通讯最困难的地方之一,著名电影《天山深处》就因此而生。我不能及时获悉北京的情况。但按计划,我必须在8月份——大雪封山之前离开天山深处的牧场返回北京。我与孙先生约定,从初秋开始,协助他整理《小说旁证》。

等我回到北京,只能与孙先生在北京师范大学"会面"了。孙先生生前要求丧事从简,将骨灰洒在母校北京师范大学校园。孙先生的骨灰最终安葬在北师大图书馆前的绿地,并且在其上植青松一株以为纪念。我在那棵松树周围徘徊了一个下午,并培土、浇水为酹。

实际上,孙先生后半生身体一直不大好,可1986年初情况更特殊。除了年龄,还有过度劳累与心情不佳。那时学术著作出版面临一些困难,而且孙先生自己保存的文稿在半个世纪的岁月中特别是经历了文化大革命,早已散乱难拾,而他又总是不停地校订批改自己的旧作,不愿仅是照原样重出。从1984年开始,他着手将写于二三十年代的《戏曲小说书录解题》整理成书。到1984年年底,这部埋没了近半个世纪的著作,已经编成。1985年春节前后,孙先生兴致颇高,我们面谈时,他就整理并正式出版学界期待已久的代表作《小说旁证》专门做了吩咐。他计划用一年完成《小说旁证》的定稿,然后就是补充完成《元曲家考略》的最后十八个元曲家生平考证。同时,他还谈到了自己的另外一部文稿《曲录新编》,当时他笑着对我说:如果来不及完成《曲录新编》,就交给你来做。卢兴基先生曾说:我们很难赶上孙先生,因为他一辈子就只有小说戏曲。对这点,我的体会同样真切。

就在孙先生兴致勃勃地从事学术研究的同时,追寻他用毕生心血收集的数万册藏书的下落,成了他的心病。文化大革命初期,这批珍贵藏书全部散失了。当时他所在的文学研究所整个要下"五七干校",他提出将藏书先寄放在所里的一间空房间,被工宣队拒绝了。等他从干校回到北京,这些始终伴随他的书籍已经远远离开了他的视野。无书可读,就是他最后二十年间最大的痛苦。从80年代初开始,不断有人从琉璃厂等地的旧书店买到孙先生的藏书,其中还有他的手稿与批校本。这些"发现",实际拉大了孙先生与自己书籍的距离。

关于孙先生的书,有这样一个掌故:当这批珍贵藏书散失后,很快就出现在许多旧书摊上,其中包括孙先生的手稿、精心批改的自己的著作。一天,著名的部队作家慕湘(长篇小说《晋阳秋》的作者)在隆福寺旧货摊上买到了一册《也是园古今杂剧考》(上杂出版社1953年版)。闲时一看,发现书页写满了孙先生的批语,实际上是一部"改定稿本"。他是将军,也是文学家,他知道一个学者的甘苦。这不但是他们的心血，也是他们毕生的寄托。他想不通怎么会将这样重要的书弃诸"商肆"，但他认为这必然与"文革"有关。于是，慕湘在书后写了一首题为《璧还孙楷第先生〈也是园古今杂剧考〉改定稿本》的诗：

> 天上风云可预测，人间祸福无定时。古今典籍聚还散，得书失书寻常事。秦火隋禁明清狱，难比举国毁书日。穷探曲海杂剧考，改订待印弃商肆。偶见此书难释手，皓首通人春蚕丝。我今得书心虽喜，但念失者梦魂思。爱书颇知失书苦，怎如原书归原主。同是劫中失书人，相赠何必曾相识。

一九八一·七·一　慕湘

与孙先生取得联系之后，他放下繁忙的工作，专程找到孙先生家，将书籍璧还。见到慕湘，见到了自己遗失多年、本已不抱找回希望的书籍，孙先生百感交集。他讲述了这些书籍是如何遭逢"国难"的。在自己的日记中他称慕湘为"尚义君子"。他还说：就凭世上有慕湘这样的"真正好人"，他也要将这部著作尽快定稿交付出版。事实上，慕湘送回的书，就是孙先生自存的底本。同时，他完全清楚，这毕竟是难得的缘分，绝大部分书籍是不可复得了。但是，他还寄希望能写出新的著作。一个几乎与20世纪同龄的老人，最后的一二十年仍然抱有信心：相信自己一生从事的研究必将惠及后人。

住院期间，当时的文学研究所所长刘再复去看望孙先生。那时孙先生已经失语，见到所长他只在手心写了一个"书"字。实际上这个字已经道尽了他的感受。孙先生的一生说复杂，也复杂；说简单，也简单。说复杂，从庚子事变、清朝鼎革，他经历了20世纪的所有重大事件；说简单，他的一生可以仅用四个字概括：读书，写书。在病榻的孙先生，只有一个遗憾——书：自己毕生写作的学术著作，难以出版定本；陪伴自己一生的珍贵书籍如水银注地，不可收拾。

二十年过去了。从今年开始，在文学研究所学术委员会与中华书局的重视与不懈努力之下，十二卷本孙楷第文集即将陆续出版。可以说：目前是出版这些著作的最佳时机。在中国社会科学院文学研究所的学术传承过程中，没有比这再有说服力的章节了。经过多年的准备，几起几落，到如今是万事俱备只欠东风了。这些著作将全部使用孙楷第先生生前的修订本作底本。例如《也是园古今杂剧考》，那是孙先生的力作，当年日本学者盐谷温曾专门从东京赶到北京，就为了请孙先生讲述这一课题。从20世纪50年代起，孙先生多次准备修订再版这本书，但一直未能如愿。二十年间，他在至少六个本子上对《也是园古今杂剧考》做了精心细致的修改，其改动面积达到了85%以上，已经是一本面目一新的新著了。为了再版，他先后写过三个跋语，还专门请余嘉锡先生写了序言。如今包括在孙楷第文集中的《也是园古今杂剧考》，完全是遵从孙先生生前的意愿、依据孙先生的手泽编订的。

这十二卷著作的出版，等于为孙先生定制了一个纪念碑，同时也等于为中国古代文学研究进入21世纪的历史进程，提供了一份可贵的证词。孙楷第先生晚年的心愿终于实现了。

原刊于《文史知识》2006年第6期

忆夏承焘师

蔡义江

夏承焘

（1900－1986）

　　著名词学家，词人谱牒学的开创者，被誉为"词学宗师"。1918 年毕业于温州师范学校，曾任浙江大学教授、中国社会科学院文学研究所特约研究员。著有词学专著《唐宋词人年谱》等，不仅扩展了词学研究的视野，更辨别了一些诗词的真伪。另有多部诗词作品集。

尚余德业在人间，桃李栽成去不还。

少小从游今老矣，梦魂犹绕月轮山。

　　我的母校之江大学（杭州大学前身）很美，她坐落在钱塘江畔的月轮山上，那里莺转深林，溪喧幽壑，座中观海日，枕上看江潮，令我难忘。在那里我度过了我的大学生生活，走上从事中国古典文学教学和科研的岗位，其间，使我得益最多、对我影响最大的是恩师夏承焘（字瞿禅）先生。

　　新中国成立后不久，我被保送入学，一进校，我就听说："中文系最有名的是夏承焘教授，他讲课时总是满堂笑声，外系的学生都来旁听，连过道上窗台上都坐满了人。可惜我们第一学期没有他的课。"我们那时课时不多，自修课占了一半以上，为了早日得名师"真传"，我就把夏先生所教的各年级的课，全抄在课程表上，上完正课，就去别的年级旁听，断断续续，东听一点，西听一点。夏先生发现了，就在课堂上问道："坐在角落里的那位小同学，你是新来的一年级学生吧？叫什么名字？你听得懂我讲的课吗？"我一一作了回答，并说"讲音韵的，有的不太懂，其余都听得懂，很有兴趣"。后来，系里安排夏先生为我们开"中国文学"（韵文部分）和"唐宋诗词"

课,同学们别提多高兴啦。

夏先生上课从不照讲稿念,也不按什么程式来一套开场白,没有长篇大论,说话很从容,笑眯眯的,一点也不急。一开始就接触问题的实质,并且总能立即引起学生的兴趣,抓住他们的注意力。要讲的几点意思,总是表达得非常简明浅显,但又深入透彻。说理不多,而能出语惊人。他最喜欢举许多例子来说明道理,以加深学生的印象。在这方面,他讲课就像思想本身那么活跃,信手拈来,触类旁通。讲一首诗词,忽而提到荷马史诗《伊利亚特》如何写海伦的美,或者雨果、莫泊桑小说出人意料的结局。又联想到前一天晚上自己读到某本书中的几句话,或学校里刚放映的一部电影中的某个细节。有时,讲一二句诗,甚至一二个字,便用了一节课的时间,然而因为举一反三,同学们由此而获得的启示,却远非只对某首作品本身的理解可比。凡夏先生讲过的诗词,根本毋须再复习,早就在听讲的过程中自然而然地记住了,会背了。其中要点,不记笔记也不会忘记。有些人因钦佩夏先生而想学他的讲课风格,由于没有他那样的根基修养和明确的目的性,而只从表面形式上进行模仿,反而成了效颦,结果流于信口开河,东拉西扯,漫无边际的"跑野马"。

夏先生讲课,最善于用启发式。一次,他讲到艺术上相辅相成、对立统一的道理时,列举了许多例子。如说,要写喜,偏写悲,举了"喜心翻到极,呜咽泪沾襟";为写乐,反说愁,举了"荷花娇欲语,愁杀荡舟人";本写心情急切,却说胆怯害怕,举了"近乡情更怯,不敢问来人";要说人死了,再也见不到了,却偏偏说还有三个地方能见到,那就是"梦中地下更来生"，等等。然后，他说，我有一天晚上，读一本戏曲，其中有两句写鬼的，于是在黑板上写了"鬼灯一闪，露出□□面"几个字，要学生猜猜看，空着的两个是什么字。同学们有的说是"狰狞"，有的说是"青蓝"，猜了一会儿，都不是的。然后他才写了"桃花"二字并且说"桃花面"本应是最漂亮、最可爱的，故有"人面桃花相映红"的诗，可是在黑夜里鬼灯下见到，你们怕不怕？同学们想，鬼灯下的"桃花面"果然比所谓青面獠牙更令人毛骨竦然，一下子都乐了。他兴致来了，又讲了一个故事：有许多文人凑在一起喝酒，行酒令做诗，要以"红"字押韵，做一句。一个人做了一句花红的诗，一个人做了枫叶红的诗，还有做晚霞红、猎火红的。最后一个人想了想，做了一句诗说："柳絮飞来片片红。"大家都笑他做错了，哪有柳絮是红的？要罚酒。"同学们，你们说他该不该罚？"大家知道必有奥妙，不敢回答。一位同学低声地说："不该罚。"夏先生就问他为什么不该罚。他说不上来。夏先生笑着说，是不该罚。那个做诗的人也不服气，说："你们不知道我的诗前面还有一句呢，连起来是'斜阳返照桃花坞，柳絮飞来片片红'。"教室里立即又腾起了一片笑声、赞赏声。夏先生说："你们做诗，不要做花红、火红的诗，就要去做'柳絮红'一类的诗。"

夏先生对学生在学习过程中所表现出来的优点或进步，总是热情地表扬，鼓励他们要有超越前辈的志气。他曾经说："第一流的教师教出来的学生往往是第二流的，而第二流的教师反而能教出第一流的学生来。"他解说道："因为第一流教师，学生太崇拜了，就容易迷信，以为老师说的都是对的，不敢有别的想法，这样，学得再好，也总是比老师差一等。"俄国思想家别林斯基说过："学生如果把教师当作范本而不是敌手，他就永远也不能青出于蓝。"说的都是学生不要迷信老师，要充分发挥学习的主动性和创造性。夏先生用其个性独特的语言来表达，耐人寻味，又令人难忘。另一方面，夏先生也常常教育学生要尊重别人，虚怀若谷地听取各种不同意见。他曾做了一首语重心长的诗赠给学生，其中说："我爱青年似青竹，凌霄气概肯虚心。"真正把传授知识和传授做人的道理很好地结合在一起。

说到虚心，夏先生真是我们的榜样。我当学生时，常去夏先生家里串门，坐下来，我听他说，他也听我说。后来留系当助教，跟着夏先生学唐宋诗词，去他家的机会就更多了。夏先生手边有一本小笔记本，在谈天中，他时而拿起来写上几句。不论是我转述读过的书、文章中的话，耳闻别人的谈吐，还是我自己的想法、意见，只要夏先生觉得有点意思的，他都会记下来。老师听学生谈话而记笔记的，我不但从未遇到过，实也闻所未闻。一次，学生向他请墨宝，他谦逊地写道："南面教之，北面师之。"意谓既做学生的老师，也以学生为老师。现在想起来，夏先生之所以有那样大的成就，受到人们普遍的崇敬，这必定是一个重要的原因。

夏先生常把自己治学的切身体会、经验向学生介绍，也曾发表过《我的治学经验》等文章，为青年学生指明路径。记得有些学者在谈到"博"与"专"的关系时，意见颇有分歧，有的主张先"专"后"博"；有的主张先"博"后"专"；还有的主张"专"与"博"相互制约，相互促进，不应分出先后。使人听了有点茫然无所适从。夏先生并不纠缠这样的争论。他只告诉我们说："心头书要多，案头书要少。"还进一步说："只有能做到案头书少，才可能达到心头书多。"夏先生说"案头书要少"是力戒学生读书心不静，性子浮躁，见异思迁，没有定力。今天想读这本书，读了几页，就丢开了；明天又换另一本，从没有认真地从头至尾读完一本书。夏先生并不反对很快地随便浏览，不求甚解地略读一些书，他认为这样的读书也有必要，但只能作为一种辅助手段，更主要的还应该是对研究的对象能静下心来，下真功夫。比如你想研究一位诗人或者一部小说，就应该首先把主要精力放在细心地阅读原著上。在相同的时间内，也许别人已经看了十本、二十本论这位诗人的书，而你因为慢慢地读，边读边想，细心地体会，结果连他的集子也还没有读完。在夏先生看来，你的得益很可能比别人大得多。因为你是"采铜于山"，并非收罗现成的废铜烂铁。书，从案头到心头，全靠扎扎实实地积少成多。夏先生的话，实在也是针对许多青年学生的通病而发的。写到这里，我想起了前几年在杭大的一件事：一位选了"史记研究"为毕业论文题的研究生，化了许多时间精力，收集了所有论《史记》的专著、文章来读，由此而写成了一篇洋洋洒洒数万字的论文。但他的指导老师只勉强给了他一个"及格"，并加了批语，大意说："别人谈到的见解，你的文章里都有；别人没有谈到的，你的文章里也没有。"我想，如果这位研究生能听到夏先生的忠告，也许不会犯这个错误。

夏先生品评诗词的眼光很高，他常常把他的见解深入浅出地告诉学生。比如他说："有些诗一读，你就觉得诗原来这么简单，诗中的想法自己也有，为什么被李白、王维先写去了呢,好像自己也能轻易地就写出来,这样的诗往往是第一流的;有些诗一读,你就觉得高不可攀,以为自己一辈子也别想写出来,这样的诗反而可能是第二、第三流的。其实,那些看似容易的并不容易,所谓'看如容易实艰辛'。诗,最好写到'人人心头所有,人人笔下所无'。艺术上的单纯常常不是低级而是高级,是真正的上乘功夫。"有人将一部诗词选的书稿请夏先生审改。夏先生只对入选诗词作删减,说:"选诗要严,不怕漏,只怕滥。好诗漏选多少都没有关系,因为选者所好所见不同,所取也必定不同。但平庸的诗、不好的诗却一首也不应该入选,选了就表示你不知诗的好坏。所以宁缺毋滥。"这些教导都使我受益非浅。

夏先生自己是写旧体诗词的高手,但他并不强求学生也都要学做旧体诗词。不过,他认为有志于研究古典诗词的人倒有必要学学做诗填词,因为只有通过实践,体验做诗的甘苦,才能更深切地领会古人的创作。因而,对学做旧体诗词的学生,他总是耐心指导,多方鼓励,并不厌其烦地为他们改诗。一次,我把自己学步所做的诗都抄在本子上,拿给夏先生看。夏先生一首首认真看下去,写得不好的,他只笑笑,不说什么;认为还有点像样的,便给加上了圈,有时还改上几个字。记得有一首五绝,被圈了双圈,诗说:"信步循林薄,春花处处寻。流泉声似咽,始觉入山深。"但即便是这首二十字的小诗,"循林薄"三字,还是先生改的。原先我好像写了"行幽谷"什么的。先生说:"诗写幽深,精华不应预先泄露,改一下,就有层次了。"夏先生解放前有位最得意的学生,是他温州同乡,叫潘希真,即大名鼎鼎的琦君。琦君在台湾是名列榜首的、最受欢迎的女作家，被誉为"台湾文坛闪亮的恒星"，现留居美国。两年前，她给我的一封信中谈到她学生时代读《红楼梦》和夏先生为她改诗的情况说：

> 记得大二时，与一位要好同学一同躺着看《红楼梦》，比赛背书，背回目，我总是输；书中情节，则二人都了如指掌，如数家珍。我曾口占打油云："红楼一读一沾巾，底事干卿强效颦？夜夜联床同说梦，世间尔我是痴人。"瞿师（夏先生）改为"世间儿女几痴人"。他说，迷红书岂止我与那同学？那时，我们把瞿师比作贾母，中文系同学各代表一人物，现在回想起来，十分有趣。转眼已是四十多年前的事了。

夏先生性情旷达，我从来没有见过他有发怒或发愁的时候，遇见任何事，对任何人，从不高声厉色地说话，却会呵呵大笑。平时谈吐，充满诙谐幽默，特别喜欢讲笑话。凡做过他学生的，记忆中必定有夏先生讲的笑话。不用思索，就可举出几个来。一个笑话说：有一个人生性吝啬，买一把扇子用了十年还是新的。人家问怎么用的。他拿起扇子作竖掌状，说："就这样，只摇头，不摇扇子。"还有一个笑话说：有一个人老婆很凶，他对人家说："我见到茶壶就害怕。"人家不明其意，他解说道："茶壶使他想起老婆骂他时的样子。"说着以一手叉腰，伸一手戟指作骂人状。"文革"一开始，红卫兵贴出大字报要"打倒牛鬼蛇神夏承焘"。有人把消息传给夏先生，让他有个心理准备。谁知夏先生听了后，只是笑笑说："真的吗？蛇神不像，我不是蛇神，我大概是牛鬼吧。"夏先生很赞赏苏轼在仕途中备受打击、多次被贬谪到僻远地区仍能不改变其乐观的处世态度,他自己的那种处变不惊的修养,或许多少也受到过东坡的影响。

夏先生的生活非常俭朴,没有烟酒嗜好,也不讲究吃穿。我进校第一次见到他是在一次有学生代表参加的中文系教师会议上。他进会议室时穿着一套很旧的白布对襟衫,一双布鞋,我竟误以为他是来冲开水的工友。若干年后,因为先生要去北京或外地开会,还常常要会见外宾,才在别人劝说下做了一套呢衣服。我与夏先生熟悉后,有几次上他家时正好他在吃饭,饭菜都特别简单。一天,他只捧着一碗面在吃。我说:"夏先生,吃什么呢?"他说:"肉丝面。"可我见到的只有面,哪有什么肉丝。我知道,这位被后来誉为"当代词宗"的夏先生,在50年代里,就有《唐宋词人年谱》、《唐宋词论丛》、《姜白石词编年笺校》、《怎样读唐宋词》、《唐宋词选》等多种重要专著出版,还在报上连续发表唐宋词欣赏的文章,稿费收入自然不少。但许多人都不明白为什么夏先生的生活仍节俭如此。据我所知,夏先生的钱大部分都为词学研究作了贡献,或资助了出版,或在他逝世后留作了"夏承焘词学奖金",以奖掖后进。"若能杯水如名淡,应信村茶比酒香",夏先生在他《鹧鸪天》词中写下的这两句话,正可作为他清净淡泊的生活志趣的写照。

夏先生逝世已经六年了,我这个学生也已经超过当年夏先生教我们时的年龄了。他的音容笑貌至今仍清晰地留在我的记忆中。

月轮山令我梦萦魂牵,因为月轮山不仅风景秀美,而且同时也是夏先生生前最喜欢的地方。夏先生给我们上课时，曾在黑板上写过自己填的几首《望江南》小令，都以"之江好"开头，还记得其中一首说："之江好，面面面江窗。千万点帆过矮枕，十三层塔管斜阳，清昼在山长。"愉悦之情，溢于言表。他还把自己论词的集子名之为《月轮山词论集》。据师母无闻说，夏老生前表示，他希望自己死后能埋骨于月轮山。师母准备遵其遗愿，终因风景区不宜再建坟墓，只得改变打算，将墓建在浙江另一风景优美的千岛湖。我以为此事不足遗憾，夏先生自己早在月轮山上建起了一座丰碑，这块碑也会永远矗立在每一个曾经受教于恩师的学生们的心头。

原刊于《文史知识》1992年第8期

奮學尚量加邃必新

知培養轉深沈

文史知識創刊五周年紀念 程千帆題

回忆浦江清先生

吴小如

浦江清

(1904–1957)

　　古典文学专家,北京大学中文系教授。毕业于东南大学,曾于清华国学院任陈寅恪助教,研究外国的东方学文献,精通多种语言。与同时期在清华任教的朱自清并称"清华双清"。著有《八仙考》、《花蕊夫人宫词考》、《中国文学史讲义》等学术著作,及多部文集。

1946年秋,我考上清华大学中文系三年级做插班生。有一天在系主任办公室,朱佩弦先生郑重地指着一位文弱瘦小的戴眼镜的老师,对我说:"这位是浦江清先生。"看上去朱先生对浦先生是非常尊重的。我向浦先生行过礼,朱先生对浦先生说:"他是新考来的三年级插班生,是俞平伯先生的学生。"随后我办完事即离去,没有多同两位先生盘桓。我在清华的一年里,没有选浦先生的课,因此直到1952年院系调整三校合并,我才又见到江清先生。

　　真正同浦先生有密切接触是从1954年开始的。当时我不再教公共基础课,调到文学史教研室,分配给浦先生当助手。浦先生担任宋元明清文学史这一教学小组的负责人,只有我一个"兵"。按浦先生的决定,诗词散文和戏曲部分由先生自己主讲,小说部分由我去给学生上课。于是我着手备课,第一篇学术文章就是1954年8月发表在《新建设》上面的《吴敬梓及其〈儒林外史〉》,后来又陆续写《中国小说讲话》,从1955年开始分期发表在《文艺学习》上。我平时就经常到浦先生家中,为先生办一些杂务,如印讲义、给学生调配指定参考书和上辅导答疑课等。浦先生对我很客气,总是说:"你虽在清华读过书,却没有上过我的课,你只是我年轻的同事,可不是我的学生。"我说:"我给您做助手,主要是向您学习,实际上就是您的学生。您有事尽管找我办,有意见也不妨直接提出,我一定努力把工作做好。"时间长了,我发现浦先生人很慈蔼谦虚,没有架子,有时也爱说笑话,我因之也不那么拘谨了。

先生曾问过我读了哪些书,我如实回答:"读过《诗经》、《左传》和《四书》,《楚辞》、《庄子》、《荀子》都读过一部分。"并且承认:"戏曲虽是业余爱好,并没有下过功夫。古典小说虽当作闲书看过,也没有研究。"先生随即对我讲到学习的步骤。他说:"现在人怕艰苦,不爱读先秦古书,喜欢从小说戏曲入手。可是小说戏曲毕竟是流不是源,迟早总要由魏晋唐宋上溯到先秦,这就形成了'仰攻'的局面。'仰攻'就是居于低洼之地向高处进攻,那肯定很难,因为爬上坡路是很吃力的。你既然读了些先秦古书,实际上已攻克了难点;现在读宋元以后的书,数量虽大,却是顺流而下,那会容易得多。"先生还说:"古人作诗文词曲都爱用典故,用典故当然是指引用古人古事。如果读书人从先秦古书一路读下来,自然容易知道典故的出处,这比读书时处处离不开类书词典要省很多事。这就是'顺流而下'的好处。"浦先生这番话我一直铭记在心,有时也用来告诫学生,还把先生的这层意思写在一篇小文章里当作治学经验推广过。

浦先生讲戏曲时,有时兴致很高,在课堂就高歌一曲。我听过先生在课堂上唱《宝剑记·夜奔》的【点绛唇】和【新水令】是南昆唱法,与杨小楼的路子不一样。事后同先生闲谈,先生说:"知识要结合实践。讲古文古诗,如果自己能写几句古文,懂旧诗格律,讲起来就会有更深的理解和体会。"我说："先生的意见我非常赞同。我就是在教中学时学过写古文、作古诗,讲起课来才比较有体会。"先生说："我喜欢唱昆曲,因此对曲文经常琢磨,就比不会唱的人理解得多一些。"这个"知行合一"的辩证观点,我一生信奉；在我听到浦先生的教诲之后,对于"实践出真知"的道理恪守得更坚定了。

1956年,作家出版社出版了由冯至先生编选、浦江清先生和一位名叫吴天五的中学老师合注的《杜甫诗选》,浦先生赠我一册,至今珍藏敝箧。浦先生在赠书的题款上很费了一番踌躇,过了将近一星期才题写了款识把书交给我。我在一篇小文中曾追记此事,今照录如下：

> 五十年代初,我一度给浦江清先生做助手,但我并不是受过浦先生亲炙的弟子。浦老在称呼上很讲究礼貌,当他注释的《杜甫诗选》出版要赠我一本时,在题款上曾大费斟酌,并跟我本人商量。浦老说："你不是我的学生,我们只是年辈不同的同事。我送给你书,照理应写'小如兄'；可是你现在是我的助手,也算半个学生吧,写得太客气了反而显得生疏。你看我怎么题款才好?"我答："我现在就是您的学生,您千万不要同我客气。"最后先生是这样题的："小如学弟惠存指谬,江清。"此书我至今珍藏在箧,永远铭记浦老对我的厚爱。(拙著《读书拊掌录》,山西教育出版社,1998,452页)

1957年初,浦先生胃病发作得很重,组织上决定请先生到北戴河长期疗养,文学史的课程由我一人承担。记得我是从《三国演义》讲起的,原在我备课范围之内,所以浦先生完全放心。没有想到先生在疗养中突然胃穿孔,未等手术做完就与世长辞了。如果当时先生仍在北京,医疗条件当然要比北戴河好,肯定不会出意外的。这对北大,对中文系,对青年一代包括我本人,都是无法弥补的遗憾。

先生仙逝,转眼已四十年。当年坐在燕东园小楼的客厅里听先生谆谆教诲,至今犹历历在耳。所幸先生的外孙女彭牧已在北大中文系执教,后继有人,先生也可以慰心于泉下了。

1998 年 3 月于中关园

原刊于《文史知识》1998年第7期

纪念缪钺先生

李崇智

缪 钺

(1904—1995)

古典文学专家,历史学家,文学家。1924年于北京大学肄业,开始从事教育,曾于四川大学、浙江大学、河南大学等多所著名大学执教,交游广泛。曾任国务院古籍整理出版规划小组顾问。著有《元遗山年谱汇纂》、《诗词散论》等,与叶嘉莹合著《灵溪词说》,影响巨大。

1955年我进川大时，中文、历史两系名师云集。我曾为缪钺先生不在我们中文系而感到遗憾。十八年后，因一部书稿得缪老赏识，我有幸成了先生及门弟子。以后二十余载，深受先生关爱，有三部书稿得先生沾溉，有些事情鲜为人知。在缪老诞辰一百周年之际，缅怀恩师，将我在先生门下受教的一些经历略述如后。先生在大学执教六十余年，弟子无虑数千人，仅以我个人的经历，足见这位前辈优秀学者兼名师的风范。

　　上世纪70年代初，我将自己在图书馆工作中积累的材料，编成《中国历代年号录》。自觉谫陋，未尝出示于人。学校文科处一位同志得知，借去观摩，阅后未给我打招呼就送到历史系缪钺先生手中。缪老患白内障，目力衰损，坚持用放大镜阅完全稿十余万字，由家人执笔，写了一篇意见。得缪老书面意见，正在惊喜之时，又得通知说先生约我到家中面谈。第一次去先生府上，先作自我介绍，谈我读大学时古文基础差，毕业留校教的是文艺理论。调图书馆后和线装书打交道，开始是茫然无知，通过读张之洞的《书目答问》以及《四库提要》等目录书，才逐渐摸到一些门径。书稿是我在为读者查找资料中积累起来的。此时先生接着说："我十多岁时，家中楼上堆放许多线装书，父亲给我一本《书目答问》，要我清理后编一个目录。我也是由《书目答问》进入读书治学之门的。"他这么一说，我就不感到拘束了。先生又说："你在图书馆作参考咨询，为读者查找资料，方便别人，也提高自己。作好这个工作很不容易。古书那么多，是读不完的，但也不能只看书皮，要多读序跋，了解内容要旨和学术源流。你能从平易处发现问题，肯花功夫去追索，发展下去有前途。你收集的年号数目超过前人，作了不少考订工作，书名中的'录'字应改为'考'，叫做《中国历代年号考》。再花一些功夫，可以面世。"先生健谈，由书稿又谈到读书治学，不觉两个小时过去，我怕影响老人休息，于是告辞。先生送到门口，握着我的手说，今天是开头，以后常来叙谈。我下了几步楼梯，听先生说："我相信你是会成功的。"归来之后，为自己能在缪老门下受教而兴奋不已，久久未能入眠。

1975 年我由图书馆调回中文系，旋即参加编《汉语大字典》。这是国家任务，工作艰巨，领导要求我们全力以赴，不准搞私货。我只好放下自己的书稿，也很少去见缪老。1977年冬，有一天杨耀坤同志（缪老高足，当时也在字典组）告诉我："缪老很关心你的书稿，说你好久没有去了，请你最近去一次。"见面后缪老问了一些情况，对我说："我看你的稿子已经可以了，建议你把它送交中华书局，那里专家多，听听他们的意见。前次出版社的意见是乱说，不要理睬。"原是此前有一位热心的同志将我的书稿要去送到某出版社，他们看后列入出版选题计划，提出一条重要的修改意见，那就是内容要体现思想性，打破王朝体系，以农民起义为纲。当时正处在"文革"极左思潮泛滥之中，出现那样的意见并不足为奇。缪老听后当即加以批驳，我也不肯为了能够出版而屈从，稿本收回，不了了之。听了缪老的建议，我认为中华书局名气大，门坎高，不敢高攀，先生又说了一些鼓励的话，我才决定将稿本寄去试探一下。《中国历代年号考》经中华书局审阅，于1981年出版，后经两次补充修订，四次印刷，目前已印行三万四千册。修订本比我当年的初稿增加十余万字左右，花了缪老不少的心血。

《中国历代年号考》出版后，缪老希望我在古籍整理和文史考据方面多下功夫。他说："有些人认为古籍整理很简单，其实不然。不通小学（文字音韵训诂），连句都断不好，不知史事和典章制度，标不出专名号。至于有人说注解古书是《辞源》《辞海》的搬家，是出于无知。清代学者杭世骏的'作者不易，笺疏者尤难'之说很有道理，是经验之谈。研究学问，所用材料必须真实，古文献的校勘考据就是求真，弄清它们的本来面目。材料不真，得不出可靠的结论。比如修房子，所用砖瓦是劣质品，修成的楼房是危险建筑。"先生为我开列了一个必读书目，包括清代顾炎武到王国维二十五位学者的代表作，要求我仔细读，以前读过的还要再读。同时给我出了三个研究题目，一是校笺三国刘劭的《人物志》，二是整理清人汪中的文集，三是作司马光《资治通鉴考异》的引书考。不久，字典工作结束，杨明照先生安排我接替他给中文系汉语史和文学史专业硕士生开设"中国古典文献学"，并指导古典文献学硕士研究生。我把研究生的论文范围定在整理研究汉魏子书，自己着手整理刘劭的《人物志》。《人物志》篇幅不长，涉及古代众多的人物故实，有一些难解的僻涩之辞，传本不少文字讹谈，整理颇为费力。业师杨明照先生很支持我校笺此书，见到有关资料即时提供。有两位老师作后盾，解决我不少疑难。校笺过程中我也常将自己的心得体会与学生交流，以期作到教学相长。缪老深知我的甘苦，主动表示要为《人物志校笺》作序。初稿草成，尚有一些难点未解决，自己不满意，不便呈缪老审阅。后来缪老在病中，自己又想避托庇之嫌，不好向他提写序之事，只是拜托缪元朗同志伺机求得书名题签。《人物志校笺》由巴蜀出版社 2001 年面世。遗憾的是此时缪老已归道山，先生不知他出的这个题目学生完成得怎样。

1986 年中华书局的同志告诉我，他们按国务院古籍整理出版规划，准备出版一批清代学者的文集，有几种未落实由谁整理，约我点校顾千里的《思适斋集》。我接受约稿，收到他们复印的工作底本，发现《思适斋集》系顾千里身后由其孙所辑，后由书商根据副本删削后印成。集外之文尚多，后经学者搜求，陆续有所刊布。各家所辑，重复较多，搜罗仍未尽。我请示缪老，他认为仅就原集点校，虽完成约稿者给的任务，但没有做到对读者负责，应该重新编校。中华书局同意缪老的意见。编校之始，先生和我一起讨论，沿汉代刘向校书之法，拟定凡例，定名为《顾千里集》。顾千里平生以替人刻古书为业，被誉为"清代校勘学第一人"。他的文章，重在各种序跋，有些是代人所作（由主人署名），所论对象有上百种古书和一些金石文字，内容涉及很广。我在校点过程中充分体会到缪老所说的点校古书并不简单。经过查考和求教，难点得以解决。书成交中华书局，十年无消息，原稿尚在，于前年收回我手中。我权当是一次练习。

自从入先生师门，我去府上请教，每次都有收获。先生为我制定研究方向和具体项目，开列书目，解答疑难，提供资料线索，出示藏书让我查阅，有时还提笔为我修改文稿和纠正标点符号。先生赠我的书，扉页均有题记；所赐墨宝，除我三部书的题签，还有两张条幅和一张扇面。至于先生谈论中关于做人处事和读书治学的妙言嘉语，则不胜记述。先生对我恩重如山，我自恨生性愚钝，学殖疏浅，对先生所教，未能尽悟，有负厚望。退休以后，日渐懒散，虽操觚有作，收获大不如前。抚今追昔，往事不如烟。先生奖掖诲育之恩，铭感在心，永志不忘。

2004年5月，写于四川大学

原刊于《文史知识》2004年第7期

祝《文史知识》出版200期

季羡林

《文史知识》是我爱读的学术刊物之一。它已经形成了自己特有的风格，这种风格我想用这样两句话来概括：谨严而又清新活泼，学术性很强而又具有令人爱不释手的可读性。这种风格来之不易，是《文史知识》全体同仁经多年的努力才得以形成的。为了在更大的范围内弘扬中华民族的优秀文化，这样的刊物是必不可少的。

祝《文史知识》永葆青春！

1997.11.14

回忆与余冠英先生的交往

王运熙

余冠英

(1906–1995)

古典文学专家。1931年毕业于清华大学,曾任清华大学、西南联大等校教授,中国社科院文学研究所副所长,《文学遗产》主编,《国文月刊》主编,国家古籍整理出版规划小组顾问。他主持编写的《中国文学史》在文学研究领域中有重大影响,《唐诗选》等众多诗词选集、选注本是公认的优秀版本。

余冠英先生逝世已有四年多了，我常常怀念他。

余先生是我国当代古典文学研究的一位名家，对汉魏六朝文学尤有精深的研究。他的《汉魏六朝诗论丛》于1952年出版，收集了他关于汉魏六朝诗的论文十多篇，多有卓见，其中多数是论述乐府诗的。1953年，他的《乐府诗选》由人民文学出版社出版，其注释在吸取前人研究成果的基础上益以己见，做到简明允当，成为50年代古典文学注本中的佼佼者。其后又陆续出版了《三曹诗选》、《汉魏六朝诗选》、《诗经选》、《诗经选译》等古诗今注今译本。还领导主编了三卷本《中国文学史》、《唐诗选》等。这些著作均蜚声文坛，并产生了广泛的影响。

我和余先生的交往，主要是凭藉通信，因为他长期在北京工作，我则在上海。记得在1954年初，他的《乐府诗选》出版后不久，我冒昧地给他写了一封信，对他的《乐府诗选·前言》和《乐府诗集作家姓氏考异》一文（收入《汉魏六朝诗论丛》）各提了一点小意见，同时还把我的一篇文稿《说黄门鼓吹乐》寄去请他指正。信寄出后不久，即收到他的回信。信中说起非常同意我的意见，并已把我的那篇稿件推荐给当时创刊不久的《光明日报·文学遗产》副刊编辑部（该文后来即发表于 1954 年 5 月的《文学遗产》副刊第 6 期）。不久,他还把他的《乐府诗选》第二次印本寄赠我一册。当时我还不到三十岁,仅在《国文月刊》上发表过两三篇论文,在学术界只是初露头角;余先生比我要大二十岁,是著名学者。这件事充分显示出余先生在学术上对自己虚怀若谷、对晚辈热情奖掖的高尚风范,使我深深感到钦敬和感动。

之后,我便把我的书稿《六朝乐府与民歌》（约十万字）寄给他看。过了一段时间,回信来了,他对此稿很赞赏,说它是有系统地研究六朝乐府"吴声歌曲"、"西曲歌"的第一部著作;同时也指出书中《神弦歌考》、《团扇歌考》两篇内容较为单薄（这一批评也是很中肯的）。接着他便把此稿推荐给《中国古典文学研究丛刊》的主编王耳（即文怀沙先生）,并于 1955 年由上海文艺联合出版社出版。这套丛刊中有不少名家著作,除余先生的《汉魏六朝诗论丛》外,还有游国恩先生的《楚辞论文集》,程千帆、沈祖棻两先生的《古典诗歌论丛》,孙楷第先生的《论中国短篇白话小说》等等,在 50 年代是颇引人注目的。当拙稿付印前,我曾向余先生提出请他写一篇序,他推辞了。我知道余先生下笔很慎重,很少为人作序,所以也不相强。

1955 年夏,一个偶然的机会我初次到了北京。某一上午,我去余先生寓所（他当时住在今北京大学的镜春园）访问他。那是我们首次会面,那年我虚岁三十。因为过去通信我从未言及自己的年岁,所以余先生因我如此年轻而感到惊讶。的确,我过去发表过的若干关于乐府诗的论文,着重于史料的搜集与考订,看去像出自老先生之手。这种感觉与印象,以后在其他同行中也曾多次遇到。那天下午余先生要参加一个座谈会，上午得准备发言稿，所以我在余府只逗留了一会儿，就告辞了。

那时我的视力已开始衰退，晚上不能做文字工作，白天忙于备课上课，深感做专题研究的时间不多。余先生1949年后一直在中国科学院文学研究所工作，我就写信和他联系，想争取去文学研究所，即以刚出版的拙著《六朝乐府与民歌》作为学术材料。不久，余先生来信说起，经文学研究所领导研究，认为年轻同志申请进所，要有显示理论分析能力的论著，而《六朝乐府与民歌》一书偏重于资料的考订阐释，条件还不够。这样，我即把拙作《汉代的俗乐和民歌》一文（《复旦大学学报》1955年第2期抽印本）寄给他，此文理论分析的分量较重。其后余先生又回信说，经文学研究所审查讨论，同意我进去工作。当时复旦大学中文系领导也同意我离去，我可以办转单位的手续了。那时是1956年。那年刘大杰先生突发重病（肠癌），经手术切除后须休养一长段时间。他原来担任的中国文学史课的"魏晋南北朝隋唐五代"一段须由我接替来教，这样我就不能离开复旦了。我写信把这一情况告诉余先生。余先生为我争取进文学研究所做了不少介绍、联系工作，结果是"功败垂成"，他一点都没有为此责备我。对于他的这种宽厚的长者风度，我是由衷地感动。

自1955年我去余府访问余先生后，我与余先生还晤见过几次，但大抵是在会议中，不及长谈。50年代末，他有一次去上海，还亲自到复旦大学中文系来看我。那时我恰巧不在系里，未能迎接，深感遗憾。记得最后一次是在1992年国务院古籍规划小组在北京香山饭店召开的古籍整理出版规划会议中。那时余先生年近九十，身体虚弱。我和陈贻焮先生同去他的房间探望，他因行动不便，正在吃食堂送来的早餐。我们只匆匆谈了几句。多年来我和他会面谈话的机会虽不多，但还是时常互通音讯，寄赠书籍。80年代后期，他把《汉魏六朝诗论丛》扩大改订成为《古代文学杂论》一书，也曾寄赠我一册。1995年上半年，我把旧著《六朝乐府与民歌》、《乐府诗论丛》两本小书加上新编《乐府诗再论》合编为《乐府诗述论》一书，该书自序中提到自己在研究乐府诗的历程中，曾先后得到陈子展、余冠英、蒋天枢、刘大杰诸位前辈先生的关怀和帮助，当时除余先生外，其他三位均已下世。不幸余先生即于那年下半年逝世，拙著于1996年出版，不及奉呈于余先生，真是莫大的遗憾。

原刊于《文史知识》2000年第5期

从古典到现代

——学通古今的王瑶先生

陈平原

王 瑶

(1914-1989)

文史学家，中国新文学史研究的奠基人。毕业于清华大学，师从朱自清。于北京大学任教期间，开设了中国第一个现代文学史课程。曾任国务院学位委员会评议组成员、中国现代文学研究会会长，民盟中央委员。其著作《中国新文学史稿》是中国第一部系统、完善的新文学史专著。另著有《中古文学史论》等。

一

　　王瑶先生无疑主要以中国现代文学研究知名于世：一部
《中国新文学史稿》，奠定了这一学科的坚实根基；十年中国
现代文学研究会会长，更使得这一学科在 80 年代大放异彩。
可王先生在中国古典文学研究方面，同样卓然成家——这点
凡读过《中古文学史论》的，大概都不会有异议。

　　王瑶先生早年在西南联大师从朱自清先生研究魏晋文
学，50 年代初改教新文学史，自称是"半路出家，不务正业"。
50 年代中叶以后，先生基本上不再撰写关于中国古典文学的
研究论著，可并没有完全告别魏晋玄言和隋唐风韵。先生晚
年"旧态复萌"，喜谈阮籍、嵇康、陶潜、李白和杜甫，甚为关注
这几个研究课题的进展，不时发表零星但相当精彩的见解，
让来访者大吃一惊。可每当有人建议先生"重回魏晋走一遭"
时，先生又总以"廉颇老矣"应对。

　　先生晚年常自称是古典文学研究的"逃兵"，没有发言
权；可接下来马上又高谈阔论，讨论起这一领域里某些非
常专门的问题。常有来访者因此恭维先生宝刀未老，仍是古
典文学研究专家；每当这个时候，先生总是不无得意地谦称

是"业余爱好者"，只能进行"学术聊天"。了解学界的进展，知道如何突破，可精神和体力不济，无法从事专门研究，故先生晚年喜欢帮后学出主意、理思路，或者"辨章学术，考镜源流"。1986 年，先生在全国哲学社会科学"七五"规划会议上，提出研究近百年中国学者的文学研究，后又承担这一重点课题的组织领导工作。我每次听他谈论梁启超、王国维乃至钱锺书的学术师承及治学门径时，都为其视野之开阔与功底之扎实所震撼。先生颇以此课题非他莫属为骄傲：既对中国古典文学有专深研究，又对近百年学术流变了如指掌的，在当今学界确实如凤毛麟角。再加上先生治学主张"识大体"，好多具体课题他其实没有做过专门研究，可他能非常敏锐地把握研究者的思路并判断其学术价值。这种特殊的本事，除了得益于其学识与修养外，更与其治学道路及由此而形成的学术眼光大有关系。

先生晚年为台湾一家书局编过一部自选集，题目就叫《从古典到现代》，拟收入他在古典文学和现代文学两个研究领域的若干论文。只可惜后来书局出于销售考虑，未采用这个书名。表面上兼收两个研究领域的论文，有点紊乱；可这正是先生一生的学术追求及长处所在。这主要还不是指研究范围，而是指学术眼光：以现代观念诠释古典诗文，故显得"新"；以古典修养评论现代文学，故显得"厚"。求新而不流于矜奇，求厚而不流于迂阔，这点很不容易。

在现代文学界，先生的古典文学修养有口皆碑。从 50 年代的《论鲁迅作品与中国古典文学的历史联系》，到 80 年代的《〈故事新编〉散论》，此类真正无可替代的名篇之得以完成,都是凭借其雄厚的国学根基。先生晚年述学,一个重要特点就是强调"五四"新文学与中国传统文学的历史联系,纠正世人将新旧文学截然对立起来的偏见。八十年代初,先生在好多演讲及论文中大谈"中国现代文学和民族传统的关系",重新评析"桐城谬种选学妖孽"之类的口号,强调"五四"一代作家只是反对模仿,提倡创造,而并非真的"要打倒中国古典文学"。1986 年,先生更发表《中国现代文学与古典文学的历史联系》,从内在精神、创作手法以及小说、诗歌、散文、戏剧等不同艺术形式的承传,看"中国向来的魂灵"和"固有的东方情调"如何内在地制约着中国现代文学的发展,论证现代文学史上的大作家大作品"都不同程度地浸润着民族文化传统,特别是中国古典文学的滋养"。而先生去世以前完成的最后一篇论文《"五四"时期对中国传统文学的价值重估》,更是旗帜鲜明地强调:"本世纪对于中国传统的科学整理和研究,做出最卓越的贡献者,恰恰是高举五四新文化运动和文学革命旗帜的那一代人。"而这一切,不只体现了先生个人的学术追求,更对整个现代文学界逐渐摆脱将"五四"新文学只是作为西方文学的模仿这一偏向起了决定性作用。

二

　　强调新旧文学之间有蜕变,但不能截然分离,故研究者应该于新文化有所承传,于旧文化有所择取,这其实正是"五四"先驱者的胸襟与追求。正如王瑶先生所再三指出的,"五四"时期最热心对传统文学进行价值重估者(如鲁迅、胡适、郑振铎等），正是新文学的积极创造者。也就是说，"文学革命"与"整理国故"，不过是一个硬币的两个面；"五四"先驱者对传统文化其实颇多继承，并非像他们在与复古派论争中表现的那么偏激。这代人后来大都兼及创作与研究，既面对古人，也面对今人；既重古典，也重现代。这代人开启的学术范型，至今仍影响甚深，而王瑶先生则是自觉认同鲁迅等人开创的这一现代学术传统的。考古但不囿于古，释今但不惑于今，着力在博通古今上做文章，这是五四一代学人的共同追求。

先生学术上有两个主要渊源：一是鲁迅，一是朱自清和闻一多。这三位学者恰好都是既承清儒治学之实事求是，又有强烈的时代感，不以单纯考古为满足的。先生论及其恩师朱自清先生的治学时称："谨严而不繁琐，专门而不孤僻；基本的立场是历史的，现实的。"（《念朱自清先生》）这其实也是先生平生治学所追求的境界。博古通今并非易事，突出时代精神与深厚的历史感，二者有时很难协调。先生不止一次地发挥冯友兰和朱自清关于崇古、疑古、释古三种学术倾向的提法，并称自己属于释古一派。学术研究中不盲信、不轻疑，而注重理解与阐释，这固然可以避免过多的主观臆测，可研究者仍然必须有借以阐释的理论框架。这方面先生发挥其通今的长处，特别注重"五四"以来学者引进西方理论的经验。从 50 年代对清学的批评，到去世前主持研究"近代以来学者对中国文学研究的贡献"，先生的思路一以贯之：这个世纪的学者必须"既有十分坚实的古典文学的根底和修养，又用新的眼光、新的时代精神、新的学术思想和治学方法照亮了他们所从事的具体研究对象"(《王瑶教授谈发展学术的两个问题》)。正是基于这一学术主张,在完成上述课题时,先生选择了梁启超、胡适等,而不选择章太炎、刘师培,理由是后者虽很有学问,但学术思想和治学方法一仍清儒。具体评判或有偏差,但先生强调古典文学研究必须接纳新思路、新方法,以促进学科的发展,这点值得重视。假如考虑到鲁迅和闻、朱二师对西方文学观念和学术思路的热心借鉴,不难明白先生这一选择渊源有自。

有现实感,但不强古人所难,而是着力于"对古代文化现象做出合理的科学的解释"(《念闻一多先生》),这点说来简单,其实不易做到。自从康有为开启"以经术文饰其政论"的先例,这个世纪的中国学者,才气大且现实感强者,多喜欢在学术著作中借题发挥,甚至"以历史为刍狗"。先生尽量维护学术尊严,在可能的范围内保持学者的独立思考。笔者曾经专门阅读先生50年代撰写的批判胡适的若干论文,深深体味到在强大的政治压力下学者不甘沦落苦苦挣扎的良苦用心——在同一类型的文章中,先生从考据在古典文学研究中的作用和地位这一特定角度来立论,可以说是最具学术色彩的。先生晚年嘱咐弟子,若为他编文集,这几篇批判文章一定要收,除了让后人知道当年知识者的艰难外,更因这里面凝聚了他的不少心血。

三

"几乎每一位研究中国文学学者的最后志愿,都是写一部满意的中国文学史"(《评林庚著〈中国文学史〉》),先生自然也不例外。在古代文学和现代文学领域,先生各写了一部文学史,而且都大获成功,至今仍是研究者不敢漠视的经典著作。先生晚年追忆平生治学道路,曾这样阐述自己所从属的以"释古"为旗帜的"清华学派":"清华中文系的学者们的学术观点不尽相同,但总的说来,他们的治学方法既与墨守乾嘉遗风的京派不同,也和空疏泛论的海派有别,而是形成了自己谨严、开阔的学风的。"(《在朱自清先生90周年诞辰纪念会的讲话》)这与其说是一种学术史的总结,不如说体现了论者的学术追求。兼有京派海派之长,既立论谨严又视野开阔,这自然是理想的学术品格。可怎样才能保证不顾此失彼、甚至两头落空呢?先生同样明显得益于鲁迅和闻、朱二师。

在1984年为《中古文学史论》重版所撰"题记"中,先生强调"学术研究工作总是在前辈学者的哺育和影响下起步和前进的"。这部著作从初版起,每次重印,先生总要在前言或后记中表达他对鲁迅、朱自清和闻一多三位前辈的感谢——其实不只是这部名重一时的著作,先生的整个学术思路和方法都与这三位前辈学人密切相关。虽说有"亲承音旨"与"私淑弟子"之别,可很难说何者影响更大。相对而言,在人生理想和文学史方法论方面,先生主要受鲁迅影响;而在具体的治学门径以及学术观点上,先生则直接师从闻、朱。

在1948年初版《中古文学史论》的"自序"中,先生称此书第二部分"文人生活""主要是承继鲁迅先生《魏晋风度及文章与药及酒之关系》一文加以研究阐发的";后人也多从此角度讨论鲁迅对先生的学术影响。80 年代以后,先生多次在文章中提到鲁迅对他的启迪,不只限于某些问题的精辟见解,而是作为中国文学史研究的方法论:"从丰富复杂的文学历史中找出带普遍性的、可以反映时代特征和本质意义的典型现象,然后从这些现象的具体分析和阐述中来体现文学的发展规律。"当初只是受《魏晋风度及文章与药及酒之关系》启发,直觉到这一研究方法的魅力;一旦把它与《中国小说史略》、《汉文学史纲》、《中国新文学大系小说二集导言》以及计划写作的中国文学史的章节拟目结合起来,先生自认找到了"堪称典范"的文学史研究方法。先生晚年在很多场合阐述鲁迅这一抓住"典型现象"深入开掘的研究思路,以为其"比较完满地体现了文学史既是文艺科学又是历史科学的性质的特点"(《〈中古文学史论〉重版题记》)。尽管先生总是谦称他对这一研究思路只是"心向往之",可阅读先生的著述(不管是古代文学还是现代文学),都能感受到对这一思路的潜在回应。

先生在 50 年代写了一批关于考据学(广义的,包括校勘、训诂、笺证、考辨等)的论文,如《论考据学》、《从俞平伯先生对〈红楼梦〉的研究谈到考据》、《论考据在古典文学研究工作中的地位与作用》、《鲁迅关于考据的意见》、《谈清代考据学的一些特点》等,除了时代风气影响故对胡适有不公允的批评外,其实这里还蕴含着学派之争。先生同样欣赏清儒的学有本原,实事求是,"每一事必详其本末";称其从小学入手治经,"所得结论多半是有效的"(《谈清代考据学的一些特点》)。只是认定单纯的考据学,"由于在处理史实和问题时摒除了有关联系的别的事实，把问题孤立在静止的平面上去考察，因此尽管某些研究者也作出了辛勤的劳动，但所能解决的也多半只是一些无关宏旨的问题"（《从俞平伯先生对〈红楼梦〉的研究谈到考据》）。在先生看来，"从乾嘉学者到胡适们，三百年来在方法上并没有什么进步"，其中一个重要原因是过分推崇考据而贬低理论（《论考据学》）。承认考据可以解决具体问题，但撰写文学史却"不单是考据的工作所能胜任的"。批评胡适引导人去为考据而考据，使得学者缺乏整体思考，"把眼光停留在个别琐碎的事实上"（《论考据在古典文学研究工作中的地位与作用》）。在学理上，先生主要仰仗闻、朱的探索。或者说，以闻、朱为代表的"清华学派"与以胡适为代表的"北大学派"（假如真有的话）对考据学的不同看法，使先生得以理直气壮地批判胡适。

先生在论及"清华学派"之注重释古时称："闻先生的《诗经新义》、朱自清先生的《诗言志辨》都是在这种学风下产生的成果。我是深受这种学风的熏陶的……。"（《念闻一多先生》）而这两种文学史研究的典范之作，有一个共同特点，那就是讲考据而不囿于考据。闻一多先生称"清人较为客观，但训诂学不是诗"（《匡斋尺牍》）；而据王瑶先生回忆，朱自清先生将"把诗只看成考据校勘或笺证的对象，而忘记了它还是一首整体的诗"的学者，称为"诗人的劲敌"，其特长是"把美人变成了骷髅"（《念朱自清先生》）。因此，闻、朱二位虽都曾"像汉学家考辨经史子书"那样，专注于某些字和词的考据训诂；可都将其研究置于诗学、神话学或文化人类学的背景下。也就是说，这种蕴含着理论眼光与历史意识、近乎小题大作的"考据",才是先生心目中理想的文学史研究。这就难怪先生对胡适讲考据学"只不过尊重事实,尊重证据"的说法很不以为然。

这里只是指出先生对胡适的批判包含学派之争,并不意味着笔者认可先生对胡适的许多断章取义且过甚其辞的批判。好在对那场政治运动略有了解的人,对此都会有比较通达的见解。先生治学不以考据见长,但无论是《中古文学史论》,还是《中国新文学史稿》,都以史料翔实见称于世。研究中注重史料的搜集整理、审订考核,但从不以考据家自居——先生显然更愿意成为学有根基的文学史家。

为纪念王瑶先生逝世三周年作

原刊于《文史知识》1993年第1期

知识能用才是力量

文夫知识创刊五周年之际与同志共勉

王开诚敬辞举书

怀念卞孝萱先生

郝润华

卞孝萱

(1924-2009)

古典文学专家。曾任南京大学教授。在中国社会科学院近代史研究所期间，师从范文澜，专研唐代文史，以刘禹锡、元稹、扬州八怪研究为著名。交游广泛，青年时结识陈寅恪、钱锺书、启功等文史大师。著有《刘禹锡年谱》、《元稹年谱》、《唐代文史论丛》等。

9月5日晚11点，突然传来卞孝萱师仙逝的消息，这突如其来的噩耗，使我感到震惊，难以置信。就在一个月前，我还与先生就其主编《国学续二十讲》的组稿问题通过电话，他仍然声如洪钟，听上去精神很好。凡见过先生的人，无不为他身体的健康程度而惊奇，虽是八十多岁高龄的老人，但鹤发童颜，眼不花，手不抖，走路飞快，不仅如此，每天还能工作近十个小时。如此健康的老人，竟然撒下他的未竟事业，怎不令人泫然。

　　孝萱先生于1924年6月出身于江苏扬州一个破落的书香之家，他出生两个月时父亲即去世，母亲含辛茹苦带着他，靠为邻居做针线的收入过活。母亲爱子心切，却无力为他提供好的教育。在他五岁时，原本不识字的母亲，每日先向邻人学会几个字，然后回家教他。"南社"创办人、著名诗人柳亚子在赠先生的诗中写道："教儿先就学，即学即传人。此是弥天愿，宁关一室春。"所以，先生一生都感念他的母亲，大名也寓孝顺母亲之意。

　　日军侵华，扬州沦陷，先生到溱潼小镇的江苏省立第一临时高级中学就读。由于抗战期间沦陷区社会动荡，物价飞涨，先生一家生活困难，因此在高中毕业后，无力进入大学学习,十八岁便独自到上海谋生,就职于一家小银行。工作之余,进夜校补习功课,有空也去图书馆看书,并节衣缩食买书,遇到疑难问题,总是多方求教,自然而然走上了治学之路。1949年后,先生在北京的一家银行工作,一有闲暇就去北京图书馆看书,研究近代碑传资料。于是受到著名史学家金毓黻的推荐,进入中国科学院近代史所工作。不久,又受知于史学家范文澜,在其指导下,搜集资料,撰写《中国通史简编》,从此转入古代文史研究领域,将重点放在中唐作家的研究。60年代后期,先生同中国大多数知识分子一样被下放五七干校劳动,后在章士钊的推荐下,他回到北京,辅助章氏完成《柳文指要》的撰写,这对他以后研究韩愈、柳宗元是一个良好的开端。70年代末,先生回故乡,在扬州师范学院工作。扬州名人辈出,先生欲对家乡文化有所贡献,先后撰写了不少有关鉴真和尚和扬州八怪的文章。在扬州工作四年后,又到北京工作四年,1984年由民建中央调至南京大学中文系工作。从此,将研究重点从唐诗转向唐传奇。先生在南京大学工作了十年,1994年离休,在教学之余,始终笔耕不辍,为国家培养了许多硕士、博士研究生,他的学生中已有多人在高校担任教授、博士生导师。

先生为人低调、谦和,不喜张扬,又平易近人,与人为善,甚重感情。他每给我们谈到他的老师范文澜时,便禁不住流泪,对范老的知遇之恩终身都感激至深。

先生最乐于提携中青年学者,受过他教导与帮助的年轻学子不计其数。这一点无论是先生的授业弟子、私淑弟子,还是曾经请教过或听过课的学生,都有同感。我1994年进入南京大学中文系做先生的访问学者，1995年又师从周勋初先生、莫砺锋先生攻读博士生，在三年学习期间常常去请教先生，先生说他的学术之路是从史学到文学，我也是由史学转到文学，所以他常常鼓励我要广泛涉猎，开阔视野，做到文史兼擅。后来我出版的两部著作，先生都是主动赐序，先生主编的两部书，也约请我撰写，我有问题也会打电话或写信向先生求教，先生每次都是耐心解答。我有幸投入先生门下受教，先生于我不仅有师生之情，也有知遇之恩，先生之恩我会终身铭记在心！

先生从不贪恋物质享受，在搬到岗龙园新房之前，先生在汉口路南大附近的房子小得出奇，我第一次上门拜访的时候，简直不能相信这是一个著名学者的家，房间本就狭小，而且还放满了书籍，连废置的旧冰箱里都是书，房间布置也十分简朴。就这样简约的老人竟把珍藏了几十年的辛亥时期人物碑、传捐献给国家，把珍藏的张舜徽书信捐献给华中师范大学，可见其无私的胸怀。先生常常对我们说：生活上过得去就行了，学术上则要向最高标准看齐。先生为我们做出了榜样。

先生从未读过大学，他是自学成才。他一向认为，自学成才需要主观和客观两方面条件的契合，二者缺一不可。所谓主观条件，指的是自学者要具有坚忍不拔的毅力，勤勉刻苦的精神，坐得住"冷板凳"，甘于寂寞，坚持不懈。所谓客观条件，指自学者所处之社会背景、家庭环境以及所接触的人和物的影响等外在因素（参邵文实《卞孝萱教授访谈录》，《文艺研究》2007年第1期）。所以，他治学勤奋，佩服由孤儿苦学而成清代扬州学派代表人物的汪中。他文史兼通，学术视野开阔,能吸收众家之长。几十年来,完成出版的各类著作有近四十种,发表论文二百八十多篇,得到学术界的好评。

先生的学术生涯,从研究中国近代史开始,从收集、整理辛亥革命时期重要人物碑、传入手。为纪念辛亥革命八十周年,卜先生与华中师范大学唐文权合作,将所收藏的清以后碑、传,编为《辛亥碑传集》、《民国碑传集》两书,先后由团结出版社排印。这是先生早年研究中国近代史的总结。先生长期在范文澜身边工作,以唐代文史为主攻方向,遵照范老"专、通、坚、虚"的教诲,突破了治文者不治史、治史者不治文的单一范围,开拓了点面结合、文史结合的广阔领域。先后撰写了《刘禹锡年谱》、《元稹年谱》,并对李益、张籍、王建、李绅等中唐作家进行深入研究,考证生平。在此基础上,又撰写了《刘禹锡丛考》,在清理刘禹锡复杂的社会关系的基础上,全面深刻地揭示出刘禹锡的立场、观点、品格和精神风貌。1989 年,先生接受《中华大典·文学典·隋唐五代文学分典》主编的任务,历时十二年,终于编成这部选录资料一千万字、收录作家约两千人、引用古籍近两千种的大型类书。出版后被誉为"迄今为止有关隋唐五代文学资料最全、最精的一部"。

先生受陈寅恪治学思路的影响,一贯以文史结合的方法研究作家或作品。如,在《元稹年谱》中,考出元稹出生于一个父老母少、受异母兄歧视的没落的封建官僚家庭,父亲死后,元稹和寡母被迫离家,过了若干年颠沛流离的生活。这段历史,对元稹思想和性格的形成,有重要的影响。又考出元稹"变节"真相:元稹通过科举,得到宰相裴垍的赏识,在裴垍支持下，敢于与权佞斗争。裴垍死后，元稹失去倚靠，转而交结宦官。在《刘禹锡年谱》中，从北朝民族融合的背景，考出刘禹锡是洛阳人。又从唐朝安史之乱时北方人口南迁的背景，考出刘禹锡出生于苏州地区。新见一出，就得到复旦大学教授刘大杰和苏州大学教授钱仲联的肯定（《唐宋文举要·前言》）。又如，收于《刘禹锡研究》中的三篇论文，阐述了刘诗对晚唐李商隐、温庭筠、杜牧，宋代苏轼一派、江西诗派的影响，正如评论者所说："于前人或他人所不到处别生只眼，洞察并揭破千古未发之幽秘，使读者茅塞顿开，耳目一新。"（《社会科学评论》1985 年第 1 期）在文史结合研究方面，尤为突出的是对唐传奇的研究。先生认为：唐传奇富于文采，亦有寓意，政治斗争错综复杂，史书往往语焉不详，甚至隐讳，而传奇中有曲折的反映。因此他对《任氏传》、《枕中记》、《南柯太守传》、《霍小玉传》、《上清传》、《辛公平上仙》六篇传奇进行研究。其成果收在《唐代文史论丛》、《唐传奇新探》、《唐代小说与政治》等著作中，被认为"为唐代小说研究开辟一条尚未有人涉足的新途径，不惟新见叠出，发人深思，而且材料翔实，令人信服"（《唐代文学年鉴〔1988 年〕》），其观点多被学界引用吸收。

　　先生治学喜对尚未受人关注之处加以研究，以填补学术空白。如，韩愈在诗文中从不提及母亲，李翱、皇甫湜所撰韩愈行状、碑文中，也都没有提到韩愈母亲。这种罕见现象引起了先生的注意，他从考察韩愈对其兄韩会为"宗兄"的称呼入手，推断韩会与韩愈非一母所生，韩愈乃庶出之幼子；进而推断韩愈生母身份卑微，在韩父去世后，或改嫁，或以乳母留在韩家,这样韩愈自然不会在其诗文中提及母亲。很显然,韩愈这段不为人知的成长历史,对韩愈性格的形成有重要影响。由于是庶出,若不求上进,就不能自立,所以韩愈"自知读书为文"。由于得到兄嫂乳母的怜悯和抚育,才能长大,推己及人,故韩愈"颇能诱励后进",乐于提携有才学的年轻人,对周围的贫弱者都愿意提供帮助。

先生晚年又出版了《现代国学大师学记》(中华书局,2006)一书。书中对章炳麟、章士钊、刘师培、黄侃、柳诒徵、陈垣、吕思勉、邓之诚、陈寅恪、章钰、卢弼、张舜徽等十二位大师的学术业绩、治学方法进行阐发,独抒心得,以大量的材料来显现十二位学者的学术风貌与学术价值。如今人多谈陈寅恪先生以诗证史,实际上清末刘师培《读全唐诗发微》、抗日战争期间邓之诚《清诗纪事初编》,分别以唐诗和明遗民诗证史,分别在陈寅恪《元白诗笺证稿》和《柳如是别传》之前,这都是发人所不知或忽视的地方。另外,《学记》在谈论学术的同时,对诸位大师的爱国情操和治学修身也加以介绍。如章炳麟于辛亥革命时期及抗日战争前夕,两次热衷讲学,意在呼唤民众的民族大义,晚年由尊经转向重史,以为"不读史书,则无从爱其国家";吕思勉于抗日战争期间表彰陈武帝击退北方少数民族南侵、保存华夏传统文化的历史功绩,"意在激扬民族主义"等,这都体现了先生写作这本书的旨要:国学为立国之本、民族之魂。

家谱中的资料,基本上未被发掘、利用,亦未去伪存真。先生对此进行研究,以耄耋之年完成出版《家谱中的名人身影——家谱丛考》(辽海出版社,2008)一书。如,《昭阳郑氏谱》中称第一世郑重一、重二兄弟的名、号、配、出，郑从宜的生、卒、坟墓，俱不能详，乃"无谱之故"，先生据此指出，所谓郑板桥为郑玄后裔、郑思肖后裔、《李娃传》男主人公之后裔及其与郑方坤等的关系，都无"谱"可证，不足为信；然后列昭阳郑氏"长门"一世至十六世，反映出郑板桥祖先由农民向士人的转变。

今年先生的又一部著作完成出版，这就是他与徐雁平博士合著的《书院与文化传承》（中华书局，2009），本书以论文的形式对中国古代书院制度以及书院对中国古代学术的影响诸问题做了深入研究，进一步显示了先生学术视野的开阔。

特别值得一提的是，先生鉴于普及社科知识、提高人文素质的必要性和重要性，在耄耋之年，除了坚持自己的科研外，还带领志同道合的专家学者，从事了两项规模宏大的文化积累工程。一是弘扬中华民族优秀传统文化，主编了《中华民族优秀传统文化丛书》和《中华文化百科》等；二是配合当前改革开放，加强公民道德建设，主编了《中国改革史鉴丛书》、《中华传统优秀道德文化丛书》等。此外，还主编了《资治通鉴新编》，旨在探索一条普及历史文化遗产的新路子；又主编了《中国古代文学作品选》，旨在为高校提供一个反映最新成果的教材。此外，与胡阿祥合作主编了《国学四十讲》（湖北人民出版社，2008），对当今研究国学有方法论上的启示，让读者领悟到原汁原味的传统学术，帮助读者"了解中华几千年来学术之真相及其变迁之大势"。该书出版后，在学界反响很大。从去年以来，先生又忙于编撰《国学续二十讲》，嘱我为其约稿，可惜书未编成，先生已遽归道山。

卞先生文史兼通，学术视野开阔，能吸收众家之长。他的学术研究领域遍涉中国近代史、中国文化史、中国学术史以及唐代文学，成果丰硕，成就突出，显示出先生的"通识"特点。当今学界专家多而通才少，如先生这样兼通文史，不断开拓学术领域的学者少之又少。我则是这种良好学风的受益者。孝萱师室名为"冬青书屋"，源于刘禹锡诗"于树似冬青"，衷心希望先生的治学方法与学术风范像冬青树一样永远充满绿意，嘉惠后学。

原刊于《文史知识》2009 年第 11 期

我的学长兄曹道衡

邓绍基

曹道衡

(1928–2005)

古典文学专家，专研魏晋南北朝时期文学。1952 年毕业于北京大学中文系，曾任职于中国社会科学院文学研究所，并为《文学评论》副主编、《文史》学术顾问。著有《中古文学史论文集》及续编、《兰陵萧氏与南朝文学》等。

道衡兄逝世之年，正是他与我相识、共事五十年之际。我们之间有半个世纪的交情。他是1953年6月到北京大学文学研究所的，上一年即1952年他在北大中文系毕业。他曾幽默地对我说过，他进中文系是一种"历史的误会"，他进北大以前曾在无锡国专就读，1950年由沪北上，报考北大插班生，因历史系不招生，就考了中文系。1952年毕业后，他被分配到中央文学讲习所（最早名为中央文学研究所），这是一个培训作家的机构，很快他就和一批青年作家到山西大同去体验生活。其实这又是一次"历史的误会"，因为道衡兄从来没有当作家之念，他是要走学术之路的。于是他转到了北京大学文学研究所，先是被分配到民间文学研究组，还是不合适，就调到了古代文学研究组。这时他才真正找到了一个能够更好地发挥他的专长和才能、创造他的学术业绩的合适岗位。这是道衡兄成为学术名家的一个重要客观条件。

　　我是在1955年10月到文学研究所的。道衡兄与我不仅同属一个研究组——中国古代文学研究组，而且又同在一个课题组——何其芳副所长领导的《红楼梦》研究小组。他的任务倒也并非研究《红楼梦》本身，而是研究清初的几位思想家。那时他还兼做《文学遗产》编委会秘书，除了他自己看稿外，大凡在北大的编委所审阅的稿子，都要通过他转送。虽然他在所内即可通过当时的机关投递交换站寄送稿件，但总是比我们忙，而且他的研究任务并不减少。我到所不久，他说他看过我的投稿，早就知道我的名字。这时我发现他所看的稿件上自先秦下至明清，我很钦佩他。他有次对我说，其实他不适合看元明清文学稿子。那时我们都是二十多岁的青年，说话直来直去。我说：你当是对先秦至宋的文学相对熟悉。他说：勉强、一般。后来我逐渐知道他有很扎实的国学根底，不仅熟习中国传统文学，对史学和经学也有丰赡的学识，对经典理论著作也读得很多。同他相比，我自觉小生谫陋。承他不弃，我经常向他讨教。上世纪70年代初，我在呈胡念贻兄的一首诗中写道："十八年前别沪淞，未名湖畔幸相逢。挑灯纪事君才富，觅句寻诗我艺穷。风雪相携居奥府，晨昏共寓走胡同。人忙堪羡心何切，更看新篇学力充。"用来说明道衡兄和我之间的"富"和"穷"也很切合。

"挑灯纪事"云云，指我们在上个世纪60年代初参加三卷本《中国文学史》编写事，这对我们来说都是比较重要的经历。1972年3月，我从河南干校回京探亲，携息男游颐和园，一时感慨，涂鸦若干首，其中一首写道："后湖漫步北宫门，举目高楼隔一村。纪事挑灯成逝梦，三年辛苦断人魂。"诗中"高楼"指中央党校，我们编写文学史时曾在那里居住。我回干校将此诗呈请道衡兄过目时，他连连叹息。

学识丰赡、根底扎实的道衡兄集中力量专攻中古文学，同写作文学史有关，或许也可说有些偶然性。60年代初所内开始编写中国文学史，执笔时分为三个小组进行，道衡兄分在第一小组，先秦两汉部分的不少章节既然已由胡念贻兄执笔，魏晋南北朝的多数章节也就由道衡兄执笔了。当时所内对年轻的研究人员要求有一个专业方向，道衡兄的专业方向本是先秦至隋，而后来专攻中古文学，是从 1960 年编写《中国文学史》时开始的，所以说带有一定偶然性。

偶然性总是必然性的表现方式，道衡兄正是仗着他渊深的学识根底，加上他勤奋、谨严的治学态度，虽然经历了十年"文革"磨难，到了 80 年代初，他终于在学术研究上有了更多更大的收获。他的关于中古文学的研究成果，被学人允推为学力坚实、创获丰硕，在这一研究领域内处于前列地位。在出版《中古文学史论文集》之后，随着《中古文学史论文集续编》以及他与沈玉成兄合著的《南北朝文学史》的陆续出版，还有其他论著的刊行，它们进一步奠定了道衡兄在当今中古文学史研究中的前列地位，他是 70 年代以来在中古文学史研究上卓有成就、多有创获、多有贡献的著名学者之一。我想这不是我个人的私见，也应是国内外同行的共识。

道衡兄在《中古文学史论文集续编》的后记中说到他的研究方法问题，他说："这个集子中所收的一些文章，在方法上基本和前一个集子相同，都是通过对某些具体作家、作品的考证和探索，试图对文学史上一些问题提出若干自己的看法。至于研究的范围则稍有扩大，涉及到了汉魏六朝骈文和小说等方面，还有一些文章则谈到了有关经学的问题。这些研究也都是围绕着汉魏六朝文学而进行的探索。"对于这个说明，我是这样看的，他所说的"考证和探索"正是体现着实事求是的学风，他学习马克思主义的历史唯物论和辩证法，他推崇清代汉学家的言必有据的治学精神,他鄙视种种飞扬浮华、不重名实、哗众取宠、旨在惊听的不良习气,他踏踏实实、探索洞微、钩深致远。曾有一位青年学人对我说,他读曹先生的文章,总觉材料众多,信息量很大,其实这也正是言必有据的一种表现形式。道衡兄的两本论文集中的研究成果,如果单独地看,是在论述各类具体问题;汇总起来,却又给人以开阔拓展领域的明显感觉。

1993 年,道衡兄命我为他的《中古文学史论文集续编》写序,我在序文中说:"我对中古文学史虽无研究,但我也发现,在道衡兄的这本中古文学史论文续编中,新见迭出,创获很多,如《风俗通议》与魏晋六朝小说的关系,如探讨江州文人集团的存在及其特点,如考定伪《古文尚书》在北魏时已传入北方,等等。这些新见,分别涉及古小说的发展、晋宋之际南方文人集团之间的异同和南北学术文化交流诸问题。类似这样的新见,与目今热门显学中不时发生的甚至是着意制造的"轰动效应"是无缘的,但它们必定会引起研究中古文学的学人的注意和重视,而且也会成为这个研究领域中的可贵积累。"

我当时没有提到他的《东晋南北朝时代的凉州文化》,这篇文章是他为参加"五凉文学座谈会"而作。他在这篇文章中提出了很有价值的见解。本来《通鉴》中已有记载说明北魏的儒风是由凉州人士振兴起来的。道衡兄经过仔细研究,认为"北魏的许多科学与艺术,无不与凉州有密切关系",他还在文中提出了人们谈论的南北朝文化交流与影响,其实质不在于"南"、"北",而是民族文化的交流与影响,因此凉州地区对北魏的文化影响实际上也正是民族文化之间的影响。

我也参加了那次"五凉文学座谈会",事先道衡兄与我约定,他作实质性发言,我作一般性鼓吹,鼓吹什么呢?鼓吹"补空白"、"钻冷门"。关于此点,我在2004年于广州暨南大学举行的第三届辽金文学学术研讨会的发言中曾经提到,我是这样说的:"上世纪80年代开始,随着'文化大革命'的结束,学术研究百废待兴,古代文学研究也进入了新的历史时期。当我们回忆起80年代的时候,马上就会想到方法论的引进和丰富,所谓'新方法的爆炸'。不过,根据我个人的经历和体会来看,当时值得注意的还不仅仅是个方法论的问题。当时我在中国社会科学院文学研究所做一点学术组织工作,我记得无论《文学遗产》还是《文学评论》召开的座谈会,所提出的另一个重要问题就是:要求加强对中国古代文学史薄弱环节甚至空白领域的研究。当时我们认识到,这对于文学史研究来说具有全局性意义,而非仅仅是一个局部性问题。"

我还说:我参加过在甘肃武威举行的"五凉文学座谈会"。西晋灭亡,东晋偏安江南,文化人主要聚集于建康一带,而另有一小部分文化人则向西行,聚集于张氏父子把持的凉州,类似抗战时期文化人聚集的桂林。根据学者的研究,北魏的儒风、科学和艺术,都与凉州有密切关系。这样的史实,在一般文学史著作中根本就不会提到的,但是,我们认为这样的地域文化及文学研究是有意义的。

我的发言在《学术研究》2005年第3期刊出时,道衡兄的病情已恶化,我原想去医院探望时告诉他,但回顾旧事,怕更引出他的伤心,在他的病榻前,我终于没有说出来……

前面我提到他的《〈风俗通义〉和魏晋六朝小说》一文,这篇文章谈前者对后者的影响。从传统的观点来看,两者不是同一性质的书,道衡兄文章中也说到《风俗通义》"在性质上和魏晋六朝小说并不完全相同",还说《风俗通义》的作者应劭"和魏晋名人大异其趣"。但道衡兄同时认为,这些思想方面、倾向方面的不同和差异并不意味着它们之间没有其他联系。他从实证入手,举出《风俗通义》中所写的一些人物和思想,恰正是"魏晋人的崇尚老庄以及任诞之风在东汉时代已肇端"史实的反映。此外,他还从描写手法相似、故事情节相袭方面来作论证。这里实际涉及对"影响"的辩证理解问题。道衡兄与我讨论过这个问题。我们也曾讨论过作者之间的"类同"问题,在这方面也应作辩证的理解。我在上述序文中以江淹、鲍照为例,也说到过这个问题。我是这样说的:"比如把江淹、鲍照并称,隋唐时代已出现,杜甫秦州诗《赠毕四曜》中就有'流传江鲍体'之言。文学史上出现并称、合称现象是十分复杂的。后人作解,难免仁智各见,杜诗注家对'江鲍体'的解释就颇见纷纭。作为文学史研究者,就必须找到一种符合或比较符合实际的解释。道衡兄在《鲍照和江淹》一文中对这个问题做了细致的考察、研究并论说,在对江、鲍两人诗风有同有异的比较中展开了论说。无论从理论上说,还是从作家的创作实际上说,作家之间的类同不是绝对的,这里同的表现形式恰恰是同中有异、有同有异。作为文学史现象的探讨,研究江、鲍合称,又不是局限于合称本身,而是为了说明当时诗风的一种继承和转变关系。实际上,我想道衡兄撰写《鲍照和江淹》一文时正是从较宏观的视野出发的,这篇论文与《江淹、沈约和南齐诗风》是相互联系和响应的姐妹篇。在后一篇中，乍看似乎只是提出一个从时代考订就可发现的问题，即江淹才尽之际、沈约成名之时。但实又不是时间上的偶然现象，而是有着诗坛风气变化的原因。这样也就更加深入地揭示出江淹诗风正好标志着从鲍照到谢朓、沈约的转变阶段，也就是从'元嘉体'到'永明体'的转变阶段。如果笼统地说，鲍照和江淹都代表了从'元嘉体'向'永明体'过渡的时代诗风；如果细致地说，江淹诗实又较鲍照诗更靠近谢朓和沈约的笔调。即使有了这种更靠近的直感，要具体地论说清楚，还须要学力和识力，而一旦被梳理清楚并加以明晓揭示后，反过来又有助于关于'元嘉体'到'永明体'的发展过程的论述，对这一过程的阐述显得更加清晰、更为丰满。"

大凡研究中古文学史的学人都知道，这一领域已难有孤本秘笈的发现，材料大致现成，前人也有种种既成说法，重要的是要深入钻研，从头开掘，才会有所发明，有所创获。举一例子来说，隋代陆法言的《切韵序》说"开皇初"刘臻、颜之推、魏澹、卢思道、李若、萧该、辛德源和薛道衡共八人相聚陆法言家，"同诣法言门宿"。道衡兄拟考定他们这次在长安相聚的确切时间和当时各自的身份，以有助于考出他们的生卒年及他们的活动情况。这一考查，却发现了一个新问题，原来那八个人都是陆法言的父执，其中刘臻较陆法言之父陆爽长十二岁，颜之推长八九岁。所以道衡兄说"陆法言只是随侍父执，奉命记录"，"此次聚会的主人当为陆爽"。但陆法言序中却说"诣法言门宿"，给人印象是去访问他。道衡兄推断是政治原因，因陆序写于仁寿元年，亦即太子杨勇被废及陆法言被黜的第二年，那八位父执中至少有三人与陆爽都是废太子杨勇的属官,还有一位是蜀王秀的属官,总之他们都是依附杨广政敌的人。道衡兄遂用这个政治原因解释了"诣法言门宿"这个难解的说法。但实际上道衡兄的这番考订又为研究《切韵》提出了新问题,道衡兄判断陆法言所说的"诣法言门宿""或许是朋友间一次偶然的聚谈"可能会引出异议,但当年《切韵》缘何产生,其间经过确也不甚明朗。启功先生根据《切韵序》得出它的创编目的"不是作诗押韵用的"的见解,启功先生还说:"至于二百多个琐碎的韵部,就给后来押韵的人留下麻烦了。"事实上,有人查对统计,那八人中的颜之推、薛道衡等人写诗押韵,并不遵守二百多个韵部的"规范"。

《从〈切韵序〉推论隋代文人的几个问题》并非是道衡兄的最重要的文章,我只是借此说明,正是他的锲而不舍的钻研精神常使他能提出新问题,提出足资学人参考的新见解。

我在十三年前写的那篇序文中曾说:"我总是习惯以'学长兄'来称呼与我长期共事的曹道衡教授,在年龄和学历他是我的学长兄,在我们近四十年的同事过程中,他对我帮助很多,我也经常向他求教,从这个意义上说,他也正是我的学长兄。"

这是我在"中古诗学暨曹道衡先生学术思想研讨会"上的发言。首先我要感谢会议的发起单位,尤其感谢安徽师范大学中国诗学研究中心,感谢他们盛情相邀。这个发言就学术层面说是粗浅的,但我之所以不辞浅陋,是为了在道衡学长兄逝世一周年之际,再次表达我对他的尊敬之情。 ——作者识

原刊于《文史知识》2006 年第 10 期

怀念褚斌杰先生

张　鸣

褚斌杰

(1933-2006)

古典文学专家,文学史家,对中国古代文体学研究贡献巨大,著有《中国古代文体概论》。1954 年毕业于北京大学中文系,师从游国恩,研修先秦文学,他主编的《先秦文学史》是今日最具权威性、最全面完整的先秦文学史著作。此外,他对《诗经》和楚辞的研究富有创造性,著有《诗经全注》、《楚辞要论》等。

褚斌杰先生就这么走了，虽然早有思想准备，但得知消息时，还是觉得非常突然与难过，为失去一位学高身正、与人为善的老师而难过。

　　褚先生是那种让人敬佩又让人感到亲切的老师。彭庆生先生曾说："褚先生有学问，有才华，有名气，有风度，更有人缘，唯独没有架子。"这是熟悉褚先生的人都有的共同感受。我和褚先生的交往比较晚，来往比较多还是在上个世纪90年代中期以后，对他早年的经历，大多是从师友处听来，知道他年轻时才华横溢，倜傥风流，诗歌写得好，学问做得好，24岁就出版了《白居易评传》，深得学界好评；还知道他1958年被划为右派，离开了北京大学，1979年才重回北大任教；还通过他的著述知道了他在楚辞、古代文体、先秦文学史研究等方面的卓著成就。但对他的为人，还是在上世纪90年代中期交往较多以后，才有了更深的了解。

　　先生在学界名望很高，但无论对谁，他都没有架子，尤其对我们这些后辈学生，更是温厚宽和。和一位没有架子的老师聊天是一件非常快意的事情，先生总是带着温和的笑容说，带着温和的笑容听。有时候我会对一些不公的人和事发一些不着边际的牢骚，先生也笑眯眯地听着，不置可否，但我可以体会到他与人为善的态度,他经历的东西太多了,早把这些不公看透了,他的与人为善,正是看透人生之后的宽和大度。这一点,最让我敬佩。

但如果因此以为褚先生在学问上对学生也宽和随便,那就错了。褚先生在学业上对学生要求十分严格,记得当年褚先生最早的两位研究生章必功、王景琳二位学兄,每次交了读书报告听了褚先生的训诲回来,都要为褚先生对学问的认真和严格感慨许久。有一次王景琳兄一篇读书报告大约是因为写得比较草率被褚先生批评了,回来伤心了好几天,以后写读书报告再也不敢掉以轻心。我后来曾参加过褚先生的一些硕士、博士研究生的开题报告、综合考试、论文答辩等,感受最深的就是褚先生对学术的严格认真,这种严格认真与对学生的关爱温厚非常完美地结合在一起,使得学生即使被批评了,也心悦诚服。这种境界确实不容易达到。

褚先生一生淡泊名利,为人非常谦退。北大刚实行教授岗位津贴制时,他被评为一级教授岗位津贴,结果宣布之后,记得有一次,他非常认真地跟我谈到这件事:"说实话,我真没有想到会评上一级。"我当时也认真地对他说,如果您都评不上,那还有几个人够格?褚先生就是这样,从来不争名逐利,而且从来都是虚怀若谷。与为人谦退相应,褚先生在教学上非常敬业,他不仅学问高,而且对教学有很高的热情,直到退休之前,他一直坚持为本科生开课。作为一级教授,一直没有中断为本科生讲课,这在当今高校不说凤毛麟角,至少是不多见,这使他在学生中很受拥戴。他在学业上对学生要求严格,指导硕士、博士研究生更是认真负责,经常亲自动手为他们修改论文,直到去年他已经病重,在病床上还在为即将答辩的学生修改论文。他还为因病重不能出席他的最后一届硕士、博士的答辩会而好几次表示遗憾。在他弥留之际,人已经不大清醒,却还多次说等病好以后,要带领学生们出去巡游讲学,传播学术文化。学术、教学,确实是褚先生生命中最为重要的事情。

褚先生对教学的敬业、对学生的关爱,表现在许多方面,事例很多。中文系每年本科生、研究生开学典礼,照例要请几位教授给学生讲一些勉励的话。我记得有一年是褚先生讲话,他一反常套,对学生说,今天你们为考入北大而骄傲,明天北大将为你们的成就而骄傲。这话立刻让学生们激动起来,会场气氛一下活跃了许多。好多学生对褚先生的讲话留下了很深的印象。我觉得,这说明褚先生是一位真正懂得教育学的教授,是一位懂得如何勉励学生的老师。褚先生平时勤于读书治学,极为珍惜时间,很少和家人出去游玩。但是每逢时节佳会,他都会兴致勃勃地带领门下弟子或踏青赏春,或登高饮酒。我虽从未参与过,但曾从不同渠道得知其盛况之一二。先生常在出游中与学生闲聊,话题天南海北,其实都和人生、学问相关。记得一次曾听先生说,带学生游香山,谈起《红楼梦》,他问学生,《红楼梦》中妙玉请贾母喝茶,用的什么水、什么茶碗?结果全被问倒,没人能答上来。先生说完,呵呵一笑,很有点得意的样子。这真是非常高明的教学啊,我估计当时被问到的学生回去一定会找出《红楼梦》来,认真地翻看翻看,那样的话,就会对妙玉的为人性格有更为深刻的认识的。褚先生真是随时随地都在做一个好老师，许多学问就是在这样的潜移默化中影响了学生。

北大学生每年都要举行"一二·九"歌唱比赛，照例都会请一些老师参加合唱，在褚先生退休之前，每年的合唱，中文系的学生一定会请褚先生参加，褚先生照例有求必应，白发苍苍地和大学一二年级的年轻学生站在舞台上，非常认真投入。有一年他还被学生们安排在合唱前朗诵，先生洪亮的声音、认真的态度让学生们非常感动，很多年后还有学生回忆起先生的风采。我觉得褚先生的这些精神和为人品质，都是可以作为大学老师的典范的。

褚先生很有幽默感。记得一次系里老师一起参观大观园，我听见解说员给一群带着第六届人大代表证的代表讲解，解说员指着稻香村上房东边的一张床说，大家看，这就是李纨睡的床；又指着西厢一张床说，贾兰就睡在那儿。我见代表们听得津津有味、信以为真的样子，觉得奇怪，出了稻香村正好迎面碰上褚先生，便把刚听来的解说词向他学说，褚先生听了，呵呵一笑说，假作真时真亦假嘛。简单一句点评，真是妙语解颐。

今年3月，褚先生因化疗导致身体虚弱，夜里起床，摔了一跤，把髋骨都摔折了，被打了石膏架在病床上不能动弹。23日下午我去医院看他，他午睡刚醒，插着氧气管，一动不动躺着，看见我，呵呵地笑着说，这回我可是知道"不许动!"的滋味了，说得我们都笑起来。他都已经这样了，还忘不了随时幽上一默。我凑过去跟他说，您老正好可以趁机参禅呀! 褚先生瞪我一眼，认真地说道："我可是身不动心动啊。"

褚先生喜欢唱歌,民歌、古典歌曲、通俗流行歌曲都能来一嗓子,嗓音很有磁性。每年中文系老师的新年联欢聚会,褚先生必定上去唱上一曲,而且每次必唱他拿手的山东民歌《拉地瓜》,每次都是亮开嗓门,有板有眼地唱,每次都引得大家喝彩,聚会的气氛往往就会为之热烈起来。去年年末,褚先生已在病重中,还在师母的陪同下来出席新年聚会,不过这一次他已经没有精力唱《拉地瓜》了,我坐在他的旁边,分明感到了他的憔悴和虚弱,但他还努力保持着带幽默感的笑容,和过来问候他的老师们寒暄。这是他最后一次和全系老师们见面联欢,以后,我们再也听不到褚先生的《拉地瓜》了。

褚先生研究古典文学,却常常写新诗,这可能出乎很多人的想象。先生早年就以诗才著名,他是林庚先生的学生,曾听过林先生讲授的新诗写作课程。每逢林先生寿诞,褚先生都要写一首"林庚体"的新诗为林先生祝寿,并说这是交作业。去年初,逢林先生九五大寿,褚先生也写了一首《春天》贺寿,诗云:

春天的风筝谱写蓝天,
铺满山坡的是二月兰;
岁月催人啊春秋代序,
永无凋谢的是精神少年。

是路与路哟奔向无限,
时间又几回换了空间;

跨山越水的九十五年，
问路人依然歌唱向前。

成功的道路永无终点，
崇高的风范不朽的诗篇。

诗为仿"林庚体"，不仅形神兼备，而且字里行间流露出昂扬向上、乐观开朗的少年精神，很切合林先生的性格风采。不过，这可能是褚先生生前的最后一首新诗了。

2006 年 11 月 7 日于京西博雅西园

原刊于《文史知识》2006 年第 12 期

遥知水远天长外

——追忆金开诚先生

葛兆光

金开诚

(1932-2008)

古典文学专家，专于文艺心理学、楚辞研究。1955年毕业于北京大学，著有《古诗文要籍叙录》、《文艺心理学论稿》、《楚辞选注》。长于书法研究，主编《中国书法文化大观》。曾任北大教授，九三学社中央副主席、中央书画院院长。他是《文史知识》的资深编委，深受敬重，是刊物与广大读者的良师益友。

一

金开诚先生去世一年了。

听说金开诚先生患病，是在去年九月下旬的一次会议中。北大的顾歆艺女士告诉我，金先生患了癌症，已经住院，恐怕情况不妙，当时觉得不太相信，记得五月中我因眼疾住院，还接到金先生的电话，反复嘱咐我痊愈之后，务必抽空到浙江一个民办学院去讲演，口气还像往常一样恳切和平静。才短短的四个月，或许情况不至于太严重，抽空给住在北大医院的金先生打了一个电话，听到金先生的声音不算衰弱，而且还惦记着让我讲演的事情，便稍稍放下心来，觉得七十六岁的金先生一生都是"吉人"，不仅自有天相能逢凶化吉，而且尚有天年可以终老。后来，因为眼疾未愈，加上杂事繁多，也没有机会到北京去，只是凭着顾歆艺女士不时报讯，才知道金先生病情的点滴，随着他的病情加剧，心情也一点一点地沉重起来。

终于在十二月十四日传来噩耗，可是因为早就安排了日本访问，内人和我不得不缺席遗体告别和追悼会，只好以两人的名义和同在上海的裘锡圭先生夫妇，委托北京朋友献上花圈遥寄哀思。从日本回来后，老同学胡友鸣来电话说，逝世前金先生不仅一直是《文史知识》的编委，是《文史知识》最早的作者，而且也是最早推荐我们这批学生为《文史知识》撰文的人，希望我为《文史知识》写一篇追忆金先生的文章。

下面这些文字，就是应胡友鸣兄的嘱咐写的。

二

确实，在《文史知识》刚刚创刊时，金开诚先生就吩咐我给这个虽为普及规格却高的刊物写文章。

1980 年代初，我在北京大学古典文献专业读本科，稍后又成为这个专业"文革"后的第一批研究生，照理说，还不是一个够格写"文史科普"文章的角色。在那个刊物还不多的时代，大学本科生或者硕士研究生给《文史知识》这样多少有些"传道解惑"的杂志写文章，恐怕还嫌稚嫩，特别是，当时《文史知识》提倡"大学者写小文章"，翻开当年的目录就知道，作者大都是今天所谓的大牌教授。好在金先生一贯主张"不拘一格降人才"，而且总是让学生先"看"再"想"还得"写"，所以，总是鼓励我出手。他曾说，古文献专业的人读文献，当然是首要的事情，不过看得多了，得要有思想把文献勒出脉络理出头绪，而最终还是要把它写成文字，否则读书满腹却两手空空，他很不赞成所谓"五十岁后再写文章"的老教条，倒总是鼓励学生"把想法写出来"。因此,我可能是文革后最早在《北京大学学报》发表论文的本科生,那篇《晋代史学浅论》就是金先生推荐给周一良先生,经周先生的审查和推荐,发表在《学报》上的。

由于金先生的鼓动,我成了当时杨牧之先生说的《文史知识》"救火队"。所谓"救火队",就是刊物临时缺什么稿子,便让我立即赶写,如果某期哪一类文字少了,也会给我命题作文。所以,我不仅在创刊之初就以化名写过几篇小文章,到了1982年和1983年,更开始发表较长的文章。像以化名写的《现存两部最古的图书目录》,用真名写的《旧唐书与新唐书优劣之比较》、《唐代文章总集全唐文》等等。

不过,说到金先生,还得提及我们初入大学的时代。

三

三十年前恢复高考,我成为北京大学古典文献专业七七级新生,说是七七级,但开学却是在1978年初春三月。从住了十七年的贵州回到阔别的北京,我丝毫没有毛主席回到韶山冲那种"红旗卷起农奴戟,黑手高悬霸主鞭"的豪情,相反,倒是经历"文革"十年突然换了天地,有些暗室久住乍见阳光的晕眩感,用现在流行话说就是有些"找不到北",原来随心所欲乱翻书的爱好,加上信手涂鸦的习惯,似乎和学院训练格格不入,对于所谓"古典文献",除了知道要钻故纸堆外一无所晓,对未来从事的职业,除了知道可以不再修理地球之外,也全然是懵懂浑噩。幸好进入北大之后,很快就有很多老师来关心,引导我们开始学习生涯,专业的那些老师,现在想来都是鼎鼎大名的教授,像仅仅见过一次的魏建功先生、游国恩先生,后来常常能够见到的周祖谟先生、阴法鲁先生,当然最熟悉的还是中年一代的老师,后来成为著名教授的金开诚、裘锡圭、安平秋、严绍璗等先生,那时都还是中青年教师。

那个时候,老师稀罕学生,大学十年没招生了,老师对这些大大小小年龄悬殊的大学生既觉得陌生,又觉得好奇,更有些超出一般师生关系的重视,都觉得这下子可以甩掉"文革"阴影,"而今迈步从头越",所以,学生心里揣了很多希望,老师心里也带了很多温情。

这些老师对学生恨不得倾囊相授,好多老师居然课余会跑到学生宿舍来,盘腿坐在学生的床上和学生谈天说地。这种古人所谓"亲炙",比起在教室里分坐上下照本宣科要亲切得多,其中,金先生就是跑得最勤的一个,那个时候,金先生早已过世的夫人屈育德教授还没有从宁夏调到北京,一个人蜗居在筒子楼的小房间里,所以,常常到 32 楼三楼上我们的宿舍,一聊就是几小时。

四

金先生会讲课,这在北大是出了名的,当时中文系讲课有几大"铁口",金先生就是其中之一,上课很吸引学生。原因很简单,一是他字写得好,板书忒漂亮;二是他节奏感好,常常在学生听得疲倦时来一两个笑料或故事,让你能精神一振;三是极其清楚,所谓条分缕析,头头是道。但是,和他在一起的时间长了,我就知道老师这种讲课,看上去举重若轻,其实处处艰辛。看他的讲义,不仅字迹清晰秀丽,而且往往是天头地脚补满了种种"插曲"、"噱头"和"典故",所谓口才好会讲课,其实是用心用力备课,绝不像现在很多教师,凭着三寸不烂之舌信口雌黄,用无聊而无用的段子哗众取宠。

我至今还保存着他在硕士课程中讲《楚辞》时的记录。这大概是一学期的课,金先生从"屈原的生平"、"屈原的辞作"一直讲到"楚辞的流传及注本",真是原原本本,清清楚楚,即使在我略为简单的课堂笔记中,也可以看出,他讲课实在不仅是很清晰,而且相当深入,比如第一部分有关屈原的生平,一开始就讨论《离骚》开头"惟庚寅吾以降"一句,他不仅要讨论邹汉勋、刘师培、郭沫若、浦江清、胡念贻对屈原生年的种种考证,还要讨论古历法知识,包括十七年九闰,超辰、太岁纪年的传统;在有关屈原流放的一节中,他又要从《史记》、《楚辞》王逸注、黄文焕、林云铭一直到游国恩等人的讨论中,结合历史地理知识,一一讲清屈原晚年从郢都到汨罗的流放路程。到了讲解《楚辞》的各种注本时,他更是从现存的王逸、洪兴祖、朱熹、汪瑗、王夫之、戴震、蒋骥诸家注释,讲到亡逸或残缺的贾逵、马融、郭璞、释道骞、陆善经的注释等。我就是在这一课上写下了《汪瑗考》作为作业,后来这篇小文和金先生对《楚辞集解》的论说合成一文,还以《汪瑗和他的〈楚辞集解〉》为名发表在1984年中华书局出版的《文史》第十九辑上。

就是在这样的课程中,我们渐渐地体会到了一种学风。那个时候的北大也许是中国一个最特殊的大学,在它的传统中,除了有对中国前途怀抱的那份责任和抱负,让人生出激扬文字指点江山的情怀之外,还有一种绝不等同流俗的学术风气,人多注意到这种学术风气的自由和开放,但也应当留意这里也有严谨和规范。虽然后来我并没有跟随金先生从事他所擅长的两个领域,即楚辞研究和文艺心理学研究,但是,从他和其他一些老师那里,却体会到了一种学术的严谨和规范,记得我曾经给《文史》投寄过一篇关于晋代学者干宝生平的考证文章,被他看到后,便指出好几处文献引证却缺少注释的地方,让我修改补充后重新投寄,这让我从此记住了文献注释清晰和准确的重要性。

三十年后,我常常重新回顾自己所学的古典文献专业,就很有感触,这些感触虽然不是"先见之明",但总算是"后知之清"。因此我曾经在一篇文章中说:"古典文献专业现在好像已经面临危机,也许现在的学生会觉得古典文献专业很枯燥乏味,但是,当年的古典文献专业却很有魅力。特别是,它的训练很像武侠小说里面写的那种打通任督二脉的练'内功',虽然没有花拳绣腿可以炫耀,也不能现炒现卖包管实用,但是,这些知识训练却让学生长久消受不尽。"

五

做到规范和严谨,也许不那么容易,按照金先生的说法,我们这些年龄不一的学生，有的很"嫩"，有的很"野"，还有的人会写一些随笔、散文、诗歌，甚至还有人写过戏剧小说，特别是在那个激荡年代，谁耐烦青灯枯坐点读校雠、一板一眼守着故纸如蠹鱼？谁耐烦读了几大卷书却来写形式一律的提要或说明？可是，记得金先生为七七级上写作课，却用命题作文、互相批改、当堂点评的方法，让学生从天马行空回到准确整饬，大学毕竟是一个"研究学问"的场所，古文献毕竟是一个"整理国故"的专业，在那几年中，为了要养成既规范又严谨的学院研究之路，我们经历了重新给知识"洗牌"，用时尚的话说就是重新"整合"的过程。

不过，也许是因为我年纪较大，读书也多一些的缘故，从一年级开始，金先生就没有让我跟着他做楚辞研究和文艺心理学，也没有让我按部就班地按照古文献专业那种从文字、音韵、训诂、目录、版本、校勘的程序亦步亦趋，却总任凭我按照兴趣从古文献中自己寻找问题，那个时候，我一面读《四库全书总目》和《四库提要辩证》，翻遍了北大图书馆几乎所有的提要式书目，一面读《史记》，读《太史公行年考》，读《司马迁年谱》，并往下读《汉书》、《后汉书》等等，渐渐开始在中国史学方面培养了兴趣，开始了钻研。

记得那几年时间里，他常常和我一道在课余走到中关村大街那个朝鲜冷面馆去大吃冷面，我一直很奇怪，出生江南的他，为什么那么喜欢这种酸不酸甜不甜的冷面？不过，在陪他一起吃冷面的时候，我常常能够听到他天南地北地乱聊学术界各种往事，也聊到他在王瑶先生和游国恩先生门下的所见所闻。听了这些见闻，知道了学界深浅，读了一些专业的文献和论著,才觉得渐渐进入学术之门。有人常说,要看第一流的论著、做第一流的题目,可这还不够,只有知识并不能成为一流学者,第一流的学者需要有视野、境界和气度。当年读书北大的好处是,因为这里聚集了这些好学者,而这些好的学者,不仅在课堂上讲授知识,而且课余常常与学生闲谈,而闲谈中不经意传授的那些见闻、经验和体会,常常让人在不知不觉中提升了学问的格局和境界。

六

在北大七年,也和金先生相处七年。有时偶尔听他讲他自己的故事,现在想来也很有感触。

他是1951年考进北大中文系的,第二年就是全国院系大调整,清华、燕京和北大的中文系合并于新的北大,他那一班的同学分别来自三个大学,后来我熟悉的,有先于金先生去世的沈玉成先生和裴斐先生,还有健在的白化文、程毅中、傅璇琮、刘世德等先生,在古典文学这一领域,说起这些人来真是大名鼎鼎,让人感慨有时候天才一个也不来,可是有时候天才往往成群地来,不知道是风云际会,还是时运钟于一代。可是,他们中的大多数却在"反右"时被一网打尽,好在他们都熬过了那折磨人的岁月,在"文革"之后都成了那一代的名学者。他们彼此并不相同,有的思路敏捷如沈玉成先生,有的知识渊博如白化文先生,有的激扬如裴斐先生,有的沉稳如程毅中先生,正是因为老师辈中有这些出色的学者,能让我们七七级学生受益不浅。

记得金先生不仅常常请白、沈二先生来讲课,也让我们到中华书局去听程、傅二先生讲"唐代文史研究史料"及"唐代小说史料"。

在学问上我不算是守规矩的学生,正因为跟着金先生认识了这些不同的老师,便恰好有了"转益多师"的机缘,因此反而离金先生的领域越来越远,而在人生上我是一个亲历"文革"年纪稍大的人,常常走在学术边缘去关怀社会,因此选择的课题也和金先生从事的文学专业不同。好在金先生的政策,用他自己的话说,他是"无为而治",我可以"信马由缰"。可就是这种"无为而治",反让我有更大的学术空间,也正是这种"信马由缰",让我不再受学科和专业的约束。所以,可能现在的研究生会很奇怪,除了我和他合作撰写《古代诗文要籍详解》(北京出版社,1988;后改名为《古诗文要籍叙录》,由中华书局出版)那一段,也许讨论专业略多之外,在我和金先生那么些年的交谈中,内容涉及专业知识的少之又少,可是,在学问精神和风气上,却在这种不言中,得到了很多很多。

和金先生相处,前后差不多七年,七年中我也看到了他的多面人生。一个爱猫的长者,一个天真的文人,一个极其认真的教师,一个容易受伤的好人。现在,他虽然离我们而去,可是却给我留下了很多有关过去的温馨记忆。"遥知水远天长外,更有《离骚》极目秋"(朱熹诗),不知道为什么,现在想起他来,最清晰地浮现在我脑海的图景,却是他坐在蔚秀园宿舍那间狭小书房的椅子上,抚摸着那只白猫,在黑框眼镜后面,他睁大充满好奇的眼睛,和我有一句没一句聊天,讲了些什么,已经记不清了,印象中反复出现的,却是秋天阳光照射下在窗外摇曳的斑驳树影,那好像是在 1988 年,离现在已经二十年了。

原刊于《文史知识》2009 年第 12 期

纪念王力先生 110 周年诞辰

齐冲天

王 力

(1900–1986)

中国语言学家,中国现代语言学奠基人之一,大学教材《古代汉语》主编。1926 年考入清华大学国学研究院,后留学巴黎获博士学位。归国后任教于清华大学、燕京大学等院校,后调入北京大学,参与多项国家级语言文字工作。另著有《王力古汉语字典》、《汉语史稿》、《汉语音韵学》、《诗词格律》等。

1954年我大学本科毕业，组织上分配我去当王力先生的研究生。苏联有俄语史，我们也应该有汉语史。所以，王先生是带着我们一批人去开创一个新学科，至今已五十六个年头过去了。尊敬的王先生，不但把我领进了门，还一直带领我们孜孜不倦地研究。导师去世已经二十四年了，他的业绩、著作，还是一个榜样，在不断鼓励着我。

　　每到纪念导师的活动时，我都要想想，在自己的学科里，能解决点什么问题没有？因为导师的研究总是要求解决些学术问题。王先生诞辰一百周年时，我写了《论谐声字的声母》。这次110周年诞辰，我正在清理王先生提出的散字问题，他举出了上古音分部中的37个散字，能否做到散字不散。上述这两个问题，都是上古音研究中的专门问题，专业性很强。回想文化大革命前夕，就掀起了一场批判音韵学的高潮，把它说得一无是处、一无用处。实际上，你要研究不好上古音，怎么可能研究好汉语史呢？所以，那种批判，有害而无益，是学术上的幼稚病。

　　我本也是一个对古音学感到索然无味的人，也未曾在它身上下过功夫。只是在追溯语源的时候，才觉得它的重要性。特别是罗常培先生的《语音学纲要》中说到"变"字在广西壮语中是说复辅音 pl，我一看这个变字本是从攴从䜌，这两个偏旁字的声母不正是 p 和 l 吗？这时候，这两个声母似乎正在向我招手微笑了。当我看到 pl 这个复辅音时，它似乎在向我鼓掌欢迎了。我想，喔，原来你们是在这里待着！这时候，我才感到我理解或消化了王先生的音韵学，或者是理解了其中的一部分。音韵学的讲授是要从正面的大门进去，我则是从旁门或后门进去，一看这里面的究竟。音韵学讲授的是纯粹的音韵现象，我却从文字学、语源学的角度进入音韵学。差别在于是否兼带语义，音义是不能分割的。的确是，只有音韵学或语音学，才能作纯语音的分析。但是，即使是音韵学，也要在分析了纯语音的现象之后，再回到音义联系中来，才能看出一些纯语音的疑难课题究竟是怎么回事。

这是我的体会，我所走的路。我为什么从语源学走向了音韵学？我自己也不知道。我只知道在当研究生的第一年，王先生给我们布置的学习任务是念《说文解字》，到学年末每人缴一篇读书报告。我那时缴了一篇《从弓矢谈起》，实际是语源学方面的课题，所以我对这方面的路子熟悉。现在想来，那时也不过是瞎猫逮了死老鼠，碰运气。对语言学是个什么，并不了解。我大学毕业时填的毕业分配志愿书是想去当个诗人。我念本科时就抄了两厚本诗。我记得中间有一首是乐黛云老大姐的《只要你号召》，得了一等奖的。不料，我却遭到了当时的系主任杨晦先生的批评。杨先生说："你这不是就想要出名吗？你有什么生活写诗？"于是就把我的名字拨到王先生门下。这在现在连找工作都困难的大学毕业生看来，你们当年不是生在福中不知福吗！我们当时对这种毕业分配,只有听命,谁知道前途是什么样。幸亏我当时还抄有一本张惠言、张成孙的《谐声谱》,至今还带在手头,也算是有一条线贯穿着的了。

我为什么要去抄那些东西?现在想来,也是跟整个中文系认真学习的风气有关系,觉得不弄点东西,不是很空虚吗?记得有一件事给我的印象特别深:比我高一班有位女同学叫王佩璋,人们都说她是个才女,她能背字典。她后来当了俞平伯先生的助手。这对我触动很大。我不想背字典,就去找点我赏识的事来做,就抄书了。抄诗并没有增加我的诗才,但是真要去写诗,这不有了本钱了吗?!我们中文系的毕业生,到工作中去,很多人都很有出息,因为在校时念了书,听了课。中文系的学习风气好。今年也是中文系成立一百周年,很值得庆祝。

我一向自认是一个糊涂人。当年许多名师的课程,听过以后似乎都忘记了,白听了。只有到自己思考什么问题,需要翻阅老师的教材或笔记时,才悟到原来是怎么回事。所以,一味的知识灌输,对我这样的人,效果很差。不过有许多学习优秀的同学不是我那样,我记得金开诚等几位,他们在当时就能发许多高论,这使我很钦佩。我只能是事后诸葛亮,大概还只能是个半诸葛。不过我经过若干年以后的再复习,再消化,多少还能补上一截,甚至有望解决专业中的某个问题,作一些新的探讨。我个人的成长和中文系的学风、和专业导师三者是不可分的。

王先生在汉语研究的诸多领域,都有大小不等的创获和贡献,用他自己的说法就是龙虫并雕。他自己感到较为薄弱的是在词汇方面，所以他晚年的两部大书是《同源字典》和《古汉语字典》。他曾很诚挚地向我说："《辞源》写得真好。"王师母曾向我老伴傅淑敏（也是王先生的学生，与师母私下交往很多）说："王先生是一个笨人。"这聪明人能一本一本地去写字典吗？王先生外出开会，晚上回家都要干他的活儿。家里几个孩子的事，也主要是王师母去管。也是据王师母说：王先生写到最后那一天，总共写了二百字，放下笔后说："实在写不动了。"这天离他逝世，只有两个月。那些天正是政协开会，他请了假到中日友好医院看病。到了那里，情况已很严重，医院已不能让他回家了。在这前一年，即1985年的冬天，他从燕南园到临湖轩去开会，这一段路并不长，他在半路上跌了一跤起不来，坐了很长一段时间才去开会。实际上他这时病已在身了，所以扛到第二年春才去医院，已不让回家了。

　　丧事过后一段时间，也是听王师母说：王先生对他的一生，感到是满意的。我想，他主要还是学术上的满意，当然孩子们也都有出息，没有什么要牵挂的了。他能够用尽他一生所能得到的时间和精力，写出了这么多著作。我看他有些事，能省心的就省点心。他的替换衣服往往找不到，有一次是穿了王师母的袜子去开会的。但他没有书呆子的习气，诸多人间趣事，他也不落后。我们在苏州开会，王师母是苏州人，老俩口到苏州街上去找小吃了，以致我们到处找不到他。寒山寺的钟楼已很老了，年轻人不让上，王先生积极上。据说敲敲那口钟就能长寿。人们若是恭维王先生能长寿，先生总很高兴。系里许多老师都看到王先生身体魁梧健康，都说能活到一百岁，王先生总表示很高兴。做学问的人，寿命短了就不行。段玉裁、王念孙都活到七八十，否则他们的著作就完不成。我感到王先生是积劳成疾，他最后一天写二百字，这二百字半个小时就该写完了，他用一天，显然是在强撑着，不肯松动。所以，我们既要积极，又不能硬拼，才能长效。

对于王先生这种奉献精神，春蚕到死丝方尽，我一直是肃然起敬的。我觉得，我多少也能做到点。老来就坐在那里闲着，有什么意思？退休以后，也是人生最美妙的一个时期，不如驾轻就熟地干着点，于心也无愧。而且现在时代不同了，很多人老来还是一片忠诚之心，闲不住，实现一个完美的人生。

原刊于《文史知识》2010 年第 10 期

創開風氣主清新 文史評量筆有神鋒

被成時天下曖論功 在念儀機人

祝賀

文史知識雜誌創刊五周年

繆鉞 🖂

一九八五年七月

102 远去的先生

創開風氣主清新 文史評量筆有神鋒

被成時天下曖論功 在念儀機人

祝賀

文史知識雜誌創刊五周年

繆鉞 🖂

一九八五年七月

魏建功先生二三事

刘尚荣

魏建功

(1901-1980)

　　语言文字学家,对中国现代语言学贡献巨大,致力于汉字改革和语文教育,主持编纂的《新华字典》至今影响着全国人民的日常生活。1925 年毕业于北京大学中文系,后任教于北京大学、燕京大学、辅仁大学、中法大学、朝鲜京城帝国大学等。著有《古音系研究》等学术专著,并参与审订《词源》。

我于1959年8月考入北京大学中文系,有幸成为新开设的古典文献专业的首届学子,并因此同魏建功先生结下不解之缘。这是因为入学后便从该专业秘书吴竞存老师那里获悉:北大主管部门指派中文系一级教授魏建功先生担任刚创建的古典文献教研室主任。可惜当时我对魏建功先生是何许人毫无所知。

　　后来在"三角地"残留的大字报上看到了魏建功先生的大名。大字报说魏先生是五四新文化运动闯将、著名语言学家钱玄同的高徒,又说魏建功与罗常培是当今汉语音韵学的权威,1958年,中国科学院语言研究所所长罗常培先生逝世后,音韵学界的魏建功先生独树一帜。大字报似乎是批评魏先生教育思想的,却让我意外得知,魏先生在其擅长的汉语音韵学研究领域是一面旗帜、一名权威。我对魏先生的最初了解仅此而已。

　　然而亲聆魏先生演讲却有另一番感受。那是开学后的第一次师生见面会,没有料到在讲台上已度过大半生的魏建功教授竟有些木讷,有时词不达意,让学生不知所云。但有一句话大家都听得十分真切,那就是魏先生的开场白:"我是一面资产阶级大白旗。"此言一出,四座震惊。我们听说1958

年开始的教育革命中，大专院校针对大批老专家、老教授提出过什么"拔白旗、插红旗"的口号，猜想魏先生与中文系不少老教授受到过冲击和批判，只是不得其详，不明就里。同样显而易见的是，绝大多数老教授都不甘心、不服气，因此讳莫如深。其实魏先生真没必要向新同学交代此事，因为我们是这场大批判的局外人，无缘领略1958年大专院校教育革命的内情，也不关心魏先生怎样被加上"白旗"的恶谥，因为这顶帽子不公正、不合适。但魏先生敢于直面现实，爽快承认曾遭受批判的事实，这在老先生中也是绝无仅有的。我们这群刚踏进北大校园不久的新同学，由此感悟到魏先生的坦率与真诚。应该说魏先生在音韵学的教学与研究中一向是坦然自若和充满自信的。那时大家有个强烈的心愿，尽快听魏老开讲音韵学课，以便弄清其中"红"与"白"的奥妙。有趣的是至今都无法找到这个问题的答案。

古典文献专业的基础课与专业课大都很枯燥，幸好初入大学门，精力旺盛，闲暇时无所不读。于是文史楼阅览室开架图书中陈列的《鲁迅全集》率先成为我涉猎的目标，有时读专业课累了，烦了，就信手抽取鲁迅作品浏览，明知这是对鲁迅先生的大不敬，无奈所选专业不给我们专项研究鲁迅的从容。恰是在不经意间，从鲁迅书信集中，偶尔翻检到这位现代文学奠基人在1926年7月19日致魏建功的一封信，信中感谢魏建功热心协助鲁迅校订《太平广记》。这引起我的好奇，接下来按图索骥，又从鲁迅日记里查到魏建功协助鲁迅校订《唐宋传奇集》、送书到鲁迅家并共进晚餐的记述。原来魏先生早在三十余年前，便是校理古籍的行家里手,并且曾是鲁迅家中座上客,不禁肃然起敬。据说魏建功与鲁迅先生的交往远不止于此,这应作专题去研讨,然此非我所长,尚须求教于方家。

作为古典文献专业的第一批学生(如今被一些人戏称作"黄埔一期"),虽是自愿报考的,其实大多数是凭借对古典文学的偏好才选择这个专业的。入学后得知其培养目标竟是古籍整理人才,一个个就泄了气,缺乏敬业精神。此时"古籍整理概论"课请中华书局总编辑金灿然同志给同学作报告。由此获悉1958年初国务院建立"古籍整理出版规划小组",组长是齐燕铭(周恩来总理办公室主任),成员有叶圣陶、吴晗、范文澜、金灿然等知名学者和出版家;该小组拟定的培养古籍整理后备人才的方案之一就是在北京大学开设古典文献专业;该小组办事机构设在中华书局,我们这群同学的毕业归宿则是中华书局编辑部。当时金灿然同志正在齐燕铭授意下组织制定《三至八年(1960-1967)整理出版古籍的重点规划》,为我们传达了不少新的学术信息,也讲到古籍整理的重要性及人才的青黄不接,对我们寄予厚望。金"老板"的报告固然令人感动,可一想到这辈子要在故纸堆里钻来钻去,当教授、搞科研的理想破灭,总觉得委屈,也不甘心,甚至产生过改换门庭的打算。这时候又是魏建功先生的一席话,令我们醒悟,他在介绍并欢迎金灿然作报告时诚恳地说:"在古籍整理出版战线上,灿然同志是总司令,我们古典文献专业师生都是总司令领导下的小兵。"这不是恭维,而是发自内心的呼唤。一位曾协助鲁迅校理《唐宋传奇集》的老教授,堪称古籍整理专家的老先生,竟也甘当新时代古籍整理出版事业的"小兵",从头做起。这种谦逊好学的态度,其实是在为稳定学生专业思想而以身作则、树立榜样。尽管我们有些人对古籍整理一时仍提不起兴趣,但在魏老明示甘当小兵之后,谁还好意思当"逃兵"?谁还能再谋求改行换专业?只好在"祖国的需要就是我们的最大志愿"口号下,硬着头皮学下去了。

大约在1963年初,魏建功先生荣任北京大学副校长。后来得知这是"广州会议"落实知识分子政策的结果。当年周恩来、陈毅、聂荣臻等国家领导人出面,亲自为"资产阶级知识分子"脱帽,摘掉那令人窒息的"资产阶级"政治帽子,一律改称"劳动人民知识分子"。老专家、老教授心情舒畅,学术界、教育界一片欢腾。北大副校长行列中增添翦伯赞、魏建功的大名,应是众望所归。魏建功先生作为中国科学院哲学社会科学部的学部委员,第三届全国人大代表,著名的教授、权威的语言学家,确实受到了应有的尊重。而先生依然是谨慎谦虚,照常登上讲台为我们讲授"文字音韵训诂"课。

可惜好景不长,1966年夏季的文化大革命急风暴雨,又把魏先生推进"反动学术权威"的深渊。当魏先生被审查、强制劳动改造时,我已毕业离开北大告别魏先生两三年了。一次回母校看大字报,巧遇魏建功先生与中文系几位老教授一起正在打扫楼道,这是毕业后师生的首次相会,竟面面相觑,无言以对。趁别人不注意时,我给先生鞠了一躬,先生慌得不知所措,随即一挥手。为摆脱尴尬,我连忙逃之夭夭。记得当时的大字报和揭发材料中,都未见有魏先生如何"反动"的描述,故而总觉得"学术权威"前面的"反动"二字来历不明,应属虚构。但那时不是讲理的时候,后来我也无缘再见魏先生。

1968年秋至1973年春,我在湖北咸宁五七干校浪费青春,并且和魏先生一样品尝了遭受批斗的苦味,罪名自然是莫须有。

我再次见到魏先生是在"批林批孔"运动中,不知何故,曾被视为"资产阶级大白旗"和"反动学术权威"的魏建功先生,此时竟成了江青的老师,成了北大清华两校大批判组的学术顾问。我去北大办事,魏先生见过我这位老学生,打招呼后就匆匆离去,没有留下一句话。总觉得魏先生似乎在回避着什么,因为他的神情并非洋洋得意与傲慢无礼,魏先生应有难言的苦衷。这竟是我最后一次面见魏先生。

我不知道魏先生为江青讲过什么课,也想象不出他能为"四人帮"出什么主意.即便提出意见,说过不该说的话,也是形势所迫,不得已而为之。遗憾的是魏先生似乎为此而得不到有关方面的谅解,以至于魏先生在1980年逝世后,主管部门对这位副校长的丧事安排和追悼会规格不够高,颇令弟子们寒心。有时我觉得魏先生像一枚棋子,身不由己。但我坚信在学术领域和教育阵地,魏建功先生确实是一面旗帜、一名权威,他为音韵学研究和辞书编纂作出了不可磨灭的成绩,他为创建古典文献专业呕心沥血,他为教育事业奋斗终生,已是桃李满天下。他的名字将永远铭刻在我们心中,也必将永载史册。

魏建功先生为人师表,传道解惑,流泽后学,亦为典范。

古典文献专业的学生,必须具有扎实的古文基础,为提高古文阅读能力，教研室为我们开设了"古文选读"课，由吴小如先生主讲，深受同学欢迎。但在如何强化训练才有助于学好古文的问题上，教研室仍处在摸索阶段，似乎也有不同意见。于是开学不久的一天上午，魏先生亲临我们男生宿舍，就此问题与学生座谈。堂堂中文系一级教授，屈尊深入到又脏又乱的学生宿舍，共商专业建设的大事，此乃绝无仅有。记得魏先生主张学古文要会吟诵，并当场示范，抑扬顿挫地朗声吟咏了欧阳修的名作《醉翁亭记》。魏先生还告诫大家，吟诵时应注意节奏感，欧公此文连用二十一个"也"字，音调铿锵，气势流畅，吟诵时应注意层次，如全文第二句："其西南诸峰，林壑尤美，望之蔚然而深秀者，琅琊也。"这二十字要一气贯通，吟诵时要不间断、不换气，否则体味不出《醉翁亭记》那散文诗般的韵味。应该说大多数同学早已习惯默诵乃至默写，以应付考试，对于摇头晃脑地吟咏古典诗文，尚属首见，于是议论纷纷：有人赞许吟咏，以为是加深理解与记忆的行之有效的学习方法；有人担心学习环境（阅览室、教室、宿舍、未名湖畔）不能提供吟诵古典诗文的便利条件；有人则觉得吟诵的学习方法未免滑稽可笑。大约只有个别同学试学吟咏有所收获，可惜我没学会。但魏先生不端架子、平易近人、和蔼可亲的神情，深入细致的工作作风，着实令人感动。

尤其令人难忘的是，魏先生曾收缴全班同学的笔记本，然后逐人逐篇逐字逐句地批改，连错别字和标点符号也不放过，犹如审阅小学生的作文。我的课堂笔记虽记得较全，却写得很乱，还使用了独创的连书合体代用符号，左右两边预留出空白版面，以便复习时补漏之用。但在发还的笔记本上，魏先生已将误记处代为修正，缺漏处代为添补。魏先生高度认真负责和一丝不苟的教学态度，令学生钦佩之至，获益匪浅。

前面提到魏建功先生担任北大副校长后，坚持为同学讲授"文字音韵训诂"课，这是古典文献专业的最重要课程之一。三门专业课合在一起，由魏先生独力承担，教材讲义、参考资料均由魏先生亲自编选，负担是很重的。由于时间紧张，只讲授一学年，故前松后紧，有点虎头蛇尾，同学们只能浅尝辄止。对于如此重要的一门功课，如今我只留下一份讲义资料，一本课堂笔记，外加一些零碎的不系统的记忆了，时常引为憾事。

记得魏先生向同学们郑重推荐过两本书，即《文字蒙求》和《汉语音韵学导论》。《文字蒙求》是清人王筠（1784-1854）为教孙儿识字而撰，取材于《说文解字》，篆文与楷书并举，分象形、指事、会意、形声四卷，依据许慎之说再加引申和详解，对《说文》颇有订误。魏先生将它作为初学文字学的入门书。我购买的是中华书局 1962 年出版的影印本（据道光十八年《字学蒙术》本影印），它伴随我一生，我从中获益良多。至于罗常培先生的《汉语音韵学导论》，堪称经典著作，不但系统性强，深入浅出，而且文风骈俪，语言华美，亦适于初学者。起初很奇怪魏先生不提供本人的音韵学专论，却推荐另一位音韵学大师的著述，既而又被魏先生摒弃门户之见、一心为学生着想的博大胸怀所感动。借助于罗常培先生这部著作，学习音韵学基本知识，确是捷径。

魏先生的讲授内容无须赘述,其中有些精辟的见解至今难忘。且说汉字简化问题。魏先生是中国文字改革委员会副主任,肩负着制定和推广汉字简化方案的重要使命。作为语言学专家,他高瞻远瞩,更加注重学术规范。魏先生说过,他最初对于"尘"字的使用是有所顾忌的,因为这无异于作新时代的苍颉,再造新的汉字;当实践证明这个简化字并未增添汉字库的混乱时,才愉快地接受了它。但对于把"舞"简写为"午"之类的民间俗字,则始终持异议,因为它违背了简化汉字的常规,理应予以抵制。后来魏先生作为全国人大代表去外地视察返京后,说是耳闻目睹了繁体字给工农兵学文化造成的障碍及增添的困难,于是对于"跳午"之类民间通行而未经国家文字改革委员会认可的俗体字,不再是一味深恶痛绝,而是积极探寻解决的良方。于是魏先生建议将跳舞的"舞"简化为"乍",即中午的"午"字右下方加一点(丶),以便既尊重民意,又有所区分,从而使舞字 14 笔减化为"乍"字 5 笔,且便于书写,免生淆乱。应该说这是非常绝妙的创意,也表明魏先生关于汉字简化的理论与实践,在随着时代的前进步伐而不断自我修正。只可惜后来形势的发展使魏先生的天才设想未能付诸讨论、得到推广。另一方面,对于头"髮"的"发"、"鬭"争的"斗"等借助同音假借实现简化的字,魏先生有所担忧;后来的实践证明,此非多虑。三年前我在审理简体横排增补本《全宋词》书稿时,发现苏轼《念奴娇》(赤壁怀古)词"雄姿英发"、"早生华髮"两句,都用"发"字作韵脚,无端制造出重韵现象,实乃词家大忌。运用简体字不当,遂令苏轼背上重韵的黑锅岂不贻笑大方?倘仅此孤例也还罢了,麻烦的是,头髮的髮与发生的发合并后,将在《全宋词》中制造出近四十例重韵,问题就严重了。诸如此类简化字为《全宋词》添乱的例子不胜枚举,为此《全宋词》简体横排本中不得不保留了若干繁体字形。由此可以反证魏先生当年的担忧颇有预见性。这也是使用简体字为古籍整理带来的困惑之一。

魏先生对于通假字的见解,给我留下深刻印象。训诂学中的同声假借,什么双声通假、叠韵通假,那理论被前贤阐述得太玄妙,那方法被专家诠释得太繁杂,在学习中往往感到不可思议。魏先生在课堂上却一语破的,揭穿了其中的奥秘,他说:"所谓通假字,一声之转,一韵之转,说穿了就是古人写错别字。为了对古书中常见的错别字作出合乎情理的解释,为了考证作者所要表达的本意,遂有了通假之说。"魏先生的解说深入浅出,令我茅塞顿开,恍然大悟。循此探讨古书中的通假字,疑难问题迎刃而解。至今我仍习惯于用"古人写错别字"的原理去识别古籍中层出不穷的通假字,感觉轻松多了,明白极了。

魏建功先生的学问和人品,堪为楷模,历史已对他作出了公正的评价。

原刊于《文史知识》2002年第1期

民族凝聚力　首在知文史

理工還要辦　自六識顧始

百冊今初盈　千里此一跬

是辭祝宏猷　不自愧其俚

文史知識月刊發行百期紀念

啟功敬祝　一九八九年十月

苦行修善果
——忆先父姜亮夫先生

姜昆武

姜亮夫

(1902-1995)

国学大师，研究范围广阔，对楚辞学、敦煌学、语言音韵及历史均有造诣。毕业于清华大学国学研究院，师从王国维、梁启超、陈寅恪等大师。曾于法国进修，归国后任教于东北大学、云南大学、浙江师范大学、杭州大学等。著有《楚辞通故》《屈原赋校注》《中国声韵学》等。

《文史知识》编辑部约我写点先父研究楚辞和他生活情况的文章,这题目既大又小。跟随在他身边五十多年,可写者众,而生活事小,且琐碎繁杂,完成任务也非易事! 现在回忆起来童年时代留下的印象就是不停地跟着爸妈搬家,很少有在一个住所住满两年的时候,社会的动荡,生活的奔波,让先父的前半生在"动"中度过。

1954 年以后他则在"静"中度过,我也在这宁静的家中渐渐长大,而父亲生活的内容,基本也就是教书、看书、写书……静到一家三口住在杭州四十年中举家出游西湖的次数,不会超过十次,虽然有他健康方面的原因,但"书"缘可能是更主要的原因,其实家里并不"静",经常宾朋满座,师友论学,学生问业,他的生活有序而丰富,但无不与书有关,无不置情于学。他的日常生活很简单,早餐一碗豆浆、一个蛋、一个豆沙包,十年不变,晚上小碗粥或面条,中午荤素搭配,每日上课、写作、会友,午后稍息,很少吃补品,习蒋维乔《因是子静坐法》、床上八段锦,一日三次,三十多年尽皆如是!

他对钱很豁达,对亲友、学生的接济时时有之,外公外婆祖母三位老人的生活费几占他工资的四分之一。他是杭大仅有几个穿西装的人,但到晚年,只三件涤棉外衣,冬罩棉袄,春秋作便装，无论如何不肯添置新衣，除棉衣裤外，很难给他"革新"服装，否则他要发火的，虽然平日脾气极好。

70年代后，常有人送酒，置房中一小柜中，但稍过二三年后，瓶皆空，我总觉这酒怎么会蒸发？大概瓶塞质量太差，他笑笑。我懂了，是他"偷"吃了。年轻时饮酒可称豪量，因健康故而戒酒，但此习终难改，从此每逢家宴，总给他三两口葡萄酒，以解"馋虫"。

生活就那么简单，波澜不惊，能在这四十年中弄出些动静来的事，大概就是180万字《楚辞通故》撰写的历程了！

话还得从1954年说起，他奉调来浙江师范学院任教，校方派一辆大车来接，人三个，皮箱两只，这便是父亲来杭时的全部家当，使来接的人一脸诧异。在杭州的四十年生活，便从这里开始了！过去的资料稿件大都毁于这以前的战乱和到处奔波并不安宁的生活。50年代中，家里经济渐渐好转，他便开始大量购置图书，几乎用尽所有的薪酬，还长期雇请一名文书，每日在家为他抄录各种资料。凡书必读，读必分类摘录他所需材料，积十余年已有数十万字卡片和无数大纸箱的分类资料，供其随时选用，而家中藏书已达数千册了。

楚辞类的历代主要书籍，基本集全，自汉以后，文人集子中与楚辞有关的论述，哪怕只有片言只语也几无漏抄，而文物、博物、图考也备有绘录，《通故》的基本材料已备，"粮草先行"是作战的根本。但大书的成就，却更基于他数十年学术研究的深厚积淀与功力。

到60年代，他以三暇之余，已基本完成《楚辞通故》的资料汇集并开始撰写书稿，但十年艰辛工作还没有体会到收获的喜悦,忽然一夜之间,风紧、雨急、雷声隆隆,顷刻之间,《通故》几成覆巢残卵!大约有四分之一的书稿被洒落到屋前的小院中,或辗作泥、作尘,或随风飘去!洗劫过后,他弯着腰在庭前院中,把拾捡的纸片一张张抚平,揩去上面泥水之渍,艰辛地苦苦地把这啼红杜鹃的心血之作又悄悄收回到蜗居的小屋里。

70年代起,外面的冰雪风雨渐渐和他没有多大瓜葛了,拉上墨绿的窗帘,居然还是那么心平气和地躲进小屋,自成一统,默默地补写这近四分之一的书稿,那可是有近五十万字啊!

他真心诚意地相信,历史不会让华夏文化精髓成为如烟往事,随风泯灭。他真诚地认为他的工作继续有价值。他更自信七十多岁的高龄还有可以补写散失文字的精力!他虔诚地、没有怨愤地工作着!我和母亲却都不太相信他的诚心能感动上苍!

首先,在当时,这补写是"偷偷摸摸"的!随时可能有人敲门来访。必须快速藏"封资修"于抽屉里!

住房缩小一半,书籍杂乱地堆放于书架上,床上床下,查找起来十分吃力,老人家一不留神还会生病,一停便是数周,乃至两三个月,说句大不敬的话,都七十几的人了,能行吗?

房间实在太小了,十平米、三书架、一床。睡觉占三分之二,书占三分之一,一桌是个"公共"场所:吃饭时将书移开,是餐桌;来客奉茶是"茶座";写稿时一尺见方,放纸笔搁手,其他呢?饭后吃剩的菜碗、茶杯、水瓶、糖罐、饼干盒……而最多的是药瓶!

窗外阳光空气渐好。

一家三口又开始了自嘲式的戏谑,封此室为"五百瓶斋"。我数过,五百个不到,但绝不少于三百个。

我和母亲对他的补稿没有信心,除了工作条件的简陋,更多的是对他目疾日深的担忧。"留着眼睛吃饭走路!"语气中带有爱怜,但更多的几乎是有些恼怒,接下来一句:"书蛀虫不可救药!"更重要的母亲没有信心:"都这时候了,还指望有朝一日出书?"当时谁都这么想。"好!那我走路去!"他听了笑了,立马走人,提着根拐杖,黄龙洞散步去(西湖名胜之一,就在我家附近),来回一个半小时!

每天的定额工作量是 500 字,完不成明天要补,提前完成再出去散步,铁定 500 字,这一写四五年,诚心所至,金石为开,稿子基本补全了,其中没少听我娘的唠叨!

我也没信心,既没法算他的寿数,担心他的健康,我和妈更一致的看法是这潮流还能为学术、为民族、为文化出书吗?近乎天方夜谭!不过我并不太阻止他,只在看他工作超过一小时时会打断他:"爸,陪你黄龙洞走走!"因为我明白这是他至诚、至真、至爱的心性。他的快乐,全寄托于此,快乐得像孩子一样,在外面不论多大的烦恼,一上书桌,便见眉目舒展,渐渐"入定"!

那时只有八十元生活费,不舍得买纸,用旧讲义纸翻过面来写。墨水用绿、紫二色染料粉调配而成,所以后来为他抄稿和整理就特别吃力。

得道高僧之所以得道,应该是诚吧!要诚则尽在于心,或许这也是佛家禅定的哲学基础,他终于成功了。我理解他的快乐,也佩服他的"定力"!这不完全是一种靠修炼能修成的功力!

接下来是80年代,"五百瓶斋"已成过去;但我始终记得那小屋的情景:他在艰难困苦中的那一份淡定,他这种淡定的心态,快乐地从业,肯定不是什么人都能做得到的。我不懂心理学,也不完全相信大学才能培养大师;却深信如果一个人以几乎简单而纯白的心去爱他的"业",这才是最根本却又非人人能做到的事。

后来我问过他人生苦海无边的问题,他说:他是个悲观的乐观主义者。人世的确是苦海无涯,但他以乐观的态度看待一切。

我完成《诗书成词考释》后,也曾想仿《楚辞通故》例,贯两周金文、《诗经》、《尚书》、历代文献而通释《诗经》,他说:"别太贪心";我想替他补《近百年学术史》,他说:"慢慢再说,先集资料。"

我问他希望孙女承继祖业否?他说:"顺其自然,不要勉强。"

从小他全心培养我走学术之路,但这三个问题的答案让我有些感到茫然。十多年过去了,现在我懂了,与其说他轻描淡写地回答我的问题,还不如说他对世事浮躁繁杂的透彻了解,这些话几乎像高僧的棒喝与偈语,惜乎我悟得太迟;但如今却是真的悟了,我们不可能有这份定力!

当然他不是没有悲情、伤痛、苦恼的时候,而永远只是木然地快乐着。"平生相伴惟一女,老病思量更伤情。昨夜星辰昨夜风,梦中常自向阴昽。"这是爱女远离膝下远走浙南,而他已皤皤老矣,生死边缘心中最为凄苦的记述,那是很久以后我在他书夹中发现的小诗!

还要补充说上几句的是,他这一生的简况及楚辞研究的一些概况:1902年5月19日,父亲出生于云南昭通一幢古老的旧宅中,那是个书香门第的家庭:父辈兄弟四人一榜中了三个举人,四叔留学日本,父姜思让习法律,外公、舅父都是书画高人,这些长辈都是他继承传统文化最早的启蒙老师。这样的家庭,也是他成为一代大家的最早温床!

1920年,十九岁那年,他带着对封建旧式大家庭的叛逆,带着母亲用陪嫁饰物换来的钱和为他做的布袜,也带着深厚的传统文化基础和优异成绩,出滇北,过宜宾,走进了中国儒学极盛的蜀中,拜名儒为师,在成都高等师范学校开始了新一轮学识的再积累。在林思进、龚道耕二先生的指导下,读完了《诗经》、《尚书》、《荀子》、《史记》、《汉书》、《说文》、《广韵》诸典籍,为他日后的中国文化研究,植下了深厚的根基。他在自传中说:"这些都是中国历史、文化的基础,自以为这是我一生治学的得力处。龚先生说,这些书好似唱戏吊嗓子、练武功;林先生说,作诗不可从读诗话、读史不可从读史论入手。这些话使我一生奉为圭臬。"大学期间,一方面在学校日以继夜地勤奋苦读,经常晚上熄灯以后在通向厕所的路灯下看书,他将生活费用的绝大部分耗在书肆中,有时还不得不开始打点工来维持生计;一方面开始发表诗作与论文,并完成《昭通方言疏证》的初稿。

1925年,他以优异成绩结束了在蜀中的学习生活,奔赴北京深造。京都是繁华之地,更是名师汇集之邦。他考进了北师大，未几，他又考进了清华国学研究院。清华园浓郁的学术氛围，优雅的学习环境，使他觉得走进了一个无法以语言形容的高大而神圣的学术殿堂，从此师从王国维、梁启超、陈寅恪、赵元任、李济诸大师，读书更精勤了，学业更精进了。在清华这天堂般的学府中，他完成了在学业上一次真正的升华：大师的风范，人品、学识的拓展，视野的极大开阔，为他一生为人道德、学术建树打下了坚实的基础。在王国维先生的具体指导下，他完成了研究生毕业论文《诗骚联绵字考》。第一次展示了他在传统学识，尤其是语言、文学、历史、经学等方面的深厚功底及对中国传统学术研究的思维、方法的正确理解与定位。

1928年，他来到上海。就传统学术文化领域来说，北京是中国文化积淀最深、根基最厚之处，而十里洋场的上海则更大程度上吸收了西方人的思维、生活方式、语言文化……也是各种进步思想，革命活动极为活跃的大沃土。在这个繁华的大都会里，先父度过了青年时期一段极为丰富多彩的人生之路。

先父的师缘甚好，一至上海，他住在极简朴的俭德储蓄会，他在谋求新的发展，很快他被大学者胡朴安先生发现，极为赏识地推荐他去中国公学、持志大学教书，继而又在大夏大学教书，并任北新书局编辑，从此开始了他大学教授的生涯。而在李根源先生的介绍下，他又成了章太炎先生的入室弟子。20世纪诸多极为著名的学术界、文化界人士，多与上海有很深的亲缘关系，先父也和他们在这里开始了一生交往的友谊。

同时也就在这时,他开始了楚辞学的研究。这事缘于恩师王国维先生跳昆明湖自尽,他内心极为伤痛,联想屈原忧国忧民终投汨罗江,决心发愤撰写《屈原赋校注》以寄托自己的哀思。于是,从1929年起,他以明翻宋本、明本的章句、补注等十二三种"全以诸书所引,细为校勘",再引《史记》、《文选》、慧琳《音义》、《太平御览》等书考证史实,从文字、音韵、训诂、章句、大义、版本校勘方面校理注释、串释,旨在整理作者、作品近真的面貌。此书按语详博,时出新论,为近代有影响的屈赋注本之一,因而楚辞成为先父以后七十年教学、科研生涯中致力最勤的研究课题。校注成果的取得,亦需借重目录学、版本学的深入研究,以辨章学术,考镜源流,20世纪50年代完成的《楚辞书目五种》一书,就是这方面的力作。它集自西汉刘安、刘向以来二千多年间有关楚辞辑集。此后先父提出"个别分析、综合整理"的主张,他以校注和书目两方面的深入研究为依托,对楚辞各领域进行综合、阐发、概括,成果迭出。《楚辞今绎讲录》、《屈原赋今译》、《二招校注》、《楚辞学论文集》相继在20世纪80年代出版。

　　而最大成就,当属完成《楚辞通故》一书。这是他在大量汇集历代《楚辞》研究资料的基础上,以他较成熟的学术思想体系和以"个别分析和综合研究"相结合的研究方法,从哲学、历史、地理、语言、文学、文物、考古、民族学、民俗学等多学科入手,进行多方面的深入研究,常年辛苦,孜孜不倦,日书数百字,积十年之功而告完成的。全书凡180万字,仅"词部"条目达3570条,图谱400余幅,考校正文,据楚史、楚政、楚言、楚习等楚文化来探索屈、宋作品真义,驳还数千年诬枉不实旧说,采用穷源尽委、整体推断、比较异同、分析矛盾、无证不断等科学方法以发其意蕴,是《楚辞》研究之巨制。

直到他 1995 年去世,屈原楚辞始终是他治学重要组成部分之一。

20 世纪的中国,不论哪个领域都是人才辈出,各有各的坎坷经历,各以其才智与勤奋取得了他们的成就。父亲的书稿,大部分已收入了《姜亮夫全集》,我在对他老人家深深思念的同时,他的心性、情志与定力,让我在学业与人生中得到了更多的收获和启迪。

往事并不如烟,有些可以留给后世学子作"培养液";有些是凡人修心正身、"悟道"的法门;虽然很难很难,但愿与有志者共勉。

仅以此文为先父逝世十二周年祭。

丁亥冬至前于杭州西溪别院

化深為淺舉重若

輕雅俗共賞

文史知識
百期志慶

任繼愈

季羡林先生与中华书局和《文史知识》

王邦维

季羡林

（1911–2009）

　　国学大师，语言学家，翻译家，佛学家，社会活动家。毕业于清华大学，并赴德留学。精通12种语文，包括吐火罗文、巴利语、吠陀语等稀见语文，对东方文化研究贡献卓著。曾任中华书局学术顾问。著有《中印文化关系史论集》《禅与东方文化》《世界文化史知识》《牛棚杂忆》等众多著作，主编《大唐西域记校注》等。

季羡林先生走了，虽然走的时候已经是高龄，却依然让人感觉突然，更感到悲伤。季先生是中华书局几十年的老朋友，也是《文史知识》的老朋友。不仅是朋友，还是作者。季先生去世，在我看来，对于中华书局，也包括《文史知识》，失去的不仅是一位作者，一位朋友，而且是一位最好的导师。

1979年秋，我从四川来到北京大学，跟季羡林先生念研究生，其后留在北京大学工作，今年刚好是三十年。三十年来，我亲眼见证了季先生跟中华书局交往的许多事情，很多时候还参与其中，体会到季先生对中华书局的支持和爱护。这中间连我自己也成了中华书局的作者和朋友。

先讲季羡林先生与中华书局。我不知道，在"文革"以前，季先生跟中华书局是否就有往来，印象中即使有，大概也不多。季先生跟中华书局有密切的往来，我知道的，应该是因为上世纪70年代末到80年代初他主持编撰《大唐西域记校注》。

唐代玄奘的《大唐西域记》，是历史上的一部"奇书"。这部书，近代以前，在多数中国学者眼里，并没有什么特别的价值，但却很早就受到国际上研究印度和中亚历史的学者们的关注，他们出版了多种西文和日文的研究著作和译本。可是在中国方面，我们自己，有分量的研究却很少，这不能不说是件很遗憾的事。

上世纪 50 年代，国内的一些学者有心做关于《大唐西域记》的研究，其中兴趣最大的，有向达先生和陈寅恪先生。向先生曾经为此专门到广州去拜访陈先生，讨论怎么做这件事。向先生在"文革"以前为中华书局拟定过《中外交通史籍丛刊》的书目，《大唐西域记》是其中最重要的一种。向先生为此做了相当的准备工作，可是一切都因为"文革"的发生而中止，向先生自己也在"文革"中不幸去世。"文革"以后，中华书局重新启动这项工作，几经商议，决定请季羡林先生领头，从各地约请数位学者，集中在北京，共同编撰一部《大唐西域记校注》。季先生曾经是陈先生的学生，跟向先生是朋友，也是同事，他高兴地接受了这一任务。这个时候"文革"结束不久，一切都重新开始，编撰《大唐西域记校注》于是成为中华书局的重点工作之一。

编撰工作从 1978 年 8 月开始，1980 年底基本完成，初稿经过编辑谢方先生整理，到 1981 年下半年，交到了季先生手里。季先生第一遍读过后，觉得一些地方问题比较大。这个时候我刚好硕士毕业，留在了当时的南亚研究所工作。所里——其实也就是季先生——为我安排的第一项工作任务，就是协助季先生审读这份书稿，尤其是核对其中的引文。记得引文的问题比较多，每次我向季先生报告工作中发现的问题，季先生就指示说：能查原书的，一定要查原书；如果查不到原书，是转引，就要明确说明是转引；实在查不到出处，就删掉。我在季先生的指导下，已经完成过自己的硕士论文的工作。此前季先生教导我的，总是要认真，要老实做事。现在加入到《大唐西域记校注》的工作中，我再一次体会到季先生在研究工作中的严谨和认真。工作进行得比较慢，我有些着急。但季先生总是说，最重要的，是细心，即使慢一点，也不能马虎。整个工作花去了一年半的时间。我看书稿，核对文字，必要时做一些改动，然后季先生再看，再改。然后我隔一段时间，骑车去中华书局，把季先生的意见传达给谢方先生，回北大后再向季先生汇报。

1983年7月，工作终于完成，我把最后一部分定稿送到中华书局。书局的谢方先生也是极认真的人，也很有耐心，他做了最后的加工。1983年底，书终于发排。再后是看校样，改校样，其间的工作量也不小，书最后印出来，已经是1985年。季先生也一直关心书的出版，他希望早印出来，但他还是那句话：《大唐西域记》不是一般的书，中华书局不是一般的出版社，我们要尽量让错误少一些。从这些话里，我体会到了季先生在学术上的认真和他对中华书局名声的爱护。

照季先生的说法，我们集体完成的《大唐西域记校注》，不敢自称水平有多高，但我们尽力了，而且，实事求是地讲，在一些问题上，我们是有创见的，它代表了中国学者在一个阶段上的研究成就。《大唐西域记》是中国人的著作，中国的学者终于在相关的研究上有了发言权。《大唐西域记校注》出版后，得到了学术界和社会的肯定，获奖也许不能绝对说明问题，但二十年来多次重印，成为中华书局的保留书种之一,应该就是证明。

记不清楚是在什么场合,好像是在庆祝中华书局成立多少年的一次会上吧,季先生说过一句话,给我留下深刻的印象。季先生夸奖中华书局,说中华书局"一身正气"。我们心中的中华书局,一直是这样,也希望永远是这样。中华书局应该多出像《大唐西域记校注》这样厚重的书。

再谈季羡林先生与《文史知识》。季先生一生,出过不少的书,但在中华书局出过的书却不多,除了以他为领头人的《大唐西域记校注》以外,我知道的,只有一本《佛教十五题》和一本《皓首学术随笔·季羡林卷》。两本书,是其他人为他编选的集子,出版时间不久。不过有一点也许没有被人注意到,那就是季先生为中华书局的《文史知识》前后写过数量并不算少的一批文章。大致地统计,从1986年到2001年,十五年间,季先生在《文史知识》上发表的文章有十四或者十五篇,差不多一年一篇。请不要小看这个数字,据我所知,季先生一生,虽然发表文章无数,但似乎还从来没有在同一种刊物上发表超过这个数量的文章。这说明季先生十分地厚爱《文史知识》。对《文史知识》,我自己当然听到过季先生的夸奖话,不过,季先生1989年7月为《文史知识》写的《百期祝词》说得更清楚,季先生的原话是:

我对《文史知识》有所偏爱。但是我的偏爱不是没有根据的。

我对《文史知识》的印象,可以用八个字来概括:严肃、庄重、典雅、生动。我想,不用我解释,大家也会明白的。多少年来,社会上风浪叠起。然而我们的《文史知识》却始终保持住自己的严肃庄重的风格,不为外物所动,决不刊登追逐时髦的文章,也从来没有登过一篇满篇怪异术语令人如丈二和尚摸不着头脑的文章。我们的文章是谈学术的,有的还非常专门。然而我们的刊物上几乎没有刊登过烦琐、冗长、枯燥乏味的高头讲章,也没有见过以艰深饰浅陋的文章。比较深奥的学术问题,读来总是娓娓动听,意味盎然,亲切动人。这是难能可贵的。

这些话说得多好啊! 季先生还说:

> 我们评论文学艺术之类的东西时, 常常用两句现成的话: 阳春白雪, 意思是曲高和寡; 下里巴人, 意思是合乎人民大众的口味, 因而受到广泛的欢迎。我们的《文史知识》却是曲高而和不寡; 能满足人民大众中一部分人的需要, 又不过分浅显。可以说是融阳春白雪与下里巴人于一体。这更是难能可贵的。

九年以后, 1998 年元月,季先生在祝贺《文史知识》出刊 200 期时,又再次讲道:

> 《文史知识》是我最爱读的学术刊物之一。它已经形成了自己特有的风格,这种风格我想用这样两句话来概括: 谨严而又清新活泼,学术性强而又具有令人爱不释手的可读性。

从这些话里,我们看到季先生对《文史知识》真是厚爱有加。季先生对《文史知识》,不仅称赞,多年来几乎是有求必应。

也许可以这样说,在已经过去的大半个世纪里,我们有过,现在也还有一些很好的学者,但学者之中,像季羡林先生这样既有精绝的学问,同时还具备广博的见识和胸襟,又对后辈如此仁厚的却极少,这一点上没有人能够比得上他。季先生对《文史知识》的支持,出于他对学术的理解和对传统文化的关心,表现出了他作为一位真正伟大的学者的风范。

不过,称赞和厚爱是一个方面,对于《文史知识》,季羡林先生其实还有他的期望或者说建议。就在《百期祝词》的末尾,季先生还有一段话:

> 我想提一个建议。我们讲的"文史",我看主要是指中国文史。就算是中国文史吧,它现在已经不限于中国一国,而是成了一门世界性的学问。因此,我们是不是可以适当刊登一些世界其他国家讲中国文史的文章或者研究动态。这将有利于开阔我们的眼界(我们现在的眼界是非常不开阔的),增长我们的知识,加强对外部信息的了解,最终提高我们的研究水平。

季先生说这话,刚好是二十年前,现在我们眼界"非常不开阔"的局面应该说已经改变了许多,但我以为还不够。不够在什么地方?我们的第一步,是"开阔眼界",眼界开阔之后的第二步,是"最终提高我们的研究水平"。以我对季先生的了解,我感觉,季先生讲的研究水平,要求的目标很高,不仅如此,他还希望,这样的研究,最终要成为"世界性学问"的一部分。近年来许多人都在讲"国学",在大家眼里,"文史知识"大概应该包括在"国学"之中。这样的"国学",我个人以为,季先生并不满意，所以他主张另外一种"国学"，他把它称作"大国学"。在这一点上，其实不仅仅是"大"，是"大国学"，而且应该是"世界性的学问"。季先生的眼光，总是很宽很广，超过一般人。为什么会这样？我们看看季先生在《文史知识》发表过的文章的题目，就可以明白。

最后，容我斗胆说一句，我们大家，包括中华书局，包括《文史知识》，在深深感念季羡林先生的同时，是不是还需要继续往这个方向努力？

黄裔风流早双歧辉煌 文化五千年
马班纪传人有鉴 李杜文章焰烛天艺
苑骋怀生意境 书林纵目扣心弦读书
安有凌云志 俗级攀登泰嶽巅

文史知识创刊五周年纪念

王力

心存三乐 学求通精

——追思徐复老

王继如

徐 复

(1912-2006)

国学大师,语言学家,古典文献研究家,参与主编《传世藏书》、《辞海》、《汉语大词典》等,为中国古籍整理研究培养了大批人才。毕业于金陵大学,师从黄侃、章太炎等大师,任教于南京师范大学等名校。曾任中国语言学会理事、中国训诂学研究会会长、中国音韵学研究会顾问。

徐老,讳复,字士复,一字汉生,号鸣谦。生于农历辛亥年十一月二十日(1912年1月8日),其名讳盖寓光复意。终生从事教育事业,为中国著名训诂学家、文献学家。

一

　　2006年7月25日上午,王华宝君来电话,报告噩耗说:徐老已于昨夜仙逝。虽然数年前徐老就已经患病,这时也已经高龄达九十六了(以虚龄计),但2005年冬我面谒徐老时他老人家精神还很好,后来我的博士生还去见他并录了像,我总觉得徐老还有较长的年月,所以对徐老的谢世,仍然感到意外。意外带来的悲痛,也就更多一些。在徐老本人,则似乎早就有所准备了。

　　徐老将自己后期的文章结集为《语言文字学晚稿》,就已经含有工作已经终结的意思。我曾对徐老说:“晚字不好,改一改吧。先生还有许多文章好写呢。”徐老说:“我年岁已大了,就这样吧。”查日记,2004年4月25日上午,我同赵生群君、王华宝君去探望在南京建邺中医院住院的徐老(徐老相信中医)。徐老睡在床上,见我来了,就说:“我已经到了最后了。"我听了心中很是酸疼，宽慰了几句。徐老接着就讲起自己从 1978 年以后所做的工作，老人家头脑很清楚，归纳为三个方面：一是培养人才，如培养研究生，奖掖后进；二是推进事业，如成立训诂学研究会，兴办高邮王氏父子纪念馆、金坛段氏纪念馆、河南许慎纪念馆等事，都尽力为之；三是勤恳科研，写了一些文章。徐老说得很谦虚，不像我这里用总结性的语言，但意思是那个意思。最后，老人家说："我做这些事，已经尽心焉尔矣！"我们离开时，他眼角潮湿了。此后，老人家却奇迹般地逐步康复，可以回家了。于是又读书，写札记，不过已经大多是躺在躺椅上做了。2005 年冬我带着博士生去面谒徐老时，老人家就躺在躺椅上，和我们畅谈学术。冬日的阳光从窗外射进来，暖洋洋的，我又一次感到如坐春风。到了 2006 年 7 月间，徐老饮食不好，本来就消瘦的身体更加消瘦了。病重前跟子女说："梦见你们的妈妈了。要去见她了。"（师母比徐老早十一年谢世）家里也都有准备了。一个智者，就是这样面对自己生命的渐行结束的，真可以说是从容面对了。我不禁想起大儒马老湛翁在临终前写的诗偈："沤灭全归海，花开正满枝。"

徐老晚年，自号三乐老人。哪三乐？徐老说：一是知足常乐，二是助人为乐，三是读书最乐。这三乐精神，贯穿了徐老的一生。徐老的青年时代和中年时代，遭逢战乱，特别是抗战时期在四川，度日维艰，但是，仍然以读书为最乐，借助当时任教于边疆学校的条件，学习蒙文、藏文（1944 年发表的《歹字源出藏文说》和 1947 年发表的《歹字形声义及其制作年代》就是在这样的基础上完成的）；在最艰难的 1943 年，完成了《秦会要》订补的初稿；同时还研究了许多训诂的疑难问题，发表了《鸣谦室杂纂》等系列论文。至1948年，徐老以论文集稿获得国民政府教育部学术著作二等奖（至改革开放后，看到一些材料，才知道当时评委有顾颉刚、杨树达等名家，他们在日记中对徐老的著作稿有好评），升等为教授。其时国民党的货币政策全盘失败，货币等同废纸，奖金折合成大米。徐老说："当时生活非常困难，子女又多，幸而得到这些大米，得以渡过难关。"解放后，"文革"前，社会总体上是安定的，徐老的《秦会要订补》在中华书局出版。到了1961年，研究敦煌俗语词的两篇文章在《中国语文》刊出，这两篇文章可以说是俗语言研究的奠基之作，也是徐老科研的一个顶峰。其写作经过，徐老数次为我言之："参加《辞海》修订工作后，认识了蒋礼鸿先生。蒋先生说：写了本《敦煌变文字义通释》，日本有波多野太郎发表了书评（实际上还有入矢义高，当时蒋先生无法见到——笔者），而国内尚无人注意于此。蒋先生问我能否写篇书评，我答应了。用了一个暑假的时间，研究敦煌变文，而最适合的参考资料莫过于《广韵》。蒋先生对《广韵》注意得不够。我将研究的结果写成了一篇长文投给《中国语文》。有一天，突然说北京有电报来。我心里一沉，因为我有孩子在北京，当时没有急事是不会打电报的。打开电报一看，原来是《中国语文》来的，建议将这篇长文分成两篇，一篇是本人对敦煌俗语词的研究，一篇是对蒋书的评论。"这就是发表在《中国语文》1961年第8期上的《敦煌变文词语研究》和同年第10、11期合刊上的《评〈敦煌变文字义通释〉（增订本）》。徐老谈及此事，是对《中国语文》

的学术眼光和认真作风表示钦佩。自然,对自己的研究得到重视也有赤子般的愉悦(这是所有认真的学者所共有的品格)。徐老给蒋先生所作的书评,一本"友朋之益,不在揄扬而在勘核"(徐老《读〈义府续貂〉识语》引焦循《答沈方钟书》语)之精神,多有讨论或增补。两位先生四十年的交往,都以切磋学问为最愉快的交流,足可传为佳话。徐老对师友后学的帮助,可谓不胜枚举。我在这里只讲几件事。葛毅卿先生,是相当有造诣的音韵学家,师事过赵元任,曾灌过国际音标唱片。我曾听他一年的古代汉语,讲课极其生动。穿着则极其马虎,走路时也口中念念有词,也许是在读外语(据说他掌握多门外语)。葛先生在"文革"结束的1977年去世,其遗稿《隋唐音研究》由张拱贵先生悉心保存。我跟从徐老做研究生后,徐老曾将葛先生的遗稿交给我研读,并谈了葛先生临终嘱托之事。徐老力谋出版该书,但当时极为困难,徐老在该书序中说:"毅卿君去世二十余年,生前夙愿却未实现,愧对故友啊!"反映的就是这段经历。经过不懈的努力,该书终于在2003年由南京师范大学出版社出版了。太炎先生夫人汤国梨女士,以词骚名世,但从未公开出版。1974年,徐老从汤太师母处得到《影观词》(影观是太师母之号)手稿,谋求付梓,但当时那样的环境,此事如同梦幻。至2000年春,得到太炎嗣孙保存完好的太师母诗词集《影观集》,商得李灵年先生的支持,《影观集》得以用《文教资料》特辑的形式出版(《文教资料》是一本很有特色的杂志,可惜数年前就停刊了)。徐老为许多后进者写了序言,多事表彰,有的恐怕拔高了。这样做是有其心曲的。因为研究古汉语是极其艰苦的工作,研究的人相当少,所得的待遇相当微薄，不得不多加鼓励和奖掖。有位先生曾要我和徐老谈谈，我因徐老视我如子侄，故敢放言，言谈时即有电话来请为某书写序，徐老苦笑着说："你看，能推得掉吗？"从言谈中，我得知其心曲盖如是。可见助人为乐也有其委曲呢。大凡一心为学之人，对于物质利益的关心是比较少的。我记得在20世纪80年代，老教授们加工资，南师大中文系有一个名额，徐老说还是给唐老圭璋合适，都无异议，于是唐老升等为二级教授。后来老教授普调工资，徐老升了一级，很是满足，说："多少年来第一次加工资，加了不少，够用了，够用了。"徐老根本就不理会社会上一些人的收入是如何之高。学生辈能带博士生了，徐老为之高兴，从无一语抱怨有关单位没有及时申报博士点。实际上，徐老的水平，远比我们高多了。徐老是许多博导的导师。

二

徐老在学术上，强调一个"通"字。一些疑难问题解决后，徐老会高兴地说："通了，这就贯通了。"而对一些证据不足难以解决的问题，徐老会说："绝缘了。"这就没有条件研究了。

学术是讲是非的，这里一点虚矫都不能有。一个真诚的学者，对学术的追求，总是带着赤子般的天真。记得1981年我读研的第三年，要教学实习。当时面对的大学生是"文革"后的第一届，古代汉语已经学过，我便决定讲《说文》部首中与人体和人的活动有关的部分。我讲课时，有位老先生一直来听。徐老来的次数也不少。有次我讲到"歺"（音五割切，今皆取è音，但就"读若蘖岸之蘖"来看，取niè之音似乎更为合适）的字形，是"骨"去肉为"咼"，"咼"之残为"歺"，所以是残骨之意（一本《说文》）。现在作为偏旁，会写作"歹"，如"残"字。徐老在后座上听到这里，就走到讲台上来，说："前面所讲都很对。我这里想补充一点，就是今天我们说的'好歹'的'歹'，和作残骨讲的'歺'，是毫无关系的。'歹'的字形和字音出自藏文，其义则出自蒙古语。"所讲就是抗战时徐老在四川的研究成果。此情此景，今犹历历在目。像这样的讲解，就将"歺"、"歹"区别得清清楚楚了。这就是淹通。今天还没有一部字典，能够如此明确地说出其异同。有一次，徐老命我到南京图书馆查核一条材料，是元代画家朱德润《存复斋文集》中的一句话"毌为冠之古文"。原来是徐老早年从黄季刚先生作研究生时，治《释名》，其中《释首饰》说："冠，贯也。所以贯韬发也。"黄季刚先生有信给徐老，告知朱氏有此说。也就是说，毌也像韬发插簪形。于是"冠"之语源豁然开朗了。这个内容，徐老写在《说文五百四十部首正解》中。从这个事例中，也可见黄季刚先生学问之渊博，可以说是无书不观了，岂是一两名仅得一隅之见者所能诋毁的。这就是贯通了。我曾经和徐有富君合作写过《古典文学史料学》，我写的部分提到《左传·文公十二年》记秦晋之战："乃皆出战，交绥。""绥"旧注都以为"退"义，《司马法》中有若干用例。"交绥"就是两军皆退兵。今人有立新说，说是："两军交战，短兵相接，连战车的牵引绳都纠结在一起。"是将"绥"按本义（"车中把"，即援以登车的绳子）作解，非。但"绥"何以有"退"义？孔颖达疏："绥训为安。盖兵书务在进取，耻言其退，以安行即为大罪，故以绥为名焉。"俞樾《群经平议·春秋左传平议》说："绥与退古同声，交绥即是交退，乃古文同声假借之常例。"朱骏声《说文通训定声》履部第十二也持此说。我引用这些说法后，仍觉得有未安之处，孔说从意义引申言之，有些勉强；俞说从通假言之，然声母距离较远。有一次和徐老谈到此事，徐老立即说："字通'夊'（音 suí），见之《说文》，'夊'是退义。"此二字同为心母微部，较俞樾所说为长。徐说后来写入《后读书杂志》中（附带说一句，《后读书杂志》从初撰稿到最后成书，用了整整六十年的时间）。

2006 年夏我有幸应邀到黑龙江大学开会，有位先生说："汉语的语言文字研究，就是要发现它们彼此间的内在联系。"这句话说得极是。这就是"通"。

徐老的研究，还讲求一个"精"字。徐老对语源的研究，一直有浓厚的兴趣。曾经仿王念孙的《释大》而写成《释曲》一文，可惜"文革"中被抄毁去。因为研究语源的关系，所以训诂时极注意探求根源，根源既得，就不遑多排比用例，其方法和蒋礼鸿先生异趣。探索来源和排比用例，是训诂根本方法的两翼，两位先生所用侧重点有所不同，无可轩轾。只是用探索来源的方法，即使是孤例，也可求证。此语前人所未道。如李贺《秦宫》诗"内屋深屏生色画"，说者率以鲜明、生动解"生色"。徐老以为不然，说："生色画，指金色画，唐人语。慧琳《一切经音义》卷四十八：'生色，即金也。言生便黄色，不可变改也。'"徐老以唐人慧琳《音义》解唐诗，极其恰切。但词汇义虽解，语源义仍未知。何以生色便是金色，慧琳说"生便黄色"显然牵强，徐老又说："生，亦作珄。《广韵》下平声十二庚：'珄，金色。'与生同音，所庚切。"（《语言文字学论稿》）至此便得其源了。后来我在宋诗中复得一用例，抄给徐老。该例是刘克庄《和用前韵》诗："何处贵游开步幛，谁家生色画深屏。"所和前韵指《海棠》诗，则曰："赵昌骨朽徐熙死，谁写春风上锦屏？"（《千首宋人绝句》，119页）如果没有徐老得源在先，再增加多少例，也仍然不能解决"生色"的训诂问题。从中可见探源法的妙处。徐老九十寿辰之际，南京师大开了一个学术讨论会，我写了一篇小文，推阐以上的说法，徐老审核了我的文章，以为所言甚中肯綮。

徐老的人格和学说，我这篇短文绝不能道其万一。我想，还会有人来作更为深入的研究的。

徐老的三乐，归根结蒂是乐天。乐天，故顺自然。所以徐老能够坦然面对一切变化，包括"文革"中的批斗，包括死生这样的大事。然而，在我们，却总难以拂去沉重的悲痛。

得知徐老归道山的消息，台湾的著名学者陈新雄先生有挽联云：

> 章黄绝业昔扬尘，词林枝叶千秋盛；
> 鲁殿灵光今匿曜，学海波澜一夜干。

陈先生沉痛之感，和我们是如此相似。对于我们，徐老的谢世，竟似乎是一个时代的结束。这个时代的学者，视学术为生命，造次必于是，死生竟以之。今天这个浮躁的年代，这样的学者到何处寻求啊？我们对徐老谢世深沉的悲痛，正来源于此。

原刊于《文史知识》2007年第3期

一个堂堂正正的人

——怀念著名翻译家杨宪益先生

吴寿松

杨宪益

(1915–2009)

翻译家，诗人，外国文学研究专家。留学英国，毕业于牛津大学默顿学院，与英籍夫人戴乃迭合译《红楼梦》、《儒林外史》等众多中国古典名著及大量现当代文学作品，为中国文学走向世界做出巨大贡献。

2009年11月23日凌晨,著译等身的翻译大家杨宪益先生因病医治无效,驾鹤西归,享年94岁。

　　上世纪50年代初,宪益先生同他的英籍夫人戴乃迭在外文出版社从事中国古典名著的翻译工作。那时,我也刚进外文出版社从事外文书籍的装帧设计工作,因而同宪益先生有间接的接触,他同夫人合译的几部中国名著便多是由我负责装帧设计,如英文版的《离骚》、《儒林外史》、《红楼梦》和鲁迅的《中国小说史略》等。1954年,由我出面约请上海画家程十发创作的《儒林外史》插图,荣获1959年德国莱比锡国际书展插图银质奖;1977年,由我出面约请上海画家戴敦邦创作的《红楼梦》插图和护封彩墨画,荣获1979年第二届全国书籍装帧艺术展整体设计奖。尔后,宪益先生伉俪到《中国文学》杂志社工作,他们那里出版的"熊猫丛书"有时也约我设计封面。

　　上世纪90年代前,我们都住在百万庄大院,宪益先生住东楼,我住西楼,又在同一办公楼上班,于是交往逐渐密切。1990年,我从出版社退休。在这前后,宪益先生乔迁到友谊宾馆。那几年,每隔些时日,我就同外文局的老朋友去宾馆看望宪益先生伉俪,他们总是以酒代茶热情招待我们,大家又抽烟又喝酒,谈古论今,其乐融融。

1995年,宪益先生的诗集《银翘集》在香港出版了。他在该书的扉页上亲笔签名送我一册,我喜出望外。

在这之前,我早就知道宪益先生不但精通外语,还擅长旧体诗词创作。1977年初,周总理逝世一周年,赵朴初写了一阕《金缕曲·周总理逝世周年感赋》。我把这阕词抄呈宪益先生,他看后不久便步韵和了一阕:

金缕曲·和赵朴初先生《周总理逝世周年感赋》

公可安眠矣!几十年丰功伟绩,千秋永记。犹记去年情激愤,群众造反有理,早戳穿阴谋诡计。广场碑前花似雪,抗淫威大沮黑帮意,悼英杰,斥妖魅。　　人民爱戴谁能比,一年来,亿万哀思,缅怀未已。鬼蜮害人终自毙,转瞬春回大地。凯歌声遥闻天际,痛打穷追落水狗,须警惕胜利来不易,旌旗奋,风雷起!

这阕词,我把它刊登在当时我在外文局办公楼走廊上主办的"纪念周总理逝世周年特刊"的墙报上。可是,这阕词并未收进《银翘集》内。

我向来喜爱中国旧体诗词,外文出版社历年出版的各种外文版本的《毛泽东诗词》,都是我负责设计的。宪益先生的《银翘集》我也特别喜欢。书名就很奇特,原来出自宪益先生的诗句:"久无金屋藏娇念,幸有银翘解毒丸";"金屋藏娇空有愿,银翘解毒苦初尝"。

宪益先生诗中的名句很多,记不胜记,我特别喜爱他的七绝《自勉》：

> 每见是非当表态，偶遭得失莫关心。
>
> 百年恩怨须臾尽，做个堂堂正正人。

这四句明白如话的诗，却集中体现出宪益先生这样一位真正追求真理、热爱祖国、热爱人民的中国传统知识分子做人的圭臬。

第二年（1996）年初，我冒昧写了一首七律《读〈银翘集〉·兼呈杨宪益先生》：

> 诗魂酒魄两交融，吟醉银翘一卷中。
>
> 剖判世情缘赤胆，诙诽词笔傲苍穹。
>
> 五车书富浮名淡，四座醇香雅意浓。
>
> 碧眼仙妻甘苦共，红楼译罢月朦胧。

这里的"碧眼仙妻"是指其英籍夫人戴乃迭，因为宪益先生在他《蹉跎》诗里有"家有仙妻常卧病，身无神术起沉疴"之句，诗后小注："《家有仙妻》，香港电视剧名。内子西方之人，故称仙妻。"

后来，宪益先生从友谊宾馆迁到西四环美丽园，再后来又随小女儿迁到什刹海小金丝胡同 6 号。这是一座典型的老北京平房，装修极有京味民居特色，是隐居的好地方，但又离"银锭观山"的银锭桥很近，桥边有著名的"烤肉季"和许多家风味餐馆。早些时，朋友们去看望他，他总喜欢请客人在"烤肉季"吃一顿。有一年,中央电视台《大家》栏目的记者到小金丝胡同采访宪益先生,那天我同王湜华、陈有升同志也去了。王湜华亲笔挥毫,将我撰文的一副对联带去送呈宪益先生,他非常高兴。对联全文:"幽巷金丝名士隐,古桥银锭酒家喧。"宪益先生十分赞赏,当即请电视台记者和我们三人在"烤肉季"又喝酒、又吃肉,高兴得很。

之后不久,宪益先生患过一次胰腺炎,送积水潭医院急诊并住院。从那时起,他的酒瘾戒掉了,抽烟也不像过去那样厉害了。

再之后,他又得了前列腺癌,住院化疗,后来又得了淋巴癌,多次住院、出院,好好坏坏,腿也不听使唤,整日需人照料。我们外文局老同事去看望他,他很高兴,谈起过去的工作、学习,谈起往昔的逸闻趣事,他都十分投入。

2004年春,我和陈有升想办一个非官方的刊物,专门为外文局离退休的老同志提供写作和阅读的园地,这首先得到张彦同志的大力支持,张彦同志又同我们一起到宪益先生新居同他面谈,聘请他和张彦担任顾问,宪益先生一口答应,热情支持。刊物的经费全靠外文局在海内外的老同志解囊赞助。刊物名称《青山在》,黄苗子先生题签。《青山在》出版了三个年头,影响面很广,连外单位的老同志都十分赞许,纷纷前来索要。

新中国成立六十周年,也是外文局成立六十周年。我们特地编印了一册《青山在纪念特刊》作为献礼,于3月初举办了首发式。那天到会的有不少老领导、老同志,连乔冠华的女儿乔松都也出席了,因为乔冠华曾在建国初期任新闻总署国际新闻局局长，而国际新闻局是后来外文出版社、外文出版发行事业局的前身。

宪益先生学富五车，古文根底很深。如今我拜读了他早年的著作《译余偶拾》和《零墨新笺》，觉得他真是学贯中西的学术界泰斗。

我同宪益先生交往几十年，知道他一向过着低调的生活，淡泊名利，从不提个人恩怨，从不标榜自己，从不怨天尤人，从不做违心事，从不说假话、空话、套话，待人接物虚怀若谷。他的一生很坎坷，遭受过种种不公的待遇，但他总是以"百年恩怨须臾尽，做个堂堂正正人"而泰然处之。

今天，宪益先生离开了我们，但他的为人，他的高尚品德，值得我们永远怀念和学习。

2009 年 11 月 24 日

原刊于《文史知识》2010 年第 3 期

文學反映時代、社會生活，

文學研究不能脫離生活

實際，

"文史知識"

吳組緗

八〇年十一月

父执赵俪生先生

陈无畏

赵俪生

(1917–2007)

著名历史学家，教育家。1934年入读清华大学外语系，积极参加一二·九运动及"左翼作家联盟"。后任教于河南大学、山东大学、兰州大学。早年从事文学翻译及创作，后研究中国农民战争史及土地制度史，著有《中国土地制度史》等。

惊悉著名历史学家赵俪生先生于 2007 年 11 月 27 日因肺部弥漫性感染,导致呼吸困难,最终引发缺氧性休克去世的噩耗,我的泪水顿时夺眶而出,就像失去了亲人一般。赵先生是我的父执。家尊陈赓平先生在兰州大学任教期间,要数知己朋友,当然是赵俪生先生了。

　　1959 年 8 月的一天,在西北师大家尊寓所我初次与先生谋面。记得当时他才四十出头,正值盛年,气宇轩昂。先生身着白色衬衫,魁梧的身材、乌黑的头发、开阔的额头、白皙的脸庞,隆准上架着副无色晶体框架眼镜,透着智慧的光芒。典型的学者风度,令我眼前一亮。当时杨沫的长篇小说《青春之歌》正受大众热捧。话头便从二十多年前的"一二·九"爱国学生运动说起。十八岁的先生正在清华大学外文系就读,当属热血青年,风华正茂。1935 年 12 月 9 日,北风凛冽,天寒地冻。身材高大的先生打着门旗,走在游行队伍的最前面。同学们喊着"停止内战,一致对外!""打倒日本帝国主义!"等口号,离开清华园。在西直门外,请愿学生与妄图拦阻的军警发生正面冲突。那些穷凶极恶的家伙挥舞皮鞭、手持枪柄木棍殴打学生;还打开水龙,冷彻的水柱横射在学生身上,棉袍顿时凝结成冰。年轻人一面同军警展开英勇搏斗,一面散发爱国抗日传单,得到了广大市民的鼓掌支持……先生神采飞扬、绘声绘色,年少的我如身临其境,难以忘怀。

待来客告别家尊后,我从老人家的言谈中获悉,先生是个右派分子,这使我大吃一惊。作为涉世未深的毛头小伙,无论如何也无法将洋溢着政治热情的学者,同反党反社会主义的阶级敌人划上等号。1957年不平凡的春天,上级号召知识分子大鸣大放,帮助共产党整风。赵先生觉得这是千载难逢的好机会,便将几年来的积怨全都倾诉出来。先生是个直性子,说起话来锋芒毕露,当然得罪了许多人。同年8月,先生从青岛山东大学调到兰州大学,立足未稳,灾难便降临到赵先生身上。9月学校开学后,反右派运动已趋尾声。哪知山东大学方面仍揪住他不放,派专人将赵先生押送回原校接受批斗。在山大门口,赵先生遇到了刚戴上右派帽子的陆侃如先生,他睁大双眼惊呼:"赵老弟,你也来了!"那句很有分量的话,印证了不祥的预兆:这顶政治帽子也落到了赵先生的头上,而且一戴就是二十余年!

再踏进这座地处黄河之滨的学校,赵先生的处境就大不相同了。原先,人们路遇这位大名鼎鼎的学者,皆是点头哈腰、笑脸相迎;现在,相熟者即使打照面也避之三舍,好像碰见了瘟神。在严酷的政治氛围中,唯独家尊显得特别迂钝,好像什么事情都没发生一般。他老人家依旧去赵家作客,那里不管春夏秋冬,总有茶水款待。先生虽戴着右派分子的帽子,口无遮拦的习惯却未丝毫改变。他们之间无所不谈,毫无戒备。其中有深思熟虑的真知灼见,有兰大校园的奇闻逸事,有未见报端的学界内幕,有道听途说的天方夜谭……家尊好追根刨底,娓娓道来;而同样话题,一经先生之口,便妙趣横生、回味无穷。家尊曾多次对我表示:"去赵家一边喝茶,一边聊天,是一种惬意的事。"令赵先生放心的是,家尊一向守口如瓶,从不将他人的片言只语当作政治运动的炮弹。要知道,阶级斗争是六亲不认的。即使夫妻父子之间,将平素不介意的闲聊,当作整肃把柄者绝非罕见。正因为家尊的秉性,他们的情谊在风云变幻的岁月中经受了考验。

到了1959年春,兰大文科下马,中文系和历史系被合并到西北师大。赵先生已褫革教授头衔,工资降了一半。右派照例是不能发表文章的,稿费就无从谈起。1960年,饥饿悄悄降临到每个人的头上。鸠形鹄面的灾民在兰州街头抢食,已是屡见不鲜。当时师大的农场在河西走廊的山丹,被打入另册的教师,便发配到那里接受劳动改造。赵先生是个右派分子,当然漏不掉。农场里的人个个饥肠辘辘,还得从事繁重的劳作,于是非正常死亡接踵而来。我师叶明恕先生,年仅三十的北师大研究生,就这样悄然倒毙在农场的田埂旁。而作为阶级敌人的赵先生身体已极度虚弱,仍遭受非人的虐待,有时甚至三天不让吃饭,还要求一班不落,照常参加劳动,挨打、挨骂、罚跪更是家常便饭。场员们不知从何处搞到一只黄羊,偷偷放在火炉里煮熟分食。他们死活不给先生一口,以示爱憎分明的"阶级立场"。当赵先生深表不满时,有人竟对他大打出手,还有一个在旁借用鲁迅小说《药》中的对白奚落他:"义哥是一手好拳棒。这两下,一定够他受用了!"有道是好汉不吃眼前亏，赵先生只能忍气吞声而已。

1961年2月2日，天资卓异的二女儿赵纪爬上皋兰山采摘地衣（一种可食菌类），不慎滑下山崖殒命。到任不久的江隆基校长，通过省委发急电通知赵先生返回兰州。当时他折损得只剩下一把骨头。我刚好从浙江老家带回一些食品，家尊二话没说，取出两听罐头登门送给了奄奄一息的赵先生。经此磨难，先生的身体已大不如前，四十五岁的人，头发花白，牙齿全部脱落。有一回，他取下义牙笑着对我说："无畏，你看我像不像汉俑？"在此期间，先生动手翻译了英国唯美主义作家王尔德的小说《道廉·格雷的画像》。他将译稿送给家尊看。我也阅读了译文，深被先生信达雅的译笔所折服。到了1962年，赵先生的身体才慢慢得以康复。在赵纪周年祭的一首五言诗中，赵先生写道："不忍见谷口，去岁绝命时。思父兴陟岵，念母拾地衣。蒙茸雪盖地，盘屈径绕坡。失足惊呼处，掉头不忍思。"字字血，句句泪，父女深情毕现。

1961年9月，中文系、历史系又回到兰大。著名历史学家王家范先生称："解放前，中国高等学府历史课讲得最好的是钱穆，解放后，则首推赵俪生。"江校长顶住各方压力，亲自将赵先生推上了中国通史的讲坛。赵先生讲课条理清晰、剖析透彻、抑扬顿挫、妙语连珠，学生皆大欢喜。1966年6月，"文革"伊始，江隆基被撤消党内外一切职务。赵先生曾夸口，江是全国大学里最好的校长，当然成了众矢之的。接着"阶级敌人"通通被关进了"牛棚"，造反派的小头目一声令下："立正！""牛鬼蛇神"就得齐刷刷站起应声："只准规规矩矩，不许乱说乱动!"小头目又喊:"向后转!""牛鬼蛇神"就得180度调头回答:"悬崖勒马,回头是岸!""牛鬼蛇神"动作稍有迟缓,应答稍嫌低沉,便有钢鞭伺候。"文革"搞武斗,乃是家常便饭;搞精神折磨,兰大造反派也屡出新招。他们将"牛鬼蛇神"的所谓"罪状"画成漫画,勒令他们自己在漫画前做讲解员。因兰大此类人员实在太多,司空见惯,听众寥寥;唯独赵先生那里,人头攒动,围了一大堆。只见赵先生手执一根竹鞭道:"那个太阳就是毛泽东思想,这只张嘴的小狗就是我赵俪生。此画的意思就是——狂犬吠日。"表面看来,赵先生的讲解活灵活现,十分生动,其实他酸楚的眼泪只能往肚子里流。

　　到了1970年,家尊六十八岁,办理了退休手续,打算回浙江老家。赵先生五十四岁,兰大当政者让他退职。在与赵先生告别时,家尊考虑生计,劝他别办手续,赵先生说:"不行啊,如果不退职,就得天天挨斗!"于是他只好离开兰州,大女儿赵绛工作地点——贵州息烽成了赵先生的栖身之所。临行前,先生将一部分珍贵的藏书卖给了兰大图书馆,以暂济家庭生活之窘迫。在极端困难的条件下,先生仍坚持从事学术活动。他写信给家尊道:"小弟日无所事事。上午赶场买菜,中午造饭,仅下午作中国思想史之研究。"经过几番周折,1973年赵先生又回到兰大,成了历史系的编外人员。记得1974年暑假我到他家时,赵先生住在一处狭小的平房里,书籍都堆在地上。我送他一包夹心奶糖,赵先生不无感慨地说:"我已好几年没有尝过这种食品了!"

　　1976年清明节,北京发生了"四五"天安门祭奠周总理的活动。"四人帮"一伙将"四五"定性为反革命事件。许多人在这关键时刻,对祖国的前途深感迷惘。没过几天,我赶到赵先生家讨教高见。他非常坦诚地对我说:"作为历史学家,我可以明白无误地告诉你,此次事件是中国当代历史进程中的转捩点,可与双十二事件(西安事变)相提并论。"没过多久,不可一世的"四人帮"土崩瓦解,历史翻开了新的一页。赵先生当时正着手西域史研究,让我将他的长篇论文《穆天子传中的一些部落的方位考实》的手稿捎给家尊看看。已是花甲之年的先生,还日以继夜地自学维吾尔文。他非常明白,漫长的政治迫害行将结束,学术界的春天就要降临,抡起膀子大干的时光已来到了。先生深有感触地说:"国内搞这方面研究的人已屈指可数,且皆已年迈。我再不努力去拼搏一番,有愧后学啊!"

记得1978年夏天,我准备调回浙江老家,与赵先生道别。他送我两条幅。其中一幅抄录李太白诗"此情不可道,此别何时遇?望望不见君,连山起烟雾",表示浓浓的惜别之情。另一幅引用柳耆卿《雨霖铃》中的名句"今宵酒醒何处?杨柳岸晓风残月"。还特别写明:"赓平先生哲嗣无畏同志旅居陇右,今将东归,书此为赠。"同时,又对我谈起正在招收研究生的事,其中说到历史学家杨宽的儿子杨善群有报考的意愿。还特别提及一个叫秦晖的广西学生,虽仅有小学毕业文凭,但才华出众,将来可能又是一个陈寅恪,可惜视力欠佳,校方不大同意。先生斩钉截铁地表示:"非他一个都不要!"在先生强烈要求下,校方只好妥协,录取了这名特殊学生。赵先生慧眼识英才,果然秦晖也没有辜负恩师的期望,研究生毕业后,不久就成为中国学术界一颗耀眼的新星。

1982年4月11日家尊去世,赵先生最先发来了唁电。电报云:"惊悉赓平先生仙逝,小弟不胜悲痛。特电吊唁,尚请节哀。后死者俪生。"赵先生将自己称之为"后死者",足见先生与家尊之间心心相通,毫无阴阳两界之别。嗣后,赵先生来信提及先父,深表感叹:"令尊大人之学术水平,兰大中文系直至目前,无出其右。我建议学报辟一专栏纪念,但杳无回音,不了了之。"1997年夏天,获悉《赵俪生先生八十寿辰纪念论文集》出版,我致信索求。赵先生当即寄来大作,扉页上写道:"无畏世兄惠存。祝令尊大人赓平先生地下平安!"并有先生夫妇的签名钤印。接到赠书后,我写七律一首,以表心迹:"胆气文章出大家,滋兰树惠遍天涯。苍龙日暮还行雨,老树春深更着花。抱叶寒蝉蒙朗照,归山独鸟避喧哗。无眠子夜书床冷,泼墨挥毫听煮茶。"

2002年2月,当我将家尊的遗著《金城集》整理完毕时,准备找一位既了解家尊为人为学之道、又有相当学术造诣的长者题签作序,经过再三掂量,觉得非赵先生莫属;只是怕他年事已高,难以题写。于是我拨通了先生兰大住所的电话。他问我是哪一位?我有意拉长语调对他说:"陈——无——畏。"先生不到一秒钟就反应过来了:"噢,是赓平先生的儿子。"老人家思维如此敏捷,大出意料。我们已有二十四年天隔一方、无缘相遇了,而且老人家高龄八十有六。听到先生判断准确的答话,我知道此事八字有一撇,便将宿愿告诉了他。老先生说:"我年岁大了,其他人有这种要求,都一概谢绝了。唯独赓平先生的事,我非完成不可。——请问什么时候交卷?"我回答:"老先生年纪大了,什么时候都行。"赵先生在电话的那一头爽快地回应:"一个礼拜。"果然不到六天,他就将序言和题签寄来了。书序称家尊是"纯而又纯的学者",的确是先生肺腑之言;题签笔力遒劲,绝非一般耄耋之年所能为。同时,老人家还给我送来了手书墨宝,内容是辛稼轩的一首《清平乐》,其中有"平生塞北江南,归来华发苍颜。布被秋宵梦觉,眼前万里江山"几句。先生借辛词描述我的经历与感受,犹如拨亮了一盏灯,不禁使我豁然开朗,更有自信了。

如今,享年九十一的赵俪生先生终于走完了漫长而崎岖的生命之路。让我感到释怀的是,过了二十五年,魂归道山的两位老人,终于久别重逢,又可以坐在一起,品茗抒发聚首之情了。

2007 年 12 月 25 日写就

原刊于《文史知识》2010 年第 8 期

缅怀沈祖棻先生

刘庆云

沈祖棻

(1909-1977)

词人,文学家,学者,其文学作品和学术研究都具有相当的影响力。1934年入读金陵大学国学研究班,从事古典文学研究,与程千帆相识,后结为伉俪。曾任教于金陵大学、华西大学、武汉大学,长于教学。著有文学作品《辩才禅师》等,研究著作《宋词赏析》、《唐人七绝浅释》等。

20世纪50年代的武汉大学中文系师资力量雄厚，队伍整齐，有"五老"、"八中"之说。"五老"指刘永济、刘博平、陈登恪（陈寅恪之弟）、席鲁思、黄焯教授；"八中"则为周大璞、李健章、程千帆、沈祖棻、胡国瑞、李格非、毕奂午、刘绶松先生。祖棻师为其中惟一的女性。他们如今都已先后作古，留给我们是永难磨灭的无尽的怀念。

　　1957年，当我进入武汉大学中文系读书时，即耳闻沈祖棻先生的才名。先生当时有女词人、女才子、女学者等称誉，有人说，其才情不在其夫君程千帆先生之下，有些方面甚或过之，因而引发了我们一片崇敬之心。我们也听说，沈先生身体不太好，生孩子剖腹产时，因医务人员粗心大意，纱布未予取出，以致再次接受开刀手术，故体质颇为虚弱。对此我们曾不免大为慨叹。因此头几年，我们很少见到沈先生。直到大学四年级，沈先生为我们开设"唐人七绝研究"选修课，始得常睹丰采。大学毕业后，我读唐宋文学专业研究生，参加古典文学教研室的活动，因沈先生是诗词学专家，常有机会请益，遂接触较多。

　　沈先生可能是受到江浙一带佳山秀水的滋养，皮肤白晰，面目姣好，端庄秀丽。我们见到的沈先生当时已人到中年，又经过长期病痛的折磨,但仍依稀可见年轻时的风采。先生生性善良,为人谦和,从不张扬,从不矜傲,说话轻言细语,面带微笑。对我们晚辈也是平等相待,不端任何架子,总是谆谆善诱,鼓励有加。沈先生住在武汉大学二区的一套房子里,和我的导师刘永济先生家隔得很近,大概是前后栋。我和研究生老马常去她家,每次去,她总要亲自为我们沏一杯香茶。我们感到请教先生已是打扰,劳神先生亲为沏茶很觉过意不去,请她"下不为例",可下次再去,先生依然故我。我们主要向先生请教词学方面的问题,先生总是有问必答。和她在一起,真个是如沐春风,和煦温暖,既觉得她是一位学识渊博的谨严学者,又觉得她像一位慈祥亲切的母亲。

沈先生讲课不以具有十足的鼓动力为特点,而是以细腻、形象见长,或者说,她不是以长江大河的汹涌澎湃激荡人的心潮,而是娓娓道来,似潺湲的涓涓细流渗入人的心田肺腑。先生既是古典诗词的研究者,又是深有造诣的诗人、词人,对于前人的作品有自己独特的感悟,具有不同凡响的艺术感受力。听她讲析作品,使人如亲临其境,目睹其人,心灵亦随之融入境界,感受角色,同抒情主人公一道歌哭笑涕。

记得先生讲王昌龄的《长信秋词》:"奉帚平明金殿开,暂将团扇共徘徊。玉颜不及寒鸦色,犹带昭阳日影来。"先释词:奉,即捧,将,即持。然后结合作品释"团扇"、"昭阳"之典,"日影"之喻。讲宫女的动作,辅以手势,今犹历历在目,揭示宫人内心之幽怨,鞭辟入里,印象至深。讲陈陶的《陇西行》:"可怜无定河边骨,犹是春闺梦里人"时,则将"无定河边骨"的现实与"春闺梦里人"的梦境加以对照,将现实中荒野白骨与梦境中的英武战士加以对照,将现实中的绝望与梦幻中的希望加以对照,使我们深刻地领会到诗中所蕴含的悲剧意义。

这里要特别提到的是一次难忘的教学观摩。1963年,湖北省决定召开李清照学术研讨会。在研讨会召开前,武汉市数所高校组织了一次教学观摩。听课者为中文系的古典文学教师与研究生,地点在当时的武汉师范学院(今湖北大学)教学楼,主讲者为沈祖棻教授。讲课中沈先生重点讲析了李清照的《醉花阴》(薄雾浓云)(这首词的讲义未收入《宋词赏析》)。讲授这首词时,除了对其环境氛围的烘托、时空转换的特点作了解析外,还对上片"佳节又重阳"的"又"字的作用作了强调,指出:(1)它表现了词人对分别已久的时间感受:又到了重阳! (2)"又重阳"含有与昔日重阳对照之意,昔时重阳是共度佳节,如今却是独对良辰,蕴寓有今昔对比,欢愁各异的感慨。当然先生着重讲的还是词中那脍炙人口的名句:"莫道不销魂,帘卷西风,人比黄花瘦。"先是介绍元代伊世珍《琅嬛记》中载录的趣事:清照以此词寄其夫赵明诚,明诚极叹赏,务欲胜之,遂废寝忘食三昼夜作五十阕,杂清照词于其中以示友人,友人玩味再三,谓"只三句绝佳",即"莫道不销魂,帘卷西风,人比黄花瘦"。接着先生解析三句何以"绝佳"。指出"莫道"一句系对前面所叙离怀别苦的总结,亦即江淹《别赋》"黯然销魂者,惟别而已矣"之意,但李氏用"莫道"、"不"两个词语,即是通过否定之否定达到肯定,其表达感情之强度、力度更胜过江氏。既然是销魂失魄,何以为证呢?那就是"帘卷西风,人比黄花瘦",这瘦弱的形象即可为证啊!谈到这两句时,先生打了个比喻,说好比戏台上锣鼓已开台,主人公在后台已亮了一嗓,先声夺人,但观众闻其声,未见其人,正引颈期待着主人公的出场,这时帷幕陡地拉开,主人公出场亮相,给人留下鲜明的印象。这首词前面已描写了抒情主人公的愁闷心态、"东篱把酒"的动作,但她究竟是何等模样,我们尚未知晓,"帘卷西风"就是帷幕拉开,"人比黄花瘦"就是亮相,我们终于看到了抒情主人公的形象。"西风"不仅起拉开帷幕的作用,还和前面的重阳节令、"凉初透"的气候相应照,进一步烘托环境氛围,同时和下面的"黄花"共同构成一幅凄美的图画。接着先生谈到"人比黄花瘦"的比喻何其恰切、精妙。她说用来比喻瘦的物体有很多,而此处的"黄花"却不是任何其他物体可以替代的。如果写"帘卷西风,人比猴儿瘦"(众笑),行吗?尖嘴猴腮,这个形象不美,岂能形容闺阁离人!又如"帘卷西风,人比干柴瘦"(众笑),这用来形容枯瘦老头尚可,形容闺中少妇则不合适。用花来形容是可以的,但如果说"人比牡丹瘦",就不贴切,因为牡丹显得肥硕而富贵,李清照也没有说"人比桃花瘦",因为一则与她写作的时令不符,再则桃花的品质与诗人的气质不甚相合。以"黄花"比瘦,其精妙处有三:其一,取自眼前现成景物,与词中"东篱把酒"相应,陶渊明诗有"采菊东篱下"之句,说"东篱"即寓示有菊。其二,菊有幽雅傲霜之品质,为词人所喜,与词人品性相合。其三,西风中摇曳之菊纤弱凄美,更便于塑造一个因愁而瘦的闺阁美人形象。

这堂精彩的讲课结束后,大家报以热烈的掌声,走出教室仍在议论纷纷,对先生的学识与讲课艺术赞不绝口。

先生讲析作品是如此形象、透辟、深刻,对我以后的教学、科研有非常重要的启示:做学问正须脚踏实地从微观入手,潜泳其内,再出乎其外。这里要顺便说到的是:先生这种体察细致,从不同角度反复进行比较,掘幽发微,对作品进行艺术再创造的方法与风格,同样体现在她的科研成果中,她的《宋词赏析》、《唐人七绝选释》便是典型的代表作。先生对作品的深微鉴赏是对前人简单评点的一种突破,是对古典诗词接受美学的一种发展。20世纪80年代以来出版的各种诗词鉴赏辞典无疑受到沈先生研究方法的启示。

当年,为了参加李清照学术研讨会,我和同门师弟马昌松各写了一篇关于李清照创作的论文,我写的是《李清照早期词的反封建意义》,马昌松写的是《李清照词的爱国主义思想》。写好以后都送给沈先生审阅。我们自知写得很肤浅、幼稚,但先生居然说"写得不错",还说要推荐给会议准备编辑的论文集予以发表,关怀鼓励之情溢于言表。这次学术讨论会在武昌洪山一宾馆内召开,先生因身体欠安未能参加。会议讨论结束,湖北省委宣传部的领导在当时"以阶级斗争为纲"思想指导下,竟然给李清照定性为"一哭哭啼啼的贵妇人",给我们这些人大大泼了一瓢冷水,我们的"反封建意义"论、"爱国主义思想"论自然是极不合时宜,论文结集之事当然亦告吹。但沈先生的奖掖后学之意,却让我们一直铭感在心。

沈先生工作兢兢业业,教学一丝不苟,对教学改革也曾表示积极拥护。但当时的所谓教学改革主要是开门办学,即下到农村或偏远地区开班上课,这对年轻教师来说也许不会有太大的困难,但对年老体弱的教师来说无异是一种苦役,而沈先生也居然做好了思想准备。有次教研室开会讨论开门办学,先生发言说,昨晚做了一个梦,自己居然翻越一座很高的山,爬着爬着,大汗淋漓,气喘吁吁,觉得很累。她说这个梦寓示着出去开门办学是很艰苦的,我应该做好吃苦的准备。说得非常诚恳,我当时听了很受感动,现在想来真个叫人心酸。那时程千帆先生以"非罪"获谴,沈先生不但要独自挑起一家八口的生活重担,还要承受巨大的精神压力,在这种情况下,还要以羸弱多病之躯去面对诸如开门办学之类的种种举措,内心该有多少难处和苦处啊!

沈先生才华横溢,学识渊博,道德高尚,柔中有刚,是我平生最崇拜的老师之一,在我研究生毕业即将南下广州之前,特意向先生索要一张照片留作纪念。她从相夹中取出一张全身照送给我。照片中的先生穿着一套深色的便装,显得朴实无华,微笑着站在一棵盛开的桃花树旁边,眼睛里泛漾着一片温和。这就是沈先生:文藻极绚烂,而人却极平淡。

每忆及祖棻师,总感到有别于一般的缅怀,除了充满无限的敬仰之外,更怀有一种深深的眷恋。

原刊于《文史知识》2004 年第 4 期

忆李长之老师

李修生

李长之

(1910–1978)

现代作家,文学评论家。1936年毕业于清华大学,参与编辑《清华周刊》、《文学评论》等刊物,进行文学批评写作,后留校任教。曾主编《时与潮》、《和平日报》等副刊。著有《司马迁之人格与风格》、《苦雾集》等,并翻译《文学史学与文艺科学》等多部外国作品。

今年4月,我参加了北京大学中文系举办的吴组缃先生诞辰百年纪念会,会上发的材料中有《新文学史料》2008年第1期,载《吴组缃日记摘抄（1942-1946)》,其中1942年8月7日记有:访李长之,"相见极欢,谈迩年来经过及心绪思想见解。长之著作甚多"等语。吴组缃、林庚、李长之、季羡林,四位先生在当年被称作"清华四杰"。读到这份材料,我心里又一次涌动起对李长之老师的忆念。

　　我与李长之老师认识是1952年暑假后,他当时为我们讲授中国文学史课程。我1950年考入辅仁大学中文系,1952年,全国高校进行院系调整,辅仁大学与北京师范大学合校,我便因此进入北京师范大学中文系。合校以前,辅仁大学中文系主任是顾随先生,代主任是萧璋先生;北京师范大学中文系主任是黎锦熙先生,代主任是李何林先生;合校之后,顾随先生转去北京大学文学所,黎锦熙先生退休,李何林先生调到天津南开大学中文系任教;黄药眠先生出任北京师范大学中文系主任,萧璋先生任副主任;当时全系只有一个教研室,教研室主任是穆木天先生。老师们在院系调整以前,并不像现在这样,只限于讲授本教研室的课程,如叶丁易先生、郭预衡先生讲授中国文学,既讲古代,又讲现代;钟敬文先生既讲民间文学,也讲中国古代文学。后来学习苏联经验,老师便逐渐固定在一个教研室,古代文学任课老师除李长之先生外,还有刘盼遂先生、王汝弼先生、启功先生、王古鲁先生等。我当时已决心做一名中学老师,虽然老师们的教学都给我们留下深刻印象,但与老师们并没有多少单独接触。

1954年,我本科毕业,系领导专门找我谈话,建议我报考研究生,以适应全国高等师范院校发展建设的需要。于是,我便服从领导的意见,选择了中国古代文学专业。据我所知,北京师范大学招收研究生是从1953年开始,完全是学习苏联的办法,现在称硕士,那时称副博士研究生,后来又因反对资产阶级法权,我国就取消了学位称谓。当时有关部门领导可能考虑对于高等师范院校教师培养应该有更高的要求,1953级第一批中国古代文学研究生招收的曹家琪、施无己、焦滔、梁敦宽、卢世蕃五位学长全部为在职人员。比如其中曹家琪学长是北京中学名师,启功老师称其为挚友,张中行先生有专文《曹家琪》(张中行《负暄三语》,黑龙江人民出版社,1994,43-48页)介绍;施无己学长是抗战时期在重庆新华社工作的记者。到了1954年,大概是考虑到年龄的因素,这一届又改为招收应届毕业生。我们入学时是六人,孟宪苓、可永雪、许可、陈玉璞、王冰彦同学和我。后来孟宪苓同学因故退学了。我们入学后,有关部门明确说明,研究生教育不设学位,不施行导师制,由教研室集体指导。1954年,北京师范大学中文系已经设立了分学科教研室。古代文学教研室由1953年调入的谭丕模老师担任。具体指导过我们的老师有：刘盼遂、李长之、王汝弼、启功等老师。教研室决定：刘盼遂老师每月为我们上一次课，我们到刘老师家里去上。教学内容由刘老师决定，他愿意讲什么，就讲什么，颇类启功老师开设的"猪跑学"，即中国古代文化与文学常识。学期学年论文，则由各位老师分别负责。三年中，我的学期作业和论文全部都是李长之老师指导。这些年来，因自己没有什么成绩，也因为自己的性格，我很少提及老师，但我心里不敢忘记老师的恩泽。

研究生学习阶段，我的学期作业和论文共五篇：第一学年写了《论文学史的写作模式》和《"古史辨派"的诗经研究》；第二学年第一学期注释《孔雀东南飞》，写一份实习讲稿，第二学期写了《论李白》；毕业论文题目是《明杂剧研究》，进行了前期工作，最后因政治运动的影响没有完成。回想整个学习过程，李长之老师从来没有用他的看法约束我，从来不预设任何观点。如第一学年第一学期我就选了一个文学史写作的题目来写，自己在此之前并没有任何准备，实在是太大胆了。我为什么选这个题目呢？这确实是因为和李长之老师谈话引起的。李长之老师在1946年秋，应聘到师大任教，就是讲授中国文学史和哲学概论。1949年以后，他就着手开始编写中国文学史的工作，写有《中国文学史上的律则》、《中国文学史研究提纲》（均为手稿，现收入《李长之文集》，河北教育出版社，2006）。他的《中国文学史略稿》，先以讲义形式发给我们，1954年6月第一、二卷由五十年代出版社正式出版。1955年下半年，北京师范大学古代文学教研室受教育部委托，起草《中国文学史教学大纲》，谭丕模老师负责，谭老师执笔先秦两汉部分,其余部分均为李长之老师执笔。1956年4月、7月在京举行了两次讨论会,经教育部审定,印发全国,作为全国统一的教学大纲。同年7月他应邀参加了教育部主持的由北京大学、复旦大学、山东大学的游国恩、刘大杰、冯沅君、王瑶、刘绶松等教授编写的《中国文学史教学大纲》的审定会。在校学习的这几年,李长之老师考虑最多的是编写中国文学史的问题。所以,我开始学习时,李长之老师和我多谈的是这方面问题。但在我写作过程中,他为了避免用他的思想左右我,也为了避免陷入单纯的理论思考,他让我学习有关文章,阅读已出版的各种文学史,从中思考问题。50年代对于青年学生影响大的文学史,要首推刘大杰先生的《中国文学发展史》,我们师大的学生手头有谭丕模老师的《中国文学史纲》(人民文学出版社,1952)和李长之老师的讲义。为了这个题目,我又跑琉璃厂的书摊买了曾毅的《中国文学史》,刘贞晦、沈雁冰的《中国文学变迁史》,贺凯的《中国文学史纲要》,谭正璧的《中国文学史大纲》,张长弓的《中国文学史新编》,胡适的《白话文学史》,以及青木正儿的《中国古代文艺思潮论》,朱维之的《中国文艺思潮史略》等,狼吞虎咽地翻一遍,却难以深切体味其所以然。但这个题目确实使我了解了20世纪前半叶的文学史著作的面貌,思考了一些问题,对于后来学治文学史是很有帮助的。师大的传统是要求学生读原著。我第一学年是读朱熹的《诗集传》和王逸的《楚辞章句》;第二学年是读仇兆鳌注的《杜少陵诗集详注》和王琦注的《李太白全集》。写《论李白》则是提出了不同的要求。写作时,也读了李长之老师的《道教徒的李白及其痛苦》、林庚老师的《诗人李白》以及部分论文等。但这篇东西主要要求从作品出发，以自己的感悟为依据。这几篇作业和论文，各有不同的要求，共同的方面是老师没有束缚学生的思想，让学生自由驰骋。

我第一次到李长之老师家是考上研究生以后不久，应该是1954年秋天。李长之老师住在西城区西单武功卫胡同的北京师范大学教工宿舍。这是个几进的大院落，但不是北京典型的四合院，更非旧日宅院园林面貌，可能是经过改建的。李长之老师住在后院的西屋。但这个西屋不像一般四合院的西屋，它比一般的西屋要大，转到它的南面看，倒像是北正房三间，房子的窗棂和室内隔扇的雕花很精致；房子的前面是一座假山，院子内有丁香、海棠等一些树木，像是一个花园。据《燕都丛考》（陈宗蕃编著《燕都丛考》，北京古籍出版社，1991）记载，这里原是明清官宦文士的宅第，东边是住宅，西边是园林。书中所引《竹叶亭杂记》云："宣武门内武功卫胡同，桂杏农观察菖卜居焉。宅西游园，曲榭芳亭之前，凿小池砌石为小山，屹然苍古，为群石冠。苔藓蒙密，摩挲石阴，得'万历三十年三月起堆砌山子高倪修造'十六字，此又在张南垣前矣。"也许这座假山就是明代遗物，而李长之老师所居，或为园中建筑改建。这个院落建筑虽然不很规整，但李长之老师的居室却是院中最让人喜欢的房间。那天天气晴和，阳光洒满房间。李长之老师情绪很好，除了鼓励的话，谈的最多的是文学史方面的问题，他认为治文学应该学习历史，旋又介绍我去拜访白寿彝先生，白先生住后院北房的最东头，也算有个小的院子，前面是东房的北山墙。这也是我第一次到白先生家求教。

以后去李长之老师家,大都是春节贺年的时候。最后一次大约是 1977 年或 1978 年初。李长之老师已被迫搬出原来的居室,被轰到他原来住房的西侧,是一个窄窄长条的半间房。前面是高高的院墙,完全遮住了阳光,非常阴暗。房间内靠东墙堆放着书籍,一直摞到房顶,房间内只有一个小桌子。老师的身体已大不如前,因为风湿病的折磨,手脚已经变形。然而老师依然是微笑着,眼内仍然是坚毅的目光,谈起问题也是不变的平缓语气。这也是几十年来,老师在我脑子里的形象。

人们论及李长之老师,不能不说到他的《鲁迅批判》。这是他二十四岁时写的作品。他青年时非常勤奋,也希望青年学人积极向上,在《告青年文艺者——当心你的二十四岁》(《李长之文集》第八卷,287-291 页)一文中,他希望青年文艺工作者,"加倍努力,使工作紧张起来,以不侮辱我们的时代使命";"不能轻易放过二十四岁";"无论如何,在三十岁之前,总仿佛是对人类社会的贡献交'初试'的卷的最后期限了"。他自己是非常努力的,这部书在二十五岁出版,得到鲁迅先生的肯定,引起文坛注目。谁知后来竟成为他"反动"的证据。但对此,他始终保持着他自己的看法。他还准备补充资料,完成一部新著。国内有的出版社要改名出版,他不同意;国外出版社要出版,他也不同意。他讲述他对"批判"一词的理解。批判是将人或事放在一定的历史时期,从当时的社会文化背景出发,进行剖析,理性地进行判断。而非一个时期人们理解的那样,只是简单地罗织罪名。它只是像科学上的研究似的，报告一个求真的结果。他的一生经历了大的波折，而他的求真态度始终没有变。这也鼓舞着我们沿着这条路走下去。

1978年夏天，我听说学校领导专门去看望李长之老师，又听说要为他配助手，配录音机，帮他整理著作。我也盼望李长之老师能实现他的愿望，完成他的写作计划。"文革"中，我自己是"准牛鬼蛇神"，长期享有"日托班"待遇，到1978年，结论尚未签字，审查没有结束。直到当年9月，因为我参加编写的中国文学史教材要进行修订，通知我到广州中山大学集中修订教材，才算正式恢复工作。教材修订工作进行了四个月，到春节前才回到北京。想不到的是，李长之老师在1978年的12月13日逝世了。我没有能去送行。这是我最大的憾事。我想李长之老师最大的遗憾是没有完成他准备已久的《中国文学史》和关于鲁迅的写作计划。但是李长之老师勇于追求真理、抱着求真的态度不停地探索而留下的印痕，将永远留在后人的记忆里。

原刊于《文史知识》2008年第12期

文史多佳境诸公

乐导游方塘长作

锱活水是源头

文史知识创刊五周年

书此为祝 余冠英

那难忘的岁月，仿佛是无言之美

张鸣

林 庚

(1910—2006)

　　诗人,古典文学专家。1933 年毕业于清华大学中文系,后留校并担任《文学季刊》编委,并曾任教于北京大学、燕京大学。由诗人而学者,他研究中国文学史,长于楚辞和唐诗,对唐诗有"少年精神"的艺术概括。著有《春野与窗》、《北平情歌》等新诗集及《中国文学史》、《诗人屈原及其作品研究》等研究著作。

2005 年是北大中文系九十五周年系庆,又喜逢林庚先生九秩晋五大寿。林先生与中文系正好同龄,这是偶然的巧合,不过我却觉得这个巧合带有一点神秘的暗示。一所名校的名系,应该有与之相当的精神和风范,应该有创造并传承这精神风范的学人代表。能够体现北大中文系这个传统深厚的近百年老系的精神风范的历代学者,可以举出好多。不过在北大中文系的历史上,能像林庚先生这样长久保持精神感召力的老师也是不多的。

　　我初次认识先生是在上世纪 70 年代末,林先生为"文革"后考入北大中文系的第一届本科生讲授"楚辞研究"的课堂上。后来知道那是林先生告别讲坛的最后一次讲课。当时七七、七八两届大学生,无不极度珍惜宝贵的学习机会,人人如饥似渴,夜以继日,发狠读书。不过大多数同学当时虽然十分努力,但其实并不十分清楚文学和学术的真正意义。后来这种蒙昧状态的改变,各人有各人的机缘,就我自己而言,就始于听林先生的讲课。

　　林先生讲"楚辞",课堂的气氛使我们每个人都受到强烈的震撼。每次上课,林先生都精神饱满,腰板挺直,始终昂着头,清瘦,微微带笑,身着中式绸衫,整洁飘逸,大多时间垂着双手,平缓地讲着,只是偶尔举起左手看看手中的卡片,或讲到会心关键之处,举起右手辅以一个有力的手势。当时听林先生讲课的许多具体内容都记不确切了,但有两点留下了极深刻的印象。

一是林先生讲课常常以问题开篇,比如:屈原开创"楚辞",为何一开始就是顶峰?为何几乎后无来者?屈原为何就几乎等于全部楚辞?"楚辞"为何句句使用"兮"字?等等。这些问题,往往一下子就勾起大家的好奇心,于是人人都得打起十二分精神,听林先生细细分析,惟恐跟不上思路。就在跟随林先生探寻答案的过程中,不知不觉,已到下课时间,人人都感觉受到一次学问的熏陶和精神的洗礼。林先生非常善于把枯燥深奥的内容讲得引人入胜,一个重要的原因就在于先生一上来就真诚地把自己对研究对象的好奇心和研究兴趣摆出来,引导学生一起探寻究竟。学兄郭小聪曾在一篇文章中回忆道:"(听林先生)授课真的变成了师生一起研究、探寻、发现的过程,求知的热情和期待构成了课堂上的独特张力。这种富于童心和创造性精神的教学风格是不容易学到的,它往往是大学者特有的标志。"总结得真是好极了。"追寻那一切的开始之开始",这是林先生的座右铭,林先生的课堂,也是这样的一次又一次追寻之旅。正是林先生这种充满好奇,不断探寻究竟的治学兴趣和教学思路,引发了许多学生对学问的兴趣。

二是林先生的课堂,总是充满诗的意境和精神的感召力量。这诗意首先来自先生本人,他往讲台上一站,整个教室就成了一个诗意的场,先生飘逸不群的气质和风采使每个听课的学生都受到深刻的诗的洗礼。一次先生讲到"帝子降兮北渚,目渺渺兮愁予;袅袅兮秋风,洞庭波兮木叶下"如何开了悲秋文学的先声,"木叶"如何成为后代诗歌中反复出现的诗意意象,先生以诗意的语言讲述着,整个课堂似乎都笼罩在一片诗意的秋风中,先生本人仿佛也化入了诗的意境,化成了诗的生命的一部分。记得有一次先生讲到"独立小桥风满袖,平林新月人归后",讲"风满袖"的意蕴,先生平静地、引经据典地讲着,当他停顿不讲的片刻,静静地站在写满优美板书的黑板前,静静地看着我们,教室里所有人也都聚精会神地注视着先生。我突然感到了先生绸衫的袖子似乎在轻轻飘动,其实当时教室里并没有风。这个富于诗意的幻象是如此的神秘,那无言的瞬间是如此的意味深长,我想当时所有的人一定都感受到了诗的魅力,一定都感受到了那静默之中的召唤。

听过先生这次讲课,我们许多人才真正领悟到诗是什么,进而领悟到了学问的高境界。

在后来和先生的交往中,我强烈地感觉到,先生是一位真正的诗人,一位诗意生存的大写的人,如果说他的一生是为诗歌而生,一点也不过分。他的为人气度本身就是一首纯粹而透明的诗歌。他向我们生动地诠释了飘逸、浪漫、洁净、清高、出淤泥而不染等命题。他写作了大量优美的诗篇,也为我们树立了一个诗意人格的典范。他一生追求人格的锤炼、精神的超越,视名利地位和物质利益如粪土。许多人都把北大称为精神的家园,我却要说,只有林庚先生存在的地方才配得上这个崇高的称谓。一旦我们丢掉了先生的精神,所谓"精神的家园"也就徒有其名了。

林先生在 2000 年九十大寿那年出版了一本哲理格言诗集《空间的驰想》,这是用优美的格言诗的形式表达的一位哲人的思考。诗集中有这样一则:"那难忘的岁月,仿佛是无言之美。"简单的句子,蕴涵着微妙复杂的人生哲理感悟,隐隐让人产生言说不尽的诗意美感。我每次读到这两句,总会回想起当年在听林先生讲课时感受到的那个静默的瞬间,总觉得这不是出自人间的手笔,而像苏东坡说过的那样,是从"造化窟"中得来,因而不由得生出崇敬之感。这本诗集的最后一首说:"蓝天为路,阳光满屋。青青自然,划破边缘。"也是一位哲人驰骋思维、静坐冥想的所得。人生的束缚,时空的界限,宇宙的边界,世间的一切限制,在此时都已不复存在;思维和精神,在这样的冥想中,无远弗届。诗句的言说方式,把光风霁月般的悟道境界,带有禅意的美感,表达得如此新鲜明朗,深邃神秘,具有很强的诗意的穿透力。林先生毕生追求精神的超越和自由,这首小诗可以说为我们提供了自由的诗化定义。先生自由博大的精神境界,敏锐深邃的感悟力,都集中在这首小诗中了。要知道,这本诗集出版时,林先生已是九十高龄。

我说林先生是为诗歌而生,还有一个重要的方面。他以敏锐的艺术感悟,发掘了唐诗尤其是盛唐诗的价值,他提出的"盛唐气象"的命题,影响十分深远。林先生说:"盛唐气象最突出的特点就是朝气蓬勃,如旦晚才脱笔砚的新鲜。……它也是中国古典诗歌造诣的理想,因为它鲜明,开朗,深入浅出,那形象的飞动,想象的丰富,情绪的饱满,使得思想性与艺术性在这里统一为丰富无尽的言说。"这论述,不仅观点新颖深刻,语言也是如旦晚才脱笔砚一样的新鲜活泼、洁净透明。林先生的揭示,让人们认识了唐诗的真正价值。今天,我们提到唐诗,首先会想到盛唐诗;提到盛唐诗,一定会想到"盛唐气象";而提到"盛唐气象",自然就会想到林庚先生。可以说,林庚先生的名字,已与唐诗紧密联系在一起了。

作为一位文学史家,林先生过人之处还在于他对文学语言具有非常敏锐的感悟力。他曾写过一篇《青与绿》的文章,谈古代诗歌中"青"、"绿"两个颜色字。绿与青原可指称相近的颜色,但是古代诗歌中,"绿草"可以称为"青草","绿柳"却很少称为"青柳",松树可以称为"青松",却很少有"绿松"的说法,这究竟是为什么呢?林先生以大量的例证剖析了二者在具体用法、语感和审美效果方面的微妙差异,令人有豁然开朗之感,先生对诗歌语言的感受力真是太好了。1985年前后,先生在中文系讲过一次讲座,谈中国古典诗歌的艺术借鉴,提到《红楼梦》中王熙凤说贾母把鸳鸯调理得像"水葱儿"似的,林先生说,这个"水"字很重要,"干葱当然不行,光是葱也不行,这里的玲珑传神之处正在于那水分带来了鲜明的生意"。袁行霈老师曾在一篇文章中提到,林先生有一次对他说,杜甫《新安吏》的"肥男有母送,瘦男独伶俜。白水暮东流,青山犹哭声。莫自使眼枯,收汝泪纵横。眼枯即见骨,天地终无情"这几句写得特别好,特别是"眼枯即见骨",很有震撼力。这样的艺术感受力,确实非同寻常。

林先生不仅是为诗而生,他又是为年轻人而生的。他一生都保持着年轻的心态,秉持朝气蓬勃的生活态度。年轻人充满理想,生机勃勃,富于想象力,富有创造性。林先生在文学研究中也特别关注历史上最富于生气的时代，重视富于想象力、满怀理想的诗人作家，更特别重视发掘富于创造性的作品，揭示其中最富于创造性的艺术精华。我们都知道林先生特别推崇建安文学和盛唐文学中的"少年精神"。这是林先生对中国古代文学精神的重要发掘，其实也是他的人生志趣在治学中的反映。林先生又特别重视古代文学的浪漫文学传统，从屈原到李白，从建安文学到盛唐文学，林先生最强调的就是浪漫情怀和浪漫精神，这也是他崇尚少年精神的表现。林先生解读《西游记》，别开生面地揭示了《西游记》所蕴涵的童话精神，让人惊异他敏锐的洞察力，而具体解读分析过程中体现的年轻心态，更给人以深刻的启示。

作为大学教授，林先生受到学生衷心爱戴，他也长期与年轻大学生保持着紧密的关系，与许多学生推心置腹，成为他们的知交好友。1956年，他曾为当时中文系的学生刊物《红楼》题过一首诗：

> 红楼啊你响过五四的钟声，
> 你啊是新诗摇篮旁的心。
> 为什么今天不放声歌唱，
> 让青年越过越觉得年青。

诗里洋溢着先生对诗歌的热情，更饱含着对年轻人的殷切期望。上世纪60年代初，林先生写过一首《新秋之歌》，非常新鲜优美：

我多么爱那澄蓝的天，

那是浸透着阳光的海。

年轻的一代需要飞翔，

把一切时光变成现在。

……

　　透过时空的阻隔，还能鲜明地感受到一颗年轻的心的跳动。要知道，先生写这首诗时，已经过了五十岁。

　　林先生九十大寿时，中文系为先生筹办祝寿会，先生特地交给我一张十来人的名单，嘱咐说，邀请什么人由系里决定，但这名单上的人务必要请到。后来我才知道，这几位学长，原来都是50年代林先生的学生，都是当年中文系的诗人，因办学生刊物《红楼》而著名，后又被打成右派，颠沛流离，经历坎坷。当年林先生支持他们的创作，与他们关系密切，当他们被打成右派发配外地之后，还一直挂念在心，这次先生希望借祝寿的机会把他们请回来见见面。这几位学长得到邀请，都从各地赶来出席林先生的祝寿会，在会上都有动情的发言，场面非常令人感动。这样真诚、宝贵的师生之情，今后还能在北大中文系见到吗？我真诚地希望这样的师生关系，作为中文系的传统，能够得到继承和发扬。

　　1998年下半年，我曾经为林先生做过一个长篇的访谈，听先生讲他的一生，讲他的诗歌，讲他的学问，讲他对世界的认识。为了让大家对林先生有更多的了解，我把根据录音整理的访谈稿摘出两段，保持原样引在下面，我们一起来听听先生怎

么谈他自己吧。下面这一段,林先生讲述了他对文学的兴趣的由来,谈到了文学艺术的认识的力量:

张鸣:林先生,您在清华物理系读到二年级了还转到中文系来,是因为对文学实在太有兴趣了,这么强烈的兴趣是从什么时候开始的呢?

林庚:我对文学的兴趣,是到了清华以后才有的,说来还跟丰子恺的漫画有关呢。还在中学的时候,我的兴趣主要在理科,对文学接触得很少,"五四"以后的新小说,也看过一些,比如郁达夫的小说,但看得也不多。到清华后,因为图书馆使用非常方便,我就常常到图书馆乱翻乱看,看到《子恺漫画》时,一下子就被吸引住了,他的画是黑白的,非常单纯动人,有许多是以旧诗词句子画的,像"无言独上西楼"、"过尽千帆皆不是,斜晖脉脉水悠悠"、"几人相忆在江楼"、"月上柳梢头"、"红了樱桃、绿了芭蕉"等等,看了他的画,我就找诗词看去了,结果一看就入了迷。丰子恺先生创造出这么种画风,可以说是空前绝后的。他那本书我现在还放在这儿。我给你找出来看看。尤其是郑振铎先生作的序,我读了以后非常感动,想不到文学能有这么大的力量,能使人与人之间产生出一种在一般朋友间都不可能有的丰富的感情来。你看,郑振铎在序中这样谈到他与丰子恺的画:"我先与子恺的作品认识,以后才认识他自己。第一次的见面,是在《我们的七月》上。他的一幅漫画《人散后,一钩新月天如水》立刻引起了我的注意。虽然是疏朗的几笔墨痕,画着一道卷上的芦帘,一个放在廊边的小桌,桌上是一把壶，几个杯，天上是一钩新月，我的情思却被他带到一个诗的仙境，我的心上感到一种说不出的美感，这时所得的印象，较之我读那首《千秋岁》（谢无逸作，咏夏景）为尤深。实在的，子恺不惟复写出那首古词的情调而已，直已把它化成一幅更足迷人的仙境了。"还谈到当他决定为子恺出画集，从丰子恺那里拿到画的心情："当我坐着火车回家时，手里挟着一大捆的子恺的漫画，心里感着一种新鲜的如同占领了一块新地般的愉悦。"丰子恺的漫画就能这样地打动他，他像得到了什么宝贝似的非常高兴，这种感情真是难以言传。发现了别人的好东西，他的兴趣能达到那么高。他的序写得真是非常好。

张鸣：我很喜欢丰子恺先生画小孩子的那些漫画，生动有趣。

林庚：呵呵，画孩子画得最好的一幅叫作《花生米不满足》，你看那个小孩，面前放着几粒花生米，可他嫌不够，很不高兴，眉头皱着，快要哭出来的样子，非常生动。他那时画画没什么概念，只有灵感，看到什么就画下来，一画出来就很好。你说画小孩哭有什么好看的，唉呀，他就画得非常妙，小孩对花生米不满足的那个样儿，真是妙手，不可多得，这在中国绘画上是不可多得的。不过他后来画《护生画集》，就有些概念化了，我不太喜欢那本。

子恺漫画自由、随意，画出来就很有味道。这是旧画赶不上的。他的画很简单，几笔就勾出来，比如这幅《教人立尽梧桐影》，一个人，只有背影，站在月光下等待故人，身边的树被月光照得很亮，在地上留下黑影；还有《野渡无人舟自横》，一只小船，孤零零地横在水中；《惜别》，只画了一只闹钟，一支垂泪的蜡烛；还有些画，你看，人物甚至没有眼睛，就是这么简单，可它仍然是那么生动。他的画里，这种天然的味道，真是语言不能表达的。

张鸣：如果画得好，古典诗词的意境有时用画来传达好像比用文字传达更精彩。

林庚：应该说画更直接，不过，这是两种方式。丰子恺的漫画真让我受到感动，我觉得他提高了文学认识的力量，把中国古代诗词的好处都传达出来了。我对古代诗词的兴趣就是从这里开始的，后来我从书店里买了两本《子恺漫画》，常常翻看，抗战时我到了南方，把其中一本也带在身上，直到现在，这本1925年出版的漫画还保留在身边。可惜没带走的那本丢失了。

还有一段，林先生对他的一生做了一个简单的总结：

张鸣：从您的学术观点、新诗写作的经历，都能看出您的做人准则，有一点很突出，就是具有独立思考的力量，有一种思想独立的品格。

林庚：（笑）我就是不受权威的影响，就跟"寒士文学"、"布衣感"一样，是吧？

张鸣：这次听您谈了这么多，我个人受到很多教益，启发最大的就是这方面。做人要有独立不迁的品格，做学问则要有独立思考的头脑。

林庚：呵呵，对！

张鸣：林先生，这几个月来，我们谈了很多，您谈了您一生中最主要的事情，如果回过头来做一个总结的话，我觉得您几个方面的工作都十分重要，一个是学术研究，一个是新诗写作，一个是教学，您自己更看重哪个方面呢？

林庚： 这些都是我毕生努力的工作，更看重哪个嘛很难说，不过从我自己的兴趣来说，我还是更看重我的新诗写作。因为文学史研究主要是对古代人的研究，它也帮助我在新诗方面有好多提高，但作为我一生中主要的事情，还是从事新诗的创作，所以现在我的《文学史》交卷了，我还在整理我关于新诗的理论。因为我觉得，科研当然重要，但科研总还是能对新文坛起一点作用才好，如果我因为研究这些古典的东西而使得我在新诗坛上取得一些突破性的成绩，我就很满意了。比方说中国诗歌现在没有出路，大家都开始觉得新诗还是应该有一个形式，至少有更多的人有这样的想法吧，可是新诗的形式不是伸手就能拿来的，我是从30年代一直研究到现在，我不但研究，而且自己还实践。主要得实践，你认为这个形式好，你不实践也没法证明。不仅能用它写出很多各种内容的诗，而且还都能保持比较高的艺术水平，这样才能证明这个形式是可行的。这方面要花很多的力量。同时呢，我年纪老了，写诗的激情比较少了，所以我又不能像我年轻的时候那样来证明它，那时候我一年能写很多诗，我就很容易证明我的形式很好，现在我一年只偶尔写几首诗，这就需要很长的时间，所以我一直没断，一直写到90年代我还在写，哪怕两年写一首也写。这样呢，可以证明这个形式，特别是九言诗完全是可行的。如果我在这方面能取得成就，对中国将来新诗健康发展起到推动作用，那么我觉得就比我研究古典文学的贡献更要大了。

这些谈话都是根据访谈时的原始录音整理的，虽然尽量保存了林先生谈话时的表达方式和语调，但是落到书面的语言，还是不可能完全传达先生谈话时的风采，这也是没办法的事了。

还记得在那次访谈快结束的一天，与林先生聊完告辞，先生送我到门口，我忽然发现墙上爬着一只蜗牛，忍不住对先生说：林先生您瞧，这不就是您在《长夏雨中小品》里的诗吗？"树旁的菌，阶前的苔，有个蜗牛儿爬上墙来"。先生看了，朗朗地笑起来，那音容笑貌，就如同这诗句一样清澈透明，一尘不染，至今还鲜明生动如在目前。

今年5月的一天上午，我去给林先生送祝寿会的照片，推开燕南园62号院门，看见先生静静地坐在小院竹林边的藤椅上，面前是种了各种花草的花圃。5月温暖的阳光穿过树叶洒在先生身上，花圃里各色郁金香开得正盛，小院远离尘嚣，静得只有蜜蜂的嗡嗡声，窗前的翠竹映衬着林先生的侧影，清癯、静谧、安详。我看着这个画面，突然之间再一次领悟到"那难忘的岁月，仿佛是无言之美"的神秘启示。我曾经后悔当时没有带着相机，没有把这个场景留下来。后来回想，那可能是一个特殊的机缘，那个场景无法复制，也不会定格，即使带了相机，也不可能记录下当时的感动，因此还是把它留在记忆中吧。

最后我们一起来读一首林先生发表于1933年的诗，当作本文的结束吧。

夜

夜走进孤寂之乡
遂有泪像酒

原始人熊熊的火光
在森林中燃烧起来
此时耳语吧？

墙外急碎的马蹄声
远去了
是一匹快马
我为祝福而歌

2005 年 11 月 15 日
写毕于京西博雅西园

原刊于《文史知识》2006 年第 1 期

尋墜緒之茫茫

獨旁搜而遠紹

敬選

文史知識月刊

牛光瑞

回忆父亲游国恩先生

游宝谅

游国恩

(1899—1978)

　　文史学家,对中国古典文学尤其是楚辞的研究做出重大贡献,是现代楚辞学的集大成者。1926 年毕业于北京大学,从事古典文学研究,后任教于武汉大学、华中大学等,随西南联大迁回北京,在北大任教。著有《楚辞概论》等。

父亲游国恩先生在国学方面的造诣博大精深，为现代学术发展作出了重要贡献。这里谨试图对他的治学观点和治学方法作一粗浅的回顾。

　　先生认为做学问必须先打好基础，首先要博，也就是博文多识，知识渊博扎实。他常把做学问比作盖房子，说基础如不广阔坚实，不仅窄小，而且容易倒塌。他又引庄子《逍遥游》中的话说，"水之积也不厚，则其负大舟也无力"。基础不厚，做学问就不能有多大的成就。所以他总是教育学生要有勤奋的学习精神，鼓励他们多读书，要求他们不仅要有专门知识，而且首先要成为通才；不仅在文字领域内能够触类旁通，而且须掌握训诂、声韵、历史、地理、版本、目录、校勘等各方面的基础知识。在学习方法上，他强调要"心手俱到"。"手到"包括动手勤查书、勤抄书，多做读书札记等；更重要的是"心到"，要养成独立思考的习惯，遇到疑难问题，必须反复思考，多方查考，才能开通智慧，提高水平。当然，打好基础不是最后目的，最后目的是盖房子，所以学习"不是为博而博，而是要在此基础上专攻深造，作出某一方面的辉煌成绩，这就叫'由博反约'"。他引臧寿恭的话说，"四部书千万卷，沈研一经，而群书为之用，殆犹索绠"。先生认为这种治学方法是值得学习的。他解释说，"读书多而无系统，不能由博反约，只是博而寡要，就好比只有散钱而没有串索"。他还认为，更重要的索子是科学的研究方法。

先生本人对经史百家和历代诗文以及各种古文献均十分熟悉，有的书更是了如指掌。由于基础雄厚，他做学问的路子很宽，他的学术论文集便是义理、考据、辞章全部囊括其中的。由于他读书多而又能融会贯通，所以能够分清前人得失，善于吸收前人成果，在前人基础上开拓创新。

先生的治学继承了清朴学严谨求实的传统。研究任何问题，都必尽可能地掌握一切第一手资料，辨析考核；每一立说，都以大量史实和文献资料为依据，反对游谈无根。同时，他又接受了"五四"以来的新思想、新方法和新学科的影响，因此他的治学反映了现代的学术特点，表现在眼界的更为开阔、研究领域的拓展、方法的创新和成就的突出前人等方面。

以研究楚辞而论，他在 20 年代大学求学时期写成的《楚辞概论》一书，陆侃如先生在为此书所写的序言中称它是"有楚辞以来一部空前的著作"，并指出"这本书最大的特点是把楚辞当作一个有机体，不但研究它本身，还研究它的来源和去路，这种历史的眼光是前人所没有的"。先生不仅从历史的角度阐明楚辞从文学形式到思想内容的源流和继承关系，而且说明楚辞在中国文学史上的地位和对后世文学的影响。在考证屈原的身世、事迹时，则着重紧密联系战国时代的历史背景和楚国外交合齐、联秦的变化来进行。对作品时代和真伪的考证，也常常运用历史的方法，如对《卜居》和《渔父》的考订以及对宋玉作品的考订，都注意从辞赋进步的历程来考察。

此外，先生在研究中也吸取了社会学和民俗学的观点。如他在阐述楚辞的来源时，也着重谈到楚国的民俗、宗教、音乐、地理等对楚辞形成的影响。对《九歌》的研究，也是从民俗、宗教的角度来进行，从而把《九歌》从过去许多迂曲附会的解释中解脱出来。

在研究范围方面，过去的楚辞研究者多是偏于破碎的训诂，或臆为迂腐的义理，且常常"往复其言，互为奴去"，有许多相沿的错误。先生对楚辞则进行了纵向的、横向的和全面、深入、系统的研究。在宏观方面，有对楚辞和屈原的整体研究，在微观方面，有对具体作品的分析和具体文句的通训明义等；并且对历来集中争议的问题多有所论述和发明。

闻一多先生在 1933 年 8 月 21 日致先生的信中写道，"病中再读大著，渊博精审，突过前人，是诚不愧为后来居上矣"（《闻一多全集》第 12 卷，湖北出版社，1993）。王瑶先生在主编的《中国文学研究现代化进程》（北京大学出版社，1996）一书中介绍了近百年来对中国文学研究现代化有突出贡献的二十名大学者。王瑶先生在这部书的撰稿人会议上曾经评价："游先生是现代楚辞学的集大成者。"书中介绍的其他人士有梁启超、王国维、鲁迅、陈寅恪、胡适、郭沫若、朱自清、闻一多、俞平伯等。

前面所谈到的历史的眼光是贯穿于先生对整个古典文学的研究之中的。如先生在《柏梁台诗考证》、《论蔡琰胡笳十八拍》和《论陌上桑》这样一些论文中，对有关作品时代和真伪的考证都注意联系诗歌发展的历史来进行。他治文学史更是注意说明各种文学形式的发展线索、相互影响和它们的源流演变。由于先秦散文是我国散文的源头,所以先生力主把先秦散文包括在文学史的范围之内。

新中国成立后,先生也十分重视马克思主义理论的学习,并试图把它运用于自己的教学和研究中去。他在 1949 年秋开始开设的中国文学史概要(配合他开的中国文学名著选读)就由于他的这种尝试而受到好评。《北大周刊》1950 年 2 月 1 日曾发表了《游国恩先生怎样讲授中国文学史概要》的长篇介绍文章,以大量事实说明先生讲课不仅有很强的计划性,而且"开始掌握了历史唯物论的观点"。文章还说,他"并不是生硬地、机械地将这些观点套进文学史里去,他是有计划、有组织、有方法地掌握了这些观点而灵活地自然地运用着",是"利用现成的史料和文献来说明(所讲的问题)的"。他在 50 年代初撰写的纪念屈原和介绍白居易的文章,多是用新观点撰写的研究性文字,其中《白居易的思想和艺术》是新中国成立后最早用新观点介绍中国古典文学的文章。1951 年 2 月 11 日《人民日报》发表此文时曾附有编者按语,希望先生的文章能"成为一个开端"。他 60 年代牵头主编的《中国文学史》则是一部以新的观点编写的、取材丰富、知识准确、体例得当的高水平的文学史,具有广泛的影响。

综观先生治学的足迹,一方面是博学而能贯通,在吸取前人成果的基础上开拓发展,另一方面是善于接受反映时代的科学的治学方法,这两个方面的结合使他对中国文学研究的现代化作出了重要的贡献。

此外,也应该谈一谈先生治学的另外一些特点。先生做学问平正通达，着眼于比较有意义的问题，而不在琐屑的问题上钻牛角尖；进行推论和作出结论都实事求是，合情合理，因此能够"持论公允"、"平理若衡"。他著述态度严谨，下结论极其慎重；认为只有在自己尽了最大的努力之后才能让一部书出版，只有这样自己心里才踏实，才对得起读者。他认为出一部书要使之长久对人们有利，成为"寿世之作"。他说做学问最忌追名逐利，认为种种弊端都是由此而来。他鄙视有些人看风向、赶浪潮，抢时间发表文章和出书；他反对轻下结论；反对故意标新立异，以图哗众取宠；也反对投机取巧，企图"走捷径"，而相信"实至名归"、"功到自然成"。

先生谢世已经二十年了，回顾先生所走过的治学道路，至今对人们仍有借鉴意义。同时，在文化学术界仍存在着某些沽名钓誉、抄袭剽窃不良现象的今天，先生作为一位真正的学者，他的严谨、负责和纯正的作风，也应该能够对此起到一点净化作用。

文史知识是建设具有中国特色的高度的社会主义精神文明所必需的，贵刊大力传播这种知识，已经做出了出色的成绩，祝愿今后能有更为主出的贡献。

"文史知识"创刊五周年纪念

邓广铭

一九八五年九月

哲人虽萎 遗泽永存

——忆程千帆先生对我的教诲与激励

吴在庆

程千帆

(1913–2000)

国学大师,文史学家,在历史学、校雠学、古代文学及文学批评领域成就非凡。1936 年毕业于金陵大学。后任教于金陵大学、武汉大学、四川大学、南京大学等。著有《校雠广义》、《通史笺记》、《程氏汉语文学通史》等。

6月7日晨,南京大学的莫砺锋教授来电话,告以程千帆先生6月3日不幸仙逝的噩耗。闻此震悼不已,声吞泪下,无任痛悼追思。

　　程千帆先生在当代教育与文史学术上的贡献与地位,是不待今日而早已确立、众口皆碑的,诚如在南大的程门弟子们所撰的挽联所言:"绛帐留芳,汉甸江皋,树蕙滋兰荣九畹;青灯绝笔,文心史识,垂章立范耀千秋。"一代宗师的功绩风范,不仅铭刻于程门弟子心中,也永存于众多如我似的蒙其教诲与激励之恩的后学心里。

　　我是1982年8月初次拜见千帆师的,但早在60年代中,当我还在北京大学中文系读书时,却已在学术论著中拜读到他的学术论文,深为钦佩他的学识与风采。应该说他在学识上对我的滋育乃早在其时。1982年夏,我在厦门大学研究生毕业,而硕士学位论文答辩乃请千帆师任主席。千帆师向以严谨著称,既极为关怀学生,又对后学严加要求。当时学位制刚恢复,千帆师对学位的授予是严加把关的。我既庆幸有这样的名师为我的座师,也已得知他对我的论文的好评,但也难免心情忐忑。我和千帆师的初见即是在答辩席上,此前虽心仪已久,但未答辩前却不敢贸然拜见,当时确实没有时下的有意早早干谒的风气。程先生对我的直接教诲也即始于此时。

当时,我的学位论文是《关于杜牧的几个问题》。答辩会上,诸位委员向我提出近十个问题,其中千帆师所提的一个问题是:"你研究杜牧,这样,在你的论文中有否因为研究他而偏爱他的情况?"尽管这问题并不难回答,我的回答也得到他的首肯,但这一问题二十年来却时时响在耳际,永铭于心间,因为我深深明白这一问题在治学上的重要意义。程先生在这里提出了治学上的一个极为重要问题,即要客观而力戒主观情感的干挠,不能爱乌及屋,否则即失去了研究的科学性、严谨性。这种爱乌及屋似的研究,在一些研究者中会不时不知不觉地存在着。因此这一问题是治学的一个根本性的而且在现实中存在的重要问题,它比之一般具体的学术问题是远为重要根本的。尽管我当时对杜牧并无偏爱,以致引起观点偏颇的问题,但我明白了千帆师提出这一问题的用心,默识了他在治学上传授给我的"金针",以此二十年来时时以此警示自己。

在这次论文评审答辩中,千帆师对我的第二个教诲是治学上的态度问题。在论文中,有一节是就杜牧的卒年问题与一位颇有影响的老学者商榷的文字。为了证明自己观点的言之有据,我征引了大量典籍资料,其中也引证了《资治通鉴》的记载。在定稿时我采纳了一位友人随口而出的提议,在《资治通鉴》前加上了"常见书"三个字。其时自以为这三字加得精彩,可以有力地表明解决问题的证据并不难被发现,而且也寓含着对方在研究这一问题时未免失于粗疏。说来也巧,答辩完后我有幸见到了程先生在我论文上的批语,其中一处即在"常见书《资治通鉴》"下划了一条红杠,又旁批云:"态度问题。"见到这一批语,我蓦地脸火辣辣地,那种自以为得意之感顿时消失,马上体悟到先生留下论文给我的用意与做此批语的用心。这一批语极为敏锐准确地提出了治学上的另一个颇为根本重要的问题,这就是态度问题。这一批语实际是针对我论文中上述那句话表现出来的傲气、盛气,给予我治学上必须要谦虚谨慎,力戒傲气、盛气的谆谆教诲。这一教诲对于刚步入治学道路的年轻人尤具重要意义与针砭之效。前人治学上讲究"入门须正",这不仅指治学方法途径,也包括治学态度在内。二十年来,我常以先生这一教诲警戒自己,把谦虚谨慎作为座右铭。这境界虽尚不能至而心则向往之。

也就是在这一次南下主持答辩会时,千帆师又应邀给我们研究生和年轻教师做了一次治学方法的学术讲座。这是我所知的千帆师在厦门大学的唯一一次学术报告。现在我记得的主要内容有三点:即文史兼通,两相结合进行研究;考证在学术研究中的重要作用;治学上广博与专精的辩证关系。这一次讲学虽然时间不长而胜意纷陈,对我影响颇深。上述三点对我尤具指导意义,至今一直作为治学指南,并传授给我的研究生们。

1982年后我拜谒千帆师的机会虽不多,但所受的教诲和激励却不少,而且永铭心间。这除了从他多次寄赐的大著中获得的学业上、人品上的教益外,从我们的通信中也颇受教泽与鼓励。千帆师对后学除了严格而真诚热心的教诲外,对于他们的一点点成绩也会由衷地高兴,并热情地给予肯定激励。这里以我个人的经历讲一个例子。

1996年7月,我将新出版的拙著《唐五代文史丛考》寄呈千帆师请益。真没料到 8 月 7 日先生即复了一信:"在庆先生:新著收到,精卓可惊。求之今世,惟顺德岑氏可比,然有过之无不及也。欣佩! 欢喜,辄书茶陵谭组庵一联用酬高谊。意者,听涛阁境界似之。"随信先生即寄赠亲书的谭组庵诗联墨室:"天远已无山可隔,潮来空见海横流。"收到先生此赠,我真是受宠若惊。信中提到的岑氏,即我素所敬佩的研究唐代文史的大家岑仲勉先生。尽管我心仪效学这一位硕果累累的著名大学者已久,但自知难以望其项背,如有所得也仅是片鳞只爪而已。窃惟千帆师之意,除了对后学的点滴成绩给予热情肯定外,乃在于用岑仲勉先生为榜样以激励我。信中的听涛阁,乃指我自号的书斋名听涛斋。自揣先生书此联句"用酬高谊",并谓"听涛阁境界似之"之意,虽含有对我的厚爱之情,但主要的用意当是以联句所寓含的境界比拟学问人品上的高远境界,以此向我指示向上一路,用以激励我,可以说是对我的殷切教诲与期望。从中我们也不难看出,作为文史学界一代宗师的千帆先生,对后学竟是如此地垂爱,为他们的一点点进步竟如此地欢喜并寄予厚望,这是何等的令人钦敬的大家风范。

1982 年论文答辩时,千帆师还鼓励我考他的博士生。尽管我心向往之,但其时我久离家乡回故乡厦门不久,已历尽请调的种种周折苦楚,对于远离家门颇心有余悸,所以虽然极想成为程门弟子,但心里却极为矛盾,最终还是不敢再离家远赴南京,成为先生亲炙弟子。年来每念及此事,不禁愧感交并。然而千帆师给我的教诲与激励,却确确实实使我成为他未入门的弟子。下笔至此,不禁想起 1998 年 11 月,先生为傅璇琮先生和我等五人合著的已获第四届国家图书奖的《唐五代文学编年史》所撰写的《序》。序中先生在肯定此书的同时，也期望着能有《左传》、《资治通鉴》似的"波澜壮阔、淋漓尽致的大块文章"。这也可以看作千帆师对我们的期望与指出向上一路。没料到，这一期望对我来说，竟成为先生最后的教诲。哲人已萎，悲悼莫名。千帆师虽魂归道山，然而遗泽永存，一代宗师风范，将永远彪炳于学林。

原刊于《文史知识》2000 年第 10 期

文史知识，精神食粮。便利后学，写成文章，出版发行，人皆赞扬。一手努力，成绩辉煌。四化贡献，兹其一端。继续努力，莫中奴意荒懈。读文史知识，手有所感书寸志之。

一九八一年冬　周谷城

回忆向觉明师

周清澍

向觉明

(1900-1966)

即向达,敦煌学家,中外交通史家。1924年毕业于南京高等师范学校,任北平图书馆编纂委员会委员,专于敦煌俗文学写卷和中西文化交流研究。后任教于北京大学。著有《唐代长安与西域文明》、《伦敦所藏敦煌卷子经眼目录》等,以及多部郑和研究相关著作。

1950 年我初入北大史学系的时候，觉明师已不讲中国通史基础课，只开一门中西交通史选修课和指导研究生，同时兼任校图书馆馆长。我们一年级学生没有选修课，二年级时，三四年级学生下乡参加土改，他又没开课，所以我从未听过他的课。当时有个惯例，每学期考试结束，学校教务部门要把全校学生的考试成绩在子民堂后面一间过厅内公布。我们除在此查找自己的考试成绩外，也常好奇地看看高年级的考试情况。从中我发现一个奇特现象，那就是觉明师的中西交通史，所有听课学生只有 70、65、60 分三种成绩。据高年级同学介绍，这是他独创的记分法，考得再好，只能得 70 分；考得差，也尽量通融让他及格，这可能是他一种宽严结合的方式吧！

　　我对觉明师稍有了解还是在入校一年半后的思想改造运动中。虽然他解放前并没参与党所直接领导的革命活动，但据说有两次特立独行的举动，被党视为民主斗士，赢得学生们的尊敬。一次是在西南联大，抗战胜利时，苏联出兵东北，当局意图利用全国人民的民族感情，鼓惑民众要求苏军撤出东北，掀起一个反苏、反共的高潮。在西南联大，由有政府背景的教授出面，发起一个要求外国军队撤出中国的请愿活动，鼓动教授们签名。在事先商议时,本意不只是要求苏联撤军,同时也要求美国撤军。可是教授们的签名信张贴出去时,仅剩向苏联提出撤军的要求。觉明师知道上当后非常愤怒,当即另写一张声明贴在签名信旁,说明教授们赞同签名的原委,这张签名信违背了他的初衷,因此声明签名作废。这个声明,不只表明了他的态度,而且也揭露了当局蒙骗教授以达到自己政治目的的真相。签名信不仅没收到预期效果,经他揭露,反而起到相反的作用。另一次是 1946 年底,北平发生了抗议美军暴行的运动。有一天他来校上课,见到几个特务学生公然在北大民主广场撕毁有关罢课斗争的布告和标语,他毅然向前制止,严正指出:"你们就是反对罢课,也不能撕毁别人的……在北大,任何人有发表意见的自由。"特务们大吼:"你是什么人? 有什么资格干涉我们? "作势准备对他动武,被住在广场北面灰楼的女同学看见,高喊:"有人要打向达教授了! "引来许多同学围拢保护,才将特务企图逞凶的气焰压了下去。1947 年 2 月,觉明师与朱自清、金岳霖、陈寅恪、许德珩、张奚若、汤用彤、钱端升、杨人楩等共十三位教授在《观察》上发表保障人权宣言,当时在社会上产生很大的影响。

解放后,觉明师是拥戴共产党和新中国的,党也对他非常器重。1951 年,党和政府请他参加第一届赴朝慰问团,回国后还去新疆向各族人民传达赴朝见闻。从新疆回来,记得他还请新结识的王震司令员来校给我们做了一次报告。他先后被选为北京市人大代表、全国政协委员。中国史学会筹备会成立,他被提名为理事。中国科学院学部成立,他列名哲学社会科学学部委员、常委,是唯一被承认为史学界代表的北大旧人。

在思想改造运动中，本来党认为他是进步民主人士，对他是另眼看待的，因此没将他定为检查重点。思想改造就是要知识分子改变立场，首先得检讨过去为反动政权、资产阶级服务的事实和思想。可是他坚持自己搞的是纯学术，与政治无关，属于检查"态度不好"的一类。批判者确未发现他与反动政治有任何关系，后来抓住他的成名作《唐代长安与西域文明》是由《燕京学报》专号的名义出版，迫使他承认投靠了"美帝"资助的哈佛燕京学社，才做了检查。但他又横生枝节，声明必须将陈寅恪视为例外，要承认陈是纯粹为学术而学术。又有一次，有位同学在黑板上画了一幅惟妙惟肖的漫画，将它展览在图书馆入口处，内容是画了校委会主席汤用彤、法学院院长钱端升和工学院院长马大猷三位先生，钱与马各据案的左右，互相伸手到坐在中间的汤先生前面抢夺什么，而汤先生则戴着古戏中的官帽，意指两位院长在汤先生前争抢经费，而作为校委会主席的他却是一个只知和稀泥的官僚主义者。觉明师到图书馆上班时，看到这幅漫画，对讽刺的主要对象钱、马二先生倒不在意，却对漫画丑化他的老师（他在东南大学将毕业时，汤先生刚回国在该校任教），不禁勃然大怒。在运动中教授们本已人人自危，但他硬要追究画漫画人的责任。可见他虽拥戴新中国，争取进步，但他仍恪守尊师重道等传统道德，凡遇到有对他们过分的批评，就要挺身为他们辩护，又常不合时宜地直言无讳，以致后来被指责为经常与党对立。

觉明师对略长于他的陈、汤等学术前辈极其尊崇，但对史学界的民主人士却不大恭维。记得在思想改造运动中，他同哲学系主任郑昕先生检讨了同一个问题：他俩都是北京市人大代表，由于瞧不起副市长吴晗，每当吴做报告时就溜出会场上厕所。他与一些新史学家处得不好，终于在反右运动中吃了大亏。据章诒和《忆父亲与翦伯赞的交往》一文谈道："北京大学历史系教授郑天挺、向达、杨人楩、朱庆永、张政烺、余逊、邓广铭、胡钟达、杨翼骧、汪篯等……1949年前，这些人不喜欢国民党，也不想沾共产党。现在共产党来了，为了保住饭碗，恐怕也得凑上去学学马列主义吧？于是，决定让时任北大历史系系主任的郑天挺，去请马列主义史学家来校座谈。应邀而来的宾客是郭沫若、翦伯赞、杜国庠、侯外庐。来听讲的是北大历史系全体教师。宾客本该主讲，胡适旧部理应恭听。谁知半路杀出一个青年教师，对这四位来宾的学识颇不以为然，便针对奴隶制社会问题，引出对西方史学的长篇论述，竟旁若无人地讲了一个多小时。会后，翦伯赞大怒。出门，即愤然道：'北大的会是在唱鸿门宴，幕后导演则是向达。'"她还说："这事的确深深地伤害了翦伯赞的自尊心。"当然，同样也会得罪应邀而来的诸位大佬。

后来，其父章伯钧曾为此事问过向达，可见流传甚广。但遭到觉明师的否认，"大叫冤枉"。据我的记忆，她的描述与事实稍有出入。因为这在思想改造运动中也是一件常提到的大事。她所说的"青年教师"就是胡钟达先生，胡的本意并非存心教训客人，他同多数青年人一样，热衷于学好历史唯物主义去理解中国历史问题，这次有机会与马列主义史学家见面，希望就当时热门的中国社会分期问题当面请教，他的发言只能说有点迂腐和不合时宜,不能理解为有意挑衅。章文列举历史系十位教师的名字,将他们混为一谈,其实汪篯、胡钟达等三人还年轻,职称仅是讲师或讲员(北大旧制,讲师、助教间的一级)。汪是共产党员,胡原是民盟机关报上海《文汇报》的编辑、老民盟盟员①。他们有别于较年长的教授,认定自己是"跟党走"的革命队伍中的一员,他们学习马列是诚心的,决非"凑上去学学马列主义"。就觉明师来说,他曾对我们说起,他虽任教北大,兼职中研院历史语言研究所,曾任中研院西北史地考察团考古组组长,但同胡适、傅斯年没有什么瓜葛,自号"独行侠",并以此自诩。所以不能将他们概称为"胡适旧部"。胡钟达先生曾同我谈起,他解放初与汪篯先生常探讨和争论这些问题,所以后来积累成系列的有关奴隶制和亚细亚生产方式的论述。七位教授中除张政烺师对奴隶制有独到见解外,其他人并不太关心这类问题,邀请是诚恳的,没有"为了保住饭碗"的问题,更谈不上指使别人发难。

思想改造运动进行了大半年,还有许多同学参加了土改和"三反"、"五反"运动。1952年暑假,北京市委指示各高校团组织,应让同学们好好休息,组织大学生开展一些诸如徒步旅行之类的活动。我们十来个人发起到八达岭长城和明十三陵旅行,觉明师闻讯后,主动提出与我们同行。他这时已年过半百,虽手拿一根拐杖,但走路仍精神抖擞,对我

①事实上胡先生对蕑老是非常尊敬的,到内蒙古大学后,他曾谦称:"我给蕑老提皮包都不够格。"因此遭到批判。1916年,蕑老来内蒙,他叫我们这批北大历史系来的人一起去看他,我以过去很少同他接触为由推辞,还惹得他大发脾气。

们谈起远征敦煌的往事，自称"万里独行侠"。我们第二天从沙河出发，经南口，夜宿居庸关。那时没有旅店，只能寄宿在一间用破庙改成的小学教室里，大家就睡在学生白天用的课桌上，铺上自己随身背来的铺盖。觉明师只随身带了一条毯子，夏夜虽不甚冷，可在硬木桌上仅有一条毯子又铺又盖，对老年人来说，肯定硌得厉害。我们要把自己的棉被让给他，都被他谢绝了。第二天，我们到了青龙桥下山沟里一个小村落，请求居民搭伙做饭吃，没想到村里百姓根本没粮食。我们只好爬上山，到青龙桥车站求铁路职工出让他们的白面，再回村里自己擀面条，填饱肚子已是下午。觉明师可能等候不及，就在我们去车站买粮时乘火车回家了。临行前，他将两册线装书交给我，是从他私藏的《小方壶斋舆地丛钞》和《读史方舆纪要》两部大书中抽出有关京师以北记述的单本。这时我才知道，他沿途向我们指点名胜、古迹，介绍居庸关云台门洞壁上的六体文字的历史价值等等，不只是他学识渊博，而且还事先做了准备。他将两书留给我们，意思是让我们自己看，下段旅程就可按图索骥，从书中可以更深刻认识每个景点的历史意义。可惜我们没能领会他的好意，谁也没认真看这两本书，我只记得翻了一下，前书有龚自珍的《昌平州说》和《居庸关说》，后书是包括昌平州在内的顺天府，州境的明十三陵所在当时称天寿山。最糟糕的是，我们回到南口折往东行去明十三陵时，走了十来里后，我忽然发现包里的两本书不见了。我想到如果丢掉这两册书，等于使两套大部头的丛书残缺不全，急得再回曾停留过的南口车站寻找，来回白跑了二十多里，最后才知是由另一位同学带着,这也是我此行遭遇的一段惊险插曲。

暑期过后进行院系调整,北大、清华、燕京三校合并,北大迁到西郊原燕京校址。觉明师书很多,系里发动同学帮助他搬家,因此部分同学熟悉了觉明师,而且还认识了向师母和他燕南园50号的家。我们同是湖南人,老家武冈和溆浦解放前还是邻县,向师母说话仍带溆浦口音,很喜欢同我用乡音聊天,所以到西郊后,我的学习方向虽离觉明师的专业越来越远,但我仍多次登向家之门并得到他的指点。

1954年,历史研究所第一、第二所成立,觉明师出任第二所副所长,我们班有六人分配到这两所中。他为了加强新入所的年轻人的史学基本训练,为他们专开了目录学、史料学一类的课程,因为那几年大学生很少接受这种训练,因此都想借此机会弥补,听课的人很多,据说是借用老北大红楼中的大教室。我当时也想去听课,但由于我所学的是外国史,而且从西郊进城也不方便,所以失去了这次机会,但我还是托人向他要了一份油印的讲义。

大学毕业后我被留校做印度史的研究生,后又到东北师范大学随苏联专家进修。我知道他早年曾对印度历史下过功夫,著译有《印度现代史》和《甘地自传》等,我去信托人询问,他很快就将手头仅存的一本《印度现代史》邮寄给了我。

1957年,我被调到新建的内蒙古大学,学校交给我采购图书的任务,考虑到内蒙古大学应重点买有关蒙古史的书,可是我学的是外国,对蒙古史所知甚少,只听人说大部头书如《明实录》、《清实录》非购置不可,但书店中又买不到。于是我就去找身兼图书馆馆长的觉明师,请求图书馆支援一部。

开始他感到为难,后来还是将122函、1220册的巨帙全书(伪满影印本)赠送给内蒙古大学。

反右运动是从这年夏天开始的,起初只涉及贴大字报的学生。我们历史系的研究生办了个反右刊物《论坛》,似乎还请他表明支持反右的态度。我向他请求支援内蒙古大学图书时他还在正常工作。随着运动的不断深入,开始有大字报揭发批判他。在我印象中主要有几件事:

其一是提出史学界要百花齐放,不能只开"五朵金花"(指古史分期、近代史分期、资本主义萌芽、农民战争及民族问题这五个方面的讨论),批判者指责他是意图否定新中国史学研究的成就,坚持资产阶级旧史学研究方向。据我所知,恰恰相反,解放后他能配合党的需要在新的领域开展史学研究。1951年,人民出版社出版了他和杨人楩、张蓉初先生合译的《苏联通史》,由他参照英文本审定中亚和南俄的译名,这是解放初最早出版的苏俄史译作。建国初成立的中国史学会,第一件大事就是发起编辑《中国近代史资料丛刊》,他作为编委代表北大分担《太平天国》的主编,八巨册资料最早编成,并由神州国光社出版。我曾参观过当时举办的太平天国史料展览,其中有30年代觉明师从国外抄回来的若干册资料,全是由他用工整的蝇头小楷抄录。《历史研究》1954年创刊后的第2期,发表了他署名方回的两篇文章,一篇是他从北大图书馆找到的毛主席早年创办的报刊——《记新发现的〈湘江评论〉》,另一篇《彭湃烈士与1919年5月7日中国留日学生东京示威游行运动》,都是宣传中国共产党革命历史的文章。

其二是他和潘光旦教授识别出一个新的民族——土家

族。他本人就是土家族,而湘西的向姓是土家族大姓。他们又在全国政协提议在湘西成立土家族的自治州。到了反右运动时,这也被诬为有攫取自治州州长的野心。他是学部常委、一级教授,级别与省级干部相当,一个从不想当官的学者,怎可能有攫取还没见踪影的州长的野心?

其三是他深受北大"民主"精神的影响,认为:"我们现在要监督执政党,使他做得好,不让他变化。"对党多提意见、帮助党改正缺点是对党的爱护。北大党委早就对他有"为人憨直、是非分明、毫不宽假"的评价。他自己出言无忌,还指责那些只知歌功颂德的人是"乡愿"。即孔子所说的"德之贼也",以及孟子所说"阉然媚于世也者"(见《论语·阳货》和《孟子·尽心下》)。上纲解释,那就是他攻击热爱党、歌颂党的人是"乡愿"。

其四是反右的前奏确实是毛主席提出要党内整风,请党外人士帮助党克服宗派主义等三大主义,因此他批评党员干部把党外人士看成"非我族类,其心必异"(语出《左传·成公四年》),这句话也成为他被划右派的重要根据。

随着反右的深入,系里的教授牵连到他和杨人楩先生。我记得史学界在西郊宾馆开了一次批判会,我们历史系全体教师和研究生都乘车前往参加,被批判的是向达、雷海宗、孙毓棠、陈梦家、荣孟源和右派边缘的杨人楩等几位先生。这次会的重点发言是翦伯赞先生,而批判的重点对象则是觉明师。在我的印象中,院系调整之初,翦先生作为新上任的系主任,为了团结各位教授,特别是威信很高的觉明师,确实对他表示出特殊的尊重。如每年秋季新生入学,在主持迎新会时,首先就要介绍向达教授,而且在名字之前冠以美好的赞语,并带头热烈鼓掌。他在文化教育界有多年统战工作的经验,能自觉执行团结党外知识分子的政策。然而伟大领袖先宣布欢迎党外人士协助党整风,接着又突然宣称这是引蛇出洞的"阳谋",翦先生又不得不按照领导的部署,带头执行反右的大批判。他除了批判我已听说过的上述揭发外,还着重批判觉明师对科学院党领导的所谓攻击性言论。如前面章谙和文所说,翦先生认为解放初向达幕后导演了北大的鸿门宴,这次他又重提旧事。翦先生等将胡钟达先生的发言看做别有用心,也是先有"其心必异"的戒心所致。因此将这次座谈会比定为"鸿门宴",胡是舞剑的项庄,觉明师就是幕后出谋操纵的范增,郑毅生先生是主持"宴会"的项羽。历史对翦老开了个玩笑。素以精通马列、唯物史观并以此自诩的他,二十年后,竟落到与冯友兰先生并列,也被伟大领袖视为反马列主义的"非我族类",仅因懂得帝王将相的历史和唯心主义被赏给一口饭吃"养起来"。经过系列的揭发和批判,觉明师终于被划为史学界的"大右派"。

我调到内蒙古工作后,有一次回北大探访杨人楩先生,他对我的来访表示惊讶,说是近年很少有人登门,心境倍感寂寞。看到杨先生这种心情和处境,我也联想到与他同病相怜的觉明师,从此每次进京到北大,我都要去探望这两位湖南同乡的老师。觉明师也一如继往地关心我,支持我在内蒙古大学的工作。1960年,内大历史系发起集体编写蒙古史,领导令我编写关于蒙古史史料的介绍。当时全国历史系早就取消了这类课程,我也无现成教材、讲义可据,正好觉明师新开有关史料学和目录学的课，于是我就写信向他求助，他很快就将他亲手刻写、油印的讲义寄给了我。我得知他在30年代曾译出修士 John of Plano Carpini 出使蒙古的游记，就写信向他索取，他很快就将自己珍藏刊载《柏郎嘉宾游记》的1936年《史学》第一期寄给我。

此后不久，我去北京看他，他又向我建议：现在没人注意碑刻资料。内蒙古大学既然将北方民族史定为研究重点，除图书外，应该搜罗辽、金、元的碑刻拓片。正巧，公私合营以后，琉璃厂原有的文物、古籍、字画、碑帖等各行业都进行了合并调整，碑帖集中到一家，而且刚整理出来，我一次就买到辽、金、元碑帖五百余张及契丹、女真、西夏、畏兀儿字蒙文、八思巴字等多种碑帖，仅花600元。这也是内蒙古大学一项珍贵的收藏。

觉明师被打成右派后，可能是为了消遣内心的苦闷，他把大部分精力花在收藏古籍上。我虽在内蒙，仍常赴京公出，附带为学校采购图书，因此常在旧书店遇见他，特别是北京市的线装书集中到国子监经营后，更容易见面。据我认识的店员说，觉明师是中国书店私人购书最多的常客之一，每周必有两天进城光顾书肆，每逢新到他喜爱的稀见奇书，很难逃脱他的法眼，首先就被他收入囊中。我想买一部《契丹国志》，此书当时只有扫叶山房刻的线装本，很难找到，有次我在书店顺便对他提起此事。我回内蒙后不久，就收到中国书店寄来了此书，正惊疑地打开包裹，发现书中夹的小条上写着："内蒙古大学历史系周清澍同志"，下行是"请先去函问他要不要契丹国志"，正是觉明师的笔迹。显然是他留意此事，在他看到有书时嘱附书店寄来的。

"文革"开始不久,就传来觉明师去世的噩耗,他是"文革"中全国最早被迫害致死的名教授之一,因此在社会上颇有影响。1972年我被借调到北京,见到当时同被打成牛鬼蛇神并发往明十三陵劳动的郝斌同学,他将当时目击的悲惨的情形向我描述,真令人不胜唏嘘。当时年近古稀的他,身患严重的尿毒症,双足浮肿,仍隐忍抱病参加劳动,终致不治而死。

这时,我在中华书局参加《元史》的点校工作,除了以百衲本(嘉靖年间南监补刊洪武本)为工作底本外,又从文物部门借来一部早于嘉靖朝印刷的洪武本,是从觉明师家抄来的图书之一,因此得知他的书还没落实政策发还原主。不久,听说中华书局接到中央领导人直接下达的重大政治任务——按原样影印一部线装珍本《骆宾王文集》。我听说此事,还询问过书局有关负责人:骆宾王的文章只有《徐敬业讨武氏檄》为人熟知,为什么要出版此书,不是有影射攻击江青之嫌吗?书局中人告诉我,这任务正是她本人交下来的。她因何对此书发生兴趣,大家都莫名其妙。后来,书印出来了,书局又接到通知,书不用印了,印出来也要全部销毁。据说这书原是觉明师的藏书,江青将抄家物资掠为己有。他们发动"文化革命",凡文物古籍被专家收藏,就高唱"破四旧",纵使抄家。但抢到文革"领袖"、"旗手"手中后,又变成了他们附庸风雅的资本,可以依仗权势指令国家出版机构为她影印送人,以显示她并非不学无术。据说有位内行看到此书,指出其中一个图章是向达的。觉明师的藏书不用自刻图章,惯用一个元朝商铺的铜花押代替。由于当时商家还不懂什么名牌效应或商标法,店名一般用主人的姓,简称张记、李记。他从古物店买到一个姓向的花押,"向记"的"记"字是用八思巴字母拼音,1957年三联书店版《唐代长安与西域文明》封面书名下就是钤盖此印。江青不认识,当成古人的篆字印章,经人指出后,又怕暴露自己的盗窃行径,因此才下令全部销毁。从这件事,使我更认清了这场革文化之命的发动者的无耻谎言和卑劣用心。

"文革"后期,政府开始发还抄家财物,但觉明师被抄的书,并没退还家属,而是由北大图书馆留下来准备收藏。有次我去北大一个朋友家,他问起向达的书值不值五千元? 我说:他的书在楼上,我没参观过。据我所知,他的藏书不是书房中摆上几本书架,而是书库类型。我曾碰见邵循正师从他家借阅日本出版的《大正新修大藏经》,这书全套共100巨册,"文革"前琉璃厂旧书店的价格就要卖一万元,然而这书还不在他珍藏的线装古籍之列。后来听说,他的书仅提高到二万元就被收归北大图书馆了。

原刊于《文史知识》2010 年第 7 期

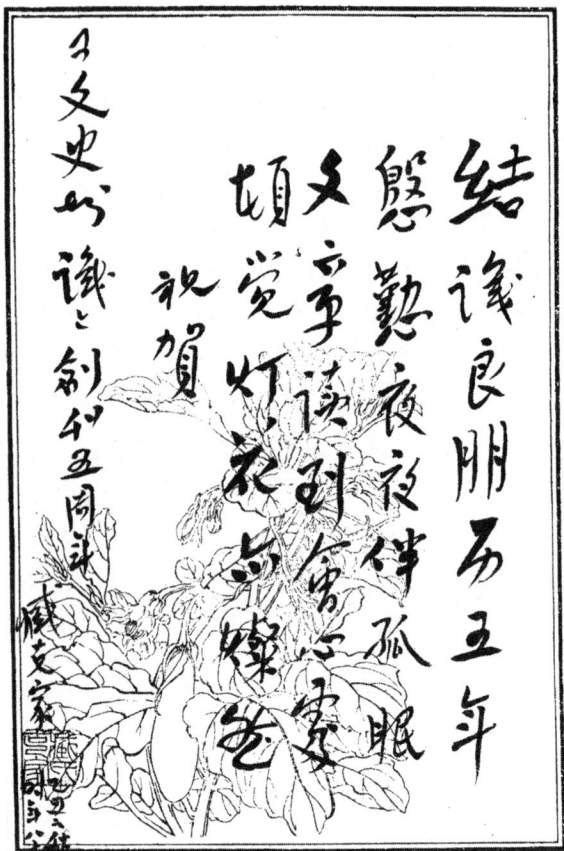

結识良朋而五年
懇勤夜夜伴孤眠
文章读到会心处
顿觉灯花分外燃

祝贺

与文史以谊之创办五周年

惟文家书

布衣傲王侯

——我的老师金景芳先生

宋德金

金景芳

(1902-2001)

　　思想史家，对《周易》独有研究，著有《易通》、《周易全解》。此外，研究先秦思想史、古代制度及古代文学，均有所长。他的学术研究主要靠自学，并无师承，而恰恰因此富有主见、创新精神。

金景芳先生（1902-2001）是我国著名历史学家、文献学家。先生有许多职衔，如吉林大学古籍所教授，首批中国古代史专业博士生导师，中国先秦史学会副理事长、顾问，国家古籍整理出版规划小组顾问，中国孔子基金会副会长、顾问，国际儒学联合会顾问等等。著有专著十多部，论文百余篇，在中国古史分期、《周易》研究、孔子研究、井田制度和宗法制度研究领域，卓有建树，自成一家。

这里不想过多评述先生在学术上的卓越建树，想说的、也是给我印象最深的是先生从家庭教师到名教授的曲折经历，那种布衣傲王侯的风骨，以及把培养学生视为乐事的敬业精神。

从家庭教师到名教授的曲折经历

金景芳，字晓村，辽宁义县项家台人，1902年出生在一个贫苦的家庭。八岁的时候，开始在本村上小学。初小毕业后，由于家中无力承担其进县城读书所必须的伙食费，只好在外祖父家附近的村子里，读了半年高小预备科。后因学校解散，辍学回家，在家从事农业生产两年，于1916年重新进入高小学习。

1918年暑期，锦西高桥的省立第四师范学校招生，他于同年10月间参加插班考试合格，被录取为半公费生。在学校学习期间，成绩优异，除了头一个学期考第四名外，一直独占班中第一名。

1923年暑期，读完师范，由于家庭生活困难，未能上大学继续深造。经友人推荐，当了几个月家庭教师。后来回到义县教小学、初中，并担任学校训育主任。当时，省教育厅实行通过考试选拔教育局长的办法，先生考试合格，调任通辽教育局局长，后改任省教育厅股长。

1931年"九一八"事变后，先生一度回到家乡义县。次年，为了生计，去沈阳第二中学教国文课，于1936年无故被校方解职。这时，金毓黻（1887-1962）正在编印《辽海丛书》和编修《奉天通志》，先生便在那里帮助做些工作。后来与金毓黻相约，同走关内。于是年夏天，金毓黻经日本转赴上海，先生则经山海关到了西安。到西安后，经郭维城（1912-1995，曾任张学良机要秘书，1955年被授中国人民解放军少将军衔）介绍，到东北大学工学院当秘书（东北大学工学院是"九一八"后，从东北流亡到西安的）。是年12月12日，西安事变发生，国民党接收了这所学校，先生离开西安，后到武汉。经过金毓黻的介绍，到河南、湖北交界处鸡公山东北中学任教。以后，又随学校辗转搬迁到四川自流井，1940年任该校教务主任。这个学校里的一部分人同中共所领导的进步组织有联系，而另一部分人则属于国民党三民主义青年团系统，两种势力经常发生冲突，先生当了半年的教务主任，被国民党当局撤职，只好另谋出路。

1941年11月,先生到四川三台东北大学当文书主任。前此,在1939年底到1940年初,先生利用教课之余,撰写了《易通》一书。该书曾荣获当时国民政府教育部颁发的"全国著作发明奖"三等奖。《易通》全书共分十章,前七章为对《周易》自身的研究,后三章兼论孔子、老子与唯物辩证法。先生在序言中说:"自弱嗜《易》,沉潜垂二十年,博覭冥契,悠然有得,因笔之于篇。"可见,《易通》一书凝聚着先生二十年的心血,也是他的成名之作。1942年,任东北大学中文系讲师,1945年抗战胜利后,东北大学迁回沈阳。1947年,先生由副教授升为教授。1948年,由于解放战争影响,东北大学又迁回北平。1949年北平解放,随东北各院校遣送回东北,先生又到了沈阳。

先生回沈阳之后,曾在东北文物管理处(后改东北文化部文物处)任研究员。后来文物处又改为东北文化事业管理处,该处不设研究室,因此调任东北图书馆研究员,并担任组长。1954年1月,调到长春东北人民大学(1958年改名吉林大学)任历史系教授,并先后任校工会主席、图书馆长及历史系主任、古籍研究所所长等职。1956年加入中国共产党。先生从20世纪50年代起到生命终结,一直在吉林大学历史系、古籍所工作。

以上内容,是三十年前我在《社会科学战线》杂志当编辑时,在先生寓所对他所做采访后写成的一篇访问记中的部分文字,并经先生亲自过目。

先生生于农村,出身贫苦,只读过小学和中级师范,没有上过大学。在那个战乱年代,辗转于辽宁、陕西、湖北、四川、北平等地。在几十年的动荡生活中,一边求职谋生,一边潜心学问,并从一名中小学教师成为大学教授。特别是他到东北人民大学(吉林大学)后的二十多年间,尽管政治运动不断,但是比起解放前毕竟有了一个较为安定的生活、教学和科研环境。几十年来,先生培养出一大批从事历史研究的专业人才,桃李满天下。先生在中国古史特别是在先秦史研究上独树一帜,著作等身。专著除 20 世纪 40 年代的《易通》之外,有《中国奴隶社会的几个问题》(1962)、《古史论集》(1981)、《论井田制度》(1982)、《中国奴隶社会史》、《易学四种》(1987)、《易学讲座》(1987)等。

我初识先生是在 1957 年。那年,我考入东北人民大学(1958 年改为吉林大学)历史学系,先生是历史系教授、系主任。不过,当时只是在历史系及班级举行活动时才能见到先生。先生多次对我们说,他自幼家境贫寒,没上过大学,并用他的经历激励我们,要我们珍惜时光,刻苦学习,将来报效国家。先生从一个只受过中等教育的农家少年,经过自己几十年的不懈努力,成为名扬海内外的著名教授、学者,不仅给我留下了终生难忘的印象,也不断鞭策我勤勉向前。

布衣傲王侯的风骨

也许是因为出身贫寒,经历坎坷,砥砺出先生耿介刚毅、不畏权势的性格。

在 20 世纪 40 年代,先生曾在《述怀》诗中写道:"草木有本性,不畏霜雪虐。岁寒识后凋,生气岂销铄。"可以说这是先生毕生品格的写照。

我们在大学读书时,先生除了讲授功课之外,还告诫学生要有"布衣傲王侯"的精神。虽然我离开做学生时已经五十多年了,可是先生的教导至今还常在耳际回响。

"布衣傲王侯"本是历史上许多士人的传统价值取向。如,宋陆游有"狂夫与世本难谐,醉傲王侯亦壮哉"(《狂夫》)句;高斯得有"何不学孔明,草堂傲王侯"(《题钱可则茨雪庵》)句;明倪谦有"深隐层台把钓钩,独将名节傲王侯"(《过严先生钓台》)句,诗题中的"严先生"即严光(子陵),少与刘秀游学,刘秀即位后,严光变姓名隐遁,不受征召,退隐于富春山。

先生的"布衣傲王侯"除了传承古训之外,当是直接从孙中山的名联中化出的。据说,当年孙中山出国留学归来,途经湖北武昌,想见湖广总督张之洞。孙中山到总督府门前,递上名片,并在名片上写"学者孙中山求见之洞兄"。张之洞看了,命人拿来纸笔,写了"持三字贴,见一品官,儒生妄敢称兄弟",让警卫交给孙中山。孙中山遂对上"行千里路,读万卷书,布衣亦可傲王侯"。张之洞看了下联,赶快令人开门迎接孙中山。

先生作为一位学者,这种布衣傲王侯的品格在做学问上有充分的体现。

先生的研究专长是中国奴隶社会史和经学(或称孔学),他说过,自己"一辈子都在思考、研究"孔子问题,并认为孔子学说是我国传统思想文化的主干,它的许多东西有超时代意义，今天仍是真理，我们应当加以继承。

1962年，学术界在山东济南召开纪念孔子逝世2440周年学术讨论会，先生也应邀参加了会议，并提交题为《谈谈孔子的评价问题——兼与关锋、林聿时两同志商榷》的文章。就是在这次会上，关锋、林聿时把学术提到政治问题的高度，对正面评价孔子的学者，如周予同、严北溟、冯友兰、金景芳等进行批判。后来有人在一份内部动态上，批判先生与冯友兰、周予同、于省吾等人向孔子墓顶礼膜拜，成为尊孔的一大罪状。"文革"期间，先生像所有学者、特别是尊孔论者一样受到更为猛烈的批判。不过，先生并未放弃自己的观点和研究。"文革"结束后，先生关于中国奴隶社会史及孔学研究的论著接连出版，就是明证。

在关于中国奴隶社会和封建社会分期问题的探讨上，更体现了先生的探索精神和挑战权威的勇气。关于中国奴隶社会和封建社会分期问题，通常称为中国古代史分期问题，是20世纪后半期我国史学界议论最多、分歧最大的一个问题。有以郭沫若为代表的战国封建说，以范文澜、翦伯赞为代表的西周封建说。此外，还有春秋封建说、西汉封建说、东汉封建说、魏晋封建说等。其中，郭沫若的战国封建说经毛泽东指示采用，遂成教科书及通行的说法。先生则先是在《中国奴隶社会的几个问题》（1962）一书中述及自己关于古史分期的看法，1978年又在《历史研究》、《社会科学战线》召开的中国古代史分期学术讨论会上，对"钦定"的郭沫若战国封建说提出异议，首创秦统一封建说。后经修改，以《中国古代史分期商榷》为题，发表在《历史研究》1979年第2、3期上。

三十多年前,先生虽然在学术上已经取得许多成就,但是和郭沫若的地位是无法相比的,竟敢质疑、批驳"钦定"的理论,无疑是需要极大勇气的。

这里说一个小插曲。先生平时在给学生讲课及自己的著述中,常对郭沫若的相关观点发表异议。恰好在这次中国古代史分期学术讨论会召开前不久,郭沫若逝世。大约由于失去论敌,先生颇感失落。会前,先生对我们(我是这次讨论会主办方工作人员)说,郭老已经过世,我似乎没有必要再就这个问题过多地发表意见了。我们劝他还是要讲的,先生在会上阐述了独树一帜的观点。

把培养学生视为乐事的敬业精神

先生说过:"我平生最大的乐事,一是我教出一大批的学生,一是出版了十几本书。"先生无论在讲堂还是在课下,对学生总是循循善诱,诲人不倦,确实把教学生看成一件乐事。

我在入大学之初,对历史专业本无多大兴趣。直到第五个学年,系里开设选修课,我选择了先生的先秦思想史课,才开始喜欢上历史学专业,并逐渐确立起终生学习、研究中国古代历史与文化的信念。毕业前几个月,按规定每人要写一篇作业,作为毕业考核之用。我拟写一篇关于老子哲学思想的文章,题目确定后,跟先生谈了想法和要点,得到先生的首肯。论文完成后,先生阅过,十分满意,最后给我的论文批语是:"能抓住主要问题,反复推阐,警策透辟,应给五分。"因为当时没有学士学位制度,无须答辩,我以此文顺利毕业。我们毕业时，正值国家处在"调整、巩固、充实、提高"的经济整顿时期，许多企事业纷纷下马，分配工作困难，本年级绝大多数同学要去中学和部队，而多数人想去科研部门，于是组建不久的东北文史研究所（吉林省社会科学院的前身之一）便成了大家首选的去处。先生对我说："根据你的论文成绩，我可推荐你去东北文史研究所。至于政治审查，我就管不了了。"后来，我如愿以偿地被分配到东北文史研究所，就这个意义上说，是先生决定了我后半生从事学术研究的命运。

"文革"中，我的命运多舛，几经波折，曾被发配到长春一家大工厂当工人。1978 年才回到省哲学社会科学研究所（今吉林省社会科学院）工作。一天，我在新华书店旁等公共汽车时与先生邂逅，师生经过十多年的风风雨雨后再度相逢，可谓别是一番滋味在心头。我说：已从工厂调回研究所当编辑。此前，我曾想去吉林大学，怕你们不要。先生说，怎么会呢？系里正需要人，你应该跟我说。

从上个世纪 70 年代后期至退休前，我一直做学术期刊编辑工作，同先生保持着密切的联系。先生每有新作，大都寄赠给我，并工工整整地签上名字，使我感到十分亲切。每当我收到先生寄来的著作时，往往会不由自主地想到，由于工作需要，没能在最初产生兴趣及先生期望的先秦史领域里钻研下去，为此深感遗憾和愧疚。

在某种意义上说，金景芳先生开启了我的学术生涯，是我终生不会忘记的。

原刊于《文史知识》2009 年第 10 期

王有三（重民）先生百年祭

白化文

王重民

(1903-1975)

　　古文献学家，目录学家。1928年毕业于北京高等师范学校，师从高步瀛、陈垣、杨树达等。于北京图书馆整理古籍和主持大型书目、索引的编制。著有《普通目录学》《中国目录学史论丛》等，编著有《中国善本书提要》、《敦煌遗书总目索引》、《国学论文索引》等。

王有三（重民）先生是国际知名的中国的目录学家、文献学家、敦煌学家和图书馆学家，生前曾任中国国家图书馆代理馆长——该馆时称北京图书馆。王先生后经人民政府正式任命为该馆副馆长。后任北京大学图书馆学系（现称信息管理系）系主任、教授等职。王先生学术成就著称于学术界，毋庸再行赘缕。

　　王先生生于清光绪二十八年（壬寅）十二月初五，按公元计算，已经是1903年1月3日。殁于1975年4月16日。

　　2003年当王先生诞辰一百周年。相关单位北京大学信息管理系、中国国家图书馆善本特藏部、北京大学图书馆、兰州大学敦煌学研究所共同举办"纪念王重民先生诞辰一百周年学术研讨会"，定于9月17日至19日在北京举行。

　　纪念王先生，《文史知识》理应有所表示。笔者主动承乏作文纪念。笔者与王先生关系甚浅，但在《文史知识》编委中算是与王先生有过联系的，又和四个主办单位都熟悉，还是北大信息管理系退休人员，义不容辞。不过我亲炙于大师者没有几次，所知甚少。只能知道多少算多少，略表寸心而已。

　　笔者于1950年入北大后，当学生期间，旁听过王先生几次课，现已毫无印象。倒是我的爱人李鼎霞，自1960年转入北大图书馆任职后，由于工作需要，领导安排，多次听过王先生的课。据她说，王先生讲课如天马行空，无边无涯，学问往外漾，与当时典型的苏式教学法大异其趣。待我亲炙于王先生，已是"文革"后期即1972年《文物》杂志复刊以后一两年间的事，约在1973年至1975年。那时，笔者在该杂志编辑部义务劳动，打杂，看点稿子。笔者是文物方面的幼儿园小朋友（至今亦无进步，尚未入小学），对付着看稿，可还愿意学。有许多问题，就拿着介绍信（时为必须）去找王先生请教。我爱人与王先生很熟，头几次她带着我去朗润园王先生府上。后来熟悉了，也就不用信，随时晋谒。前后也就十几次。王先生还写过一些鉴定性质的材料，全都上交编辑部了。我从王先生身上强烈感受到的，是他对学术的执著的献身精神。

当时在"文革"之中，知识分子特别是王先生处境险恶，我与王先生更没有深交。好在我从不与他议论时局，一见面就单刀直入，提出业务问题请教。但见王先生马上就来了神儿，滔滔不绝，欲罢不能（后来我在金克木先生和晚年的吴组缃老师处也有同样体会），很有把那好似漾出来的学问一咕脑儿注入我的头脑之中的感觉。

给我印象最深的一次，是在王先生弃世前四五天，大约就是开全校大会宣布开整他的前一天，接近中午，我要从校内出小东门回家去——我家那时住东校门外书铺胡同甲二号——吃饭，在博雅塔下陡坡路边与王先生不期而遇。这时想起看稿时遇到的一位名家谈"《老子》想尔注"的问题，涉及与王先生早年发表的意见商榷处颇多，正好向王先生请教。王先生听我汇报那位先生的观点后，兴趣大发，口讲指划，不觉移晷。他是坚决不同意对方的看法的。这使我进一步领会了王先生维护自己的学术的特立独行精神。这大约是王先生最后一次的咨询课了。几天后噩耗传来,吓得胆小鬼的我长期不敢(我不能说高抬自己的"不愿",以博"黄垆"之类的美名,事实上就是胆子小)从塔下经过。

其实,王先生那时正在偶尔受"四人帮"走狗的咨询,那可是"君宠"。"四人帮"的走卒竟然放手让他整理与研究"评法批儒"的书目,并给"上,管,改"的工农兵大学生讲课。看得出,他相当兴奋,很是忙碌。我见他在室内安设一张帆布床,把应用的书籍摆在床上,以便随时取用。当时我以为他屋子里满是书架,举手之劳,何苦支床?他那时七十三岁,现在我已是他的"同龄人",体会到体力不支,爬书架非老年人所宜,开始理解他当时为任务所迫争分夺秒的痛苦。

后来我领会到,王先生乃是政治上的傻子,学术上的卫道者。老前辈(现在大部分均已成先辈)差不多都有这股劲头,多少不等而已。王先生把这项"政治任务"当成纯学术研究与传道授业解惑,他研究与审定"法家书目提要",首先就否决了一大批"法家"。特别要命的是,江青在天津市"儒法斗争史"报告大会上,随口一说:"又发现了一部李贽的《史纲评要》,准备出版。"可这部书一则早有记录,二则绝大多数专家都认为此书是托名李贽之作。王先生早就持有这种看法,但比较辩证,认为是后人摘取李贽《藏书》改编而成,"故谓为真也可,谓为伪也亦可"。这在后来才发表的《中国善本书提要》104页是有明确反映的。"四人帮"在北大的走狗压王先生作正面鉴定。王先生当时不知为什么,反倒不太辩证了,一口咬定是伪作。气得他们指着王先生说："你说这部书是伪书,对你有什么好处!"导致找茬硬整,以生命殉学术。王先生最后还在书桌上留下一本《李卓吾评传》,以示不屈不挠。

我常从两方面想。一方面,我想这是何苦来,按《提要》104页的老看法,稍微偏向左边一点,也就对付过去啦。要是我,准这么办。政治上反复左右作检讨的有的是,业务上支应一次无伤大雅的。另一方面,从这次百年祭中看到大家对王先生的尊重与怀念,体会到公道自在人心,我才感觉到自己的那种"小我"是如何的卑鄙、龌龊与渺小。我们应该首先学习的,应该是王先生为学术献身的殉道精神,王先生是绝不"曲学阿世"的,这一点就够我学一辈子的,是我至今也没有学到的,只有自惭形秽而已。

最后,我必须提到王先生的学术伴侣刘修业先生。刘先生与王先生一起生活、工作、学习四十余年。王先生的学术业绩中,莫不闪耀着刘先生的身影。王先生弃世后,刘先生在困苦中抚孤成立,使之均成为专擅一门业务的有用人材。

刘先生整理完毕王先生的大部分著作,并争取发表。王先生的著作中有大量的她的成果,但她从不署自己的名字。她甚至亲自到舍下来,讨论有关王先生的敦煌学著作中的事。她还希望我为《冷庐文薮》作序,这是我绝对不敢僭越的,但她异常坚决,无法以理说服。冒天下之大不韪,我还是不自量地作了。在我的心目中,她的形象比王先生还要高大。

2003 年 7 月 5 日,承泽园

原刊于《文史知识》2003 年第 9 期

牟润孙的史学师承

牟小东

牟润孙

(1908–1988)

目录版本学家。毕业于燕京大学国学研究所,师从陈垣、顾颉刚、柯劭忞。后于香港中文大学任教。著有《注史斋丛稿》、《海遗杂著》等,内容涉猎广泛。

家兄牟润孙于1988年11月19日辞世,距今已有三年多了,他那侃侃而谈的论学神态,依然萦绕于耳际脑海,只是人天永隔,一去不返,面对遗像,不禁为之怆然。今年5月20日,为家兄诞辰八十四周年,借此机会撰文介绍家兄史学师承关系,以申怀念之忱。

史学根柢出于自学

家兄原名传楷,字润孙,号海遗,后以字行。我家祖籍山东福山县(今烟台市),他生于北京,一直没有回过老家。

他小时读家塾,从《朱子小学》开蒙。在家里读过《四书》、《诗》、《书》、《左传》以及唐诗、古文等。他没有进过初小,高小仅读了一年。考入中学后从河北容城石香岩先生学古文。石先生肄业于保定莲池书院,深识桐城派古文义法,教他读张裕钊、薛福成的文章,也给他讲崔述的辨伪之学。石老师教他先从清代古文入手,由近及远容易学,同时也就把桐城派的义法传授给他了。家兄十二岁开始作文章,他自己说:"文章不见得好,当然能作通了"。当时他的偏好在文史方面。

家兄读书的兴趣,是从看中国古典小说开始的。家里所藏以及外祖家的一大柜旧小说,他埋首其中,很快便看完了,于是更促进了他读书的欲望。在此之前,他由看童话书起,到阅读商务印书馆出版的《少年杂志》、《学生杂志》、《小说世界》、《青年丛书》等,已有读书的习惯。其后他随着先父看《东方杂志》和报纸,才逐渐崇拜梁启超。

1923年,家兄十五岁时在北京《晨报》副刊上,看到梁启超的《国学入门书目》,从此引起他研读我国文史书籍的兴趣。他找到家中旧藏的《书目答问》,并买了一部《四库全书总目提要》阅读。在读完梁氏的《清代学术概论》后,改变了两个观念:一是了解到宋儒理学之外尚有其他学说。他的启蒙老师是一位循规蹈矩的理学先生,整天所听到的惟有程朱理学,从未接触过顾炎武、颜元、惠栋、戴震诸家之说。读了梁任公的书,他才明白宋儒之外还有许多反理学的学者。再是认识到古文义法与学问是两件事,会作文章未必就有学问,为了写好文章,更需要多读书。

此后,他又读了《顾亭林诗文集》、《孟子字义疏证》、《日知录》等书。然而他对思想史兴趣不大,而喜欢读历史,于是又寻到了清末民初印行的南明史书,加上家中旧存的《南疆绎史》与商务印书馆所印的《痛史》,就从南明史书研究入手。随后梁任公在《东方杂志》上发表了《清代学者整理旧学总成绩》,这篇文章就成了指导他读书的索引。

1923年冬,先君见背,家兄失怙,没有人过问他的学业,他就随心所欲地去念中国古籍,深入钻研。他中学毕业后,先后考入中法大学和北京俄文法政专门学校,念了不久,不感兴趣也就不念了,专门按照梁启超指引的方向去学。梁先生提到谈迁的《国榷》、张岱的《石匮书》,于是他就循此而探讨。他写过《谈迁著述考》、《张岱著述考》,此外还写了其他一些文章,有的刊登在燕京大学学生办的《国学专号》上。

1973年,家兄曾撰文《从癸丑修禊说到纪念梁启超——王羲之梁启超修禊时的心情》借以纪念少时所崇拜的梁启超先生诞辰一百周年。

拜识陈垣先生

1929年燕京大学国学研究所招正式大学生,若有论文和著述,审查合格者也可以录取为特别研究生。是年家兄二十一岁,他在同学的鼓励下,把自己的著作寄到燕京大学,毅然去应试。面试的教授就是陈垣先生,首先问他:"从谁学的?"他答:"没有师承。"陈先生又问:"那你怎么作起这些东西?"回答:"我念了梁任公的书,就跟着他的路子走。""有人指导你吗?"回答:"没有。"又问:"你们家里有谁可以指导你呢?"他说:"修《新元史》的柯劭忞先生是我的长亲,有时候我可以向他请教。"由于得到援庵先生的青睐,他被录取了。

燕大国学研究所所长就是陈垣先生,几位导师中,有顾颉刚先生。当时把他分到了顾先生的手下,顾先生也很赏识他,但他对于《古史辨》却不太感兴趣,研究的题目也不是上古史。家兄曾对我说:"后来我时常从援庵先生问学,对于顾先生日渐疏远,从来也未请顾先生介绍我去见胡适先生。足见我少年任性,不会处世。颉刚先生提携的同辈都早已蜚声中外,只有我这个不肖的门生辜负了顾先生的另眼相看。"其实,他们师生情谊还是很深厚的。1975年家兄自香港返里探亲,特地去干面胡同顾先生寓所看望阔别近三十年的业师,师生把臂叙旧,亟感亲切。1980年冬,颉刚先生遽归道山,家兄立即撰写《敬悼顾颉刚先生——兼谈顾先生的疑古辨伪与提携后进》一文,以申悼念之情。

在援庵先生的指导下,家兄的研究论文题是《历代蕃姓考》,就是研究入居中国的外国人的蕃姓。比如诗人白居易是西域龟兹国人,李光弼是契丹人,等等,他搜集了这些资料加以分析研究,作为毕业论文。

1932年,家兄硕士论文顺利通过,离开燕大。援庵先生以为他年纪还轻,不可以去教大学,就推荐到辅仁附中教国文,四年后才到辅仁大学去教书。

励耘书屋问学

家兄到中学授课伊始,援庵先生对他说:"不能教国文,如何能教历史?国文不通的人,如何能读史书?"援庵先生又时时以教学相长勉励他,要他认真备课,并说:"讲国文要好好去研究训诂,更要紧的是读音,读错了字则无从追改。"经过四年的时间,在陈先生不时教诲之下,家兄对于要讲的文章,每个字的读音、训诂,以及文章的结构组织,都仔细用功追求,收效很大。当时对于学生起了什么作用,他无从知道;他自己则因此改变了囫囵吞枣、匆忙翻书的积习。以后遇到需要精读的书,就能细心体会,养成一字一句读书的好习惯。援庵先生对他培养教导之苦心,他终身难忘。

对于细心读书一节，家兄有这样的体会："一字一句细心读一部书，说来很平常，作考据而急功近利，希望速成的人，多数办不到。只是翻书查找材料，赶快写论文以图发表成名，谁耐心去做笨功夫？此风'五四'以后为最甚，我就是这样写了几篇文章考进燕大国学研究所的。先师深知当时风气之恶劣，也了解当时我的学问不够坚实，所以用这样方法来纠正我、引导我。教人用极平常的方法，而其影响极为巨大。不鼓励年轻人乱写论文，而要他们用功打好治学的根基，这是先师与'五四'以后在高等学府执教文史的时髦人物不相同之处。"他现身说法的深切体会，在今天看来仍有很大的意义。

援庵先生命家兄做学术研究，但一再告诫他不可乱发表文章。陈先生说："写学术文章，不可不力求慎重，对一个问题没有研究成熟，就拿出去发表，将来极可能有悔其少作之感。"家兄认为陈先生的教导确实是至理名言，尤其"五四"以后，许多人凭着一时的灵感，或抓着少许罕见的史料，讨论一些狭窄而琐细的问题。这样的人竟凭一篇文章一跃而为学者。陈先生对这个风气很不以为然，不过口头则很少表示而已。家兄说：只看陈先生将一位不求闻达于社会、苦读《四库提要》、终日伏案一丝不苟地给《提要》作辨正的余嘉锡先生，请到辅仁大学做国文系主任，就可以明白其治学的态度多么认真了。

自列入陈垣先生门墙之后，家兄的目录之学日益深入，涉猎史籍也更加广泛。他说：援庵先生在辅仁大学开的《中国史学名著评论》、《中国佛教史籍概论》等课，都是教学生要从目录开始。陈先生自己研究任何题目，必先罗列要读的书目。他的治学就是从目录入手，从而走上成功之路，所以教学生也要由目录入手,希望每个人都掌握一把打开史学门径的钥匙。援庵先生要求家兄不但要知古,还更要知今,要时时留心国际学术动态,甚以闭门造车为大忌。

家兄极为推崇援庵先生的史源学,他说:陈先生教学生做研究工作,最重要的是寻求史源,如果研究唐以前的历史,学生引了《资治通鉴》,陈先生一定要问为什么不引正史,是否见于《通鉴》而正史中没有?或者研究南北朝时期的历史,引用《南史》《北史》而不检对"八书",则肯定不放过。即使研究唐史,引《通鉴》而不检寻两《唐书》,亦不能通过。陈先生盛赞冯桂芬的《说文段注考证》,认为冯氏能追根寻源核对原书找出段玉裁引书无心之误,以及段氏的有意改古书以就己说之谬,认为冯氏之作,大可为考证史源的人作示范之用。家兄说:陈先生曾多次讲《廿二史札记》,要学生们用正史去核对,结果找出不少引书之误。

家兄指出:援庵先生从不空谈史学方法,只教人追寻史源,比对史书,其用意即在于使学生通过实践去了解治史途径的各种方法。陈先生经常鼓励学生以《史记》与《汉书》相对勘,主张用墨笔抄录《史记》中与《汉书》相同的几篇《纪》、《传》,然后用红笔依照《汉书》去改,这样就可以看出两位大史学家剪裁字句、安排材料的异同来了。陈先生更主张将《三国志》与《后汉书》相同的《传》,也这样比对一番。前人有《史汉方驾》、《班马异同》,我们也可以动手作一部,更可以作一部《陈范异同》。

学了陈先生的史学方法,家兄以正史与《通鉴》相比对,不仅了解了《通鉴》的史源,而且更进一步认识清楚司马温公如何剪裁史料，如何安排史料，如何组织成书，同时也了解了他的史料取舍标准。他说："我之能窥见涑水史学之堂奥，实在是基于陈先生的启发。我运用先师的方法在台湾、香港教了若干学生，有人因而进入史学之门。他们的成就纵有高低之不同，甚或他们不提个人治学渊源于励耘书屋，而他们之受援庵先师影响，则是无法涂饰或擦掉的。"

陈垣先生的以本证治史的方法传授给家兄，取得了显著的效果。他曾对我说：陈先生最称赞汪辉祖的《元史本证》作得好，以《纪》、《传》、《表》、《志》互相考证，不出本书之外，找出它本身自相矛盾之处，作者当无辞以自解。家兄教的学生中有以本证治史的有一个治《明史》，也有一个考证《清史稿》而成学的。

蓼园受教

柯劭忞先生也是家兄的老师。凤老的嫂子是我们远房祖姑母（柯敬孺先生的夫人），所以论亲戚，柯先生是我们的表爷。凤老和先父交谊甚笃，先父弃养后，凤老即对家兄十分照顾，而他并未将自己研究晚明史的文章向凤老去请教，所以他读书治学的情况凤老并不知道。后来凤老从侧面听到援庵先生夸奖家兄，甚为高兴，晚年讲学，允许他列入门墙，成为蓼园（柯先生的室名）门下最小的弟子。到了家兄晚年，他只记得当时的同学中有周叔迦，其余的人都忘记了他们的姓名。

蓼园先生博闻强记，治学方面至为广泛，经、史、小学、诗文、金石、历、算，均有极精深的造诣，家兄誉之为"钱大昕后第一人"。可惜凤老的著作编写成书,印行流传的寥寥可数。《新元史》问世后,人们才开始注意他。太炎先生评《新元史》说:"柯书繁富,视旧史为优,列入正史可无愧色。"足见凤老在元史方面的成就为与他政治见解相反的章氏所赞赏。

柯先生教弟子治史先从读《通鉴》入手。二十年后,家兄在台湾大学授课,用《通鉴》与正史对读,寻求《通鉴》的取材来源,以研究它的剪裁、取舍、组织、安排等等问题。这时,他才恍然领悟到柯先生教弟子读《通鉴》,正是要学人通过这个途径去学习司马温公的史学。他因此更发现每朝重大政治、经济、法律各项制度的创立与变更,《通鉴》没有漏过一条,的确能举出历代兴衰治乱的本源。凤老治史学又侧重于经世致用,所以教弟子读《通鉴》为史学入门之阶梯。

家兄自从受业蓼园先生门下,便时时往太仆寺街凤老寓所请益问难。从问答中可以看出凤老治学的态度与识见。

问:"您著《新元史》,为什么没有艺文志?"凤老说:"你知道不知道《汉书·艺文志》所根据的是汉中秘藏书目?我找不到元内府藏书目,何从为之撰《艺文志》?"他这才恍然了解《汉书·艺文志》并非西汉一代所有的书籍目录,而是仅限于汉代中秘藏书。家兄告诉我:本来读了《汉书·艺文志序》就应该认识到这一体例,而自己那时读书不细心,竟视而不见。凤老的启发使自己对于各史艺文志、经籍志的体例才知道如何去注意,为个人研究目录学开了一条很重要的门径。

经过问难,家兄从凤老处得益最深的是对章实斋的再认识。梁任公、胡适都极力推崇章实斋的《文史通义》,家兄受胡、梁的影响,也跟着崇拜章氏。及至列入柯先生门墙之后,一次他问凤老："讲史学,是不是应当以章实斋之说为准绳?"柯先生说:"不对,他讲错了。"他听了颇不以为然,又不敢问章氏如何错了,只说:"那末,讲史学应当读什么书?"柯先生回答:"刘知几其庶几乎!"他当时还有些茫然不解,三十多岁以后读书较为深入,开始了解《文史通义》中的《言公篇》所讲古无私家著述之事,与另些篇说史学宗旨在于致用,这些说法尚属正确,其余的议论都可商榷。家兄告诉我"六经皆史"的说法并非章实斋的发明创造,在章氏之前已有人说过,钱锺书《谈艺录》中举出七个人说过同样或类似的话,均在章氏之前。后来家兄在明何良俊《四友斋丛说》中也找到一条;与章氏同时代的钱大昕在《廿二史札记序》中就有"经与史岂有二学哉"的话。家兄说最重要的是史出于巫,春秋时代巫史不分。章氏对于这些都不能详加分析,所以他未指出史与巫的发展关系。司马迁在《太史公书自序》中为什么要说他是重黎之后,为什么要表明司马氏世掌天官,章氏都没有交代。章氏说孔子学易是学周礼,又说"周官之法废而书亡。书亡而入于春秋"。既将《易》《礼》与《书》相混,又以《春秋》为书的支裔而不是史书鼻祖。章氏只明白史与经同源,而未找到经史同源的原始原因,也未探讨明白经史于何时何以分开。家兄说:柯先生说章实斋讲错了是很合理的批评。

以陈寅恪私淑弟子自居

家兄所以对陈寅恪先生有较深刻的认识,确实是受援庵先生的启发。起初,他读寅恪先生的文章,或论《蒙古源流》,

或论西夏译经，或论梵藏译经，感到枯燥无味，殊难接受。某日，援老拿着《历史语言所集刊》某期指其中寅恪先生的一篇文章告诉家兄说，这段是"破"，这段是"立"，考证文章必须这样作才合规格。又同他说：寅恪先生学问的渊博，通晓的语言之众多等等，家兄顿开茅塞，从此对寅恪先生崇拜万分，以私淑弟子自居。寅老发表什么文章，他全都细读。甚至陈寅老给清华大学出对子后，写的那封给刘文典的信，他都能背下来。寅老写的冯友兰《中国哲学史审查报告》，家兄念得极熟，尤其下面几句话，他最为倾倒：

> 寅恪生平为不古不今之学，思想囿于咸丰、同治之世，议论近乎湘乡（曾）、南皮（张）之间。……殆所谓"以新瓶装旧酒"者，诚知旧酒味酸而人莫肯售，姑注于新瓶之底以求一尝，可乎？

他说：治史学而未尝对于传统的经学、理学有正当而深刻的研究，只是治西方学术或语言文学岂能有此见识？淡薄于玄学，常读正续《清经解》，应当是别人的嗜好？能发出上述议论，可以断言寅老治学不会局限于考据方面。研究史学如果能如此地治传统经学与理学，研究思想如果对于经学、史学能如此地精通熔铸，其成就应当是了不起的。贯通中西，综合古今，才是今后治中国学术的正途坦路。

家兄留下的著述有《注史斋丛稿》和《海遗杂著》，以及一些未整理、收录的篇章。最可惜的是他晚年研治经史的独到之见和治学方法的心得，由于疾病困扰和精力不济，竟未能逐一形成文字。他有时会援引史事来谈时事、评政局，从来没有忘记史学家的责任；他要秉承中国史学的传统精神，"通古今之变"，达到"致用"的效果。他在《六十五岁自咏》中说："明古用今史所司"，"生民休戚关史笔"，这两句诗或可用来概括家兄治学的精神和方向。

原刊于《文史知识》1992 年第 9 期

再接再厉 继续做
播有益的文史知识
完成你应该社会重大
精神文明的光荣任
务

祝贺文史知识创
刊五周年

钟敬文
乙丑年秋

回忆恩师赵光贤先生

彭 林

赵光贤

(1910–2003)

历史学家，专于先秦史尤其是西周史的研究，对孔学有独到见解，长于考辨，著有《周代社会辨析》、《古史考辨》、《孔学新论》等。1940年毕业于陈垣主持的辅仁大学史学研究所，留校任教，后随辅仁大学并入北京师范大学，任该校教授。

2003年8月22日，是业师赵光贤先生的忌日。按照中国古代的传统，老师逝世，弟子要"心丧"三年。三年之丧，二十五月而毕。行将脱丧之际，对先生的关怀、教育和培养之恩，感激尤切，往事历历，恍如昨日，现摘取数事，以志纪念。

　　"文革"期间，我居然迷上了古文字，曾经逐字摹写过《甲骨文编》、《金文编》、《殷契粹编》等书，并全文抄录了陈梦家先生的《殷虚卜辞综述》等，兴趣日益浓厚，而我当时在中学教书，课任相当繁重，难以专心从事此道，心里非常苦闷。

　　1982年秋，我获准到北师大历史系进修一年，听中国通史和世界通史两门课。由于负担不重，因而抓紧时间阅读与古文字有关的书籍，在中国社会科学院历史所甲骨文组孟世凯先生的指导下，我写成了一篇考释某个甲骨文的文章。孟先生希望我把论文请北师大历史系的赵光贤先生看看。

　　先生的大名，我仰慕已久，也约略知道他的生平。先生祖籍河北玉田，父亲在清朝点过翰林，后来到江苏奉贤（今属上海）当知县，赵先生出生在上海，所以取名光贤，字奉生。1932年,赵先生从清华大学毕业,后考入辅仁大学史学研究所,从著名史学大师陈垣先生做研究生。毕业后在辅仁执教。1952年院系调整,辅仁并入北师大,赵先生遂成为北师大历史系教授。此前,我曾经礼节性地拜见过赵先生,交谈不太多。如今要拿了论文去请教这位著名的教授,不免心中惴惴,论文送去后,也一直没有勇气再去找他。某日,西北大学一位老师到师大看望赵先生,让我陪同,没想到,一进门,先生就热情地向我打招呼,说那篇文章已经看过了,写得不错。这真使我喜出望外。先生接着问我:"这篇文章准备在哪个杂志上发表?"当时发表学术论文是一件很了不起的事情,我简直不敢奢望,先生一问,不禁有些惶恐。我想了一下,小心地说了一个杂志的名字,先生说:"这个杂志低了一些,我看还是在《考古》上发表比较好!"之后,先生亲笔给《考古》杂志的周永珍先生写信,推荐了这篇一个名不见经传的青年人写的文章。我的处女作能在国家的一级刊物上发表,对我的鼓励之大,可想而知。

后来,先生与我做了几次长谈,详细地询问了我的情况,包括读过哪些书,有些什么心得,等等。最后,先生希望我报考他的硕士研究生。我说,我所在中学的领导一直很关爱我,恐怕他们不会放我考研究生。先生听后,陷入了深思,不再说话。

暑假将临,我准备返回学校,行前我到先生家中告别。先生让我坐下稍等,说要给我单位领导写一封信。先生在信中谈了对我的评价,并言辞恳切地希望他们能从大局出发,放我应考,其中我印象最深的一句话是:"如蒙同意,我五内俱铭。"我回到单位之后,先生非常关心我的情况,时时来信询问。到硕士生入学考试报名时，单位主管领导果然不肯放行。在这关键时刻，先生的那封信起了决定作用，主管领导看了信以及《考古》杂志的用稿通知，终于同意我报考。

那一年的硕士生入学考试，不知何故要考六门课，是空前绝后的。当时我一方面要完成繁重的教学任务，另一方面要准备六门课的考试，相当之辛苦。考后不久，收到先生的来信，说我六门课的成绩都很好，录取已成定局。就这样，我的人生道路出现了最重要的转折：从一个业余爱好者进入了专业研究者的队伍。这一切，没有先生的鼎力支持，是无法想象的。

在学术上，先生对我的教诲很多，其中之一，就是要重视考古学和文物研究的成果。记得20世纪80年代，《文史知识》曾经做过一个"先秦史专号"，作者阵容强大，国内先秦史的名家几乎囊括殆尽。专号的第一篇文章谈先秦史研究的现状和展望，是先生所撰。先生在文中谈到，由于年代久远，先秦史的文献史料相对较少，而日新月异的考古发掘正好弥补了这一缺憾，因此，文物考古对于先秦史研究具有特别重要的意义。他说，先秦史研究有三条战线：考古工作者站在了第一条战线，古器物和古文字学者站在了第二条战线，历史学者则是站在了第三条战线。史学工作者必须关注第一条战线和第二条战线，才能取得成绩。我从先生问学时，他已经年逾古稀，但他对于文物考古的关注依然不减当年，令人感佩，下面是我亲历的几件事。

1984年秋的某日，《光明日报》在头版报道了陕西凤翔发现的秦公一号墓即将开棺揭椁的消息。先生放下报纸，随即让人去买火车票。他带我们几位学生坐火车、汽车，日夜兼程赶到凤翔考古工地。秦公一号墓发掘队队长韩伟先生热情地接待了我们，特许我们进入大墓的墓底考察。大墓有七层楼那么深，南北墓道有一二百米之长，为了加快发掘的进度，墓道只清出几十米，因而坡很陡，由于运土的车在坡上来回碾压，路面又硬又滑，难以行走。我们这些年轻人也只能小心地扶着墓道的侧壁，慢慢地往下走。先生无法下去，只能站在墓口，一面用望远镜仔细观察，一面向考古队的专家询问。次日，我们听说凤翔附近还发现了一批魏晋墓葬，但地点比较远，于是大家决定去看看，劝先生在招待所休息，但先生坚持和我们一起去。我们在田间小路走了半天，回到住地大家都已经筋疲力尽，可是先生依然兴致勃勃。

1985年秋，我陪先生到浙江新昌开会，当时，著名的良渚文化反山、瑶山遗址刚刚发掘，浙江文物考古研究所的牟永抗先生带去了几本照片，在小范围内作了介绍。会后，先生立即到杭州的考古所库房参观这批文物，我们每天戴着手套，拿着放大镜，仔细地观看每一件文物，前后有一周之久。我对玉器的兴趣正是由此开始的。

又有一次，我陪先生到西安开会，听说河南三门峡新近发掘了几座虢国大墓，先生决定去看，于是我们赶到洛阳。当地文物部门为我们安排了一辆吉普车，送我们去考古工地。不料，出发之日天下起了雨，由于路途较远，主人比较犹豫。但先生坚持要去，于是我们用了整整一天的时间前往参观了大墓的发掘现场和库房的文物。顺便要提及的是，先生看文物非常仔细，口问笔记。有时没有带纸笔，回到宾馆后，必定详细追记。他说，脑子是最靠不住的，时间一长就会忘记，或者弄错，因此一定要及时记录。

受先生的熏陶，我现在也每年带研究生外出考察，培养学生的"三条战线"的意识；此外，还在清华为全校的本科生开了一门"文物精品与文化中国"的选修课，受到学生欢迎，并被评为教育部首批"国家精品课程"，其实，这只是沾了先生的学泽而已。

先生对于学术的真诚追求，是留给我们最可宝贵的精神财富。先生一生淡泊名利，他在辅仁大学研究生毕业后，曾经受命当过副教务长，但是先生觉得太影响做学问，所以一年之后就挂印辞职，从此再未涉足官场，终生潜心于学术。

先生说，他晚年只做了一件事，就是研究武王克商之年。年代是历史学的标尺。我国历史源远流长，而司马迁《史记·十二诸侯年表》从西周共和元年（前841）开始有确切纪年。因而，共和以前的纪年，成为先秦史研究的重要课题。自西汉刘歆以来，中外研究者大多以武王克商之年为切入点，提出新说，但由于史料阙如，研究的难度相当之大，加上研究的角度和对史料理解的差异，学者的结论相当歧异，有四十余种之多。先生为了深入研究这一难题，开始研究古代天文历法，南京紫禁山天文台张培瑜先生成了先生最密切的朋友，往返书信盈篑。先生常常终日伏案推算古历，或者考证铜器铭文。有一天早晨，我去先生家，先生正在写作，见我来了，他兴奋地告诉我：昨天夜里由于考虑一件铜器的年代问题，一夜无法入睡。及至半夜，突然有了灵感，于是赶快披衣起床把它写下来，一直到现在，还没有来得及吃早饭。先生的执著，令我非常感动。

先生将《尚书》、《诗经》、《汉书》等文献与四十多件青铜器铭文结合起来进行研究，提出了武王克商之年为公元前1045年的结论，在学术界引起很大反响。当时正值北京市正在求证北京城的始建年代，而这一年代与武王克商之年是在同一年，因此，市里组织专家对既有的武王克商之年进行分析和讨论。北京大学侯仁之教授认为赵光贤先生的结论最为可信，因而极力推荐，最后为北京市政府所采纳。1994年，北京市庆祝北京建成3040周年，就是对先生辛勤研究十余年的肯定。

在我的博士论文写作过程中，先生付出了极大的心血。我列出提纲之后，每写出一章，就送给先生批阅，自己接着往下写。新的一章写完后随即送呈先生，并取回先生批注过的那一章，根据先生的意见再作修改，如此往复。先生的批改非常仔细，有些句子太长，他就会删去多余的文字，使得行文简洁明快。某些重要的引文他会核对原书，以免出现硬伤。当时，我写字比较潦草，先生并没有直接批评我，而是在某些草得难以辨认的字的旁边写出正楷，并批注说：你这样写，别人会看不懂。先生严肃的态度，令我非常惭愧，从此，我抄写文稿，都是一笔一划地写得工工整整。

1989年春，我的博士论文即将提交答辩。当时博士论文的审查程序非常严格，至少要有15位专家评阅，因此，本学术领域里比较重要的专家几乎都要送审。送审合格之后，要拟定答辩委员会名单。先生的原则是，论文答辩是为了听取意见,因此一定要尽可能请与论文主题关系最密切的专家来参加。当时,有人建议请中国社会科学院的一位著名的学者来答辩,先生当时就拒绝了,他说:"我和这位先生经常一起参加论文答辩会,他从来不提意见,只是说好话,请他当答辩委员,能起什么作用?"

20世纪80年代,博士生数量比较少,所以每有一人通过论文答辩,《师大周报》就要刊发一条报道。我的答辩通过后,先生非常兴奋,亲自写了一篇报道,送交《师大周报》发表。我跟着先生从硕士读到博士,现在终于完成了学业,我请求先生为我题一幅字,以作纪念。先生年轻时专门练过书法,字写得非常漂亮,刘乃和先生曾说:"赵先生是书法家。"不过先生从不显耀,故一般人并不了解。不久,先生用整幅的宣纸为我题了明末清初学者傅山书训子侄的一段话:"为学须有一副坚贞雄迈心力,始克纵横。为学当先立志,修身当先立志。"此外,先生还为我书写了《论语·述而》中孔子的话:"发愤忘食,乐以忘忧,不知老之将至。"先生的题写,表达了他对我学术道路的期待,成为我终生牢记的座右之铭。

1999年,我从师大调入清华大学工作,先生非常高兴,一是因为我有了更好的发展环境,二是清华是他的母校,他曾经在这里度过了他的大学时代。先生最后一次到清华还是在20世纪50年代,几十年不见清华,心中非常牵挂。他对清华有很深的感情。此后,我每次去看望先生,先生都要问及清华的近况。我告诉他,清华的文科近年发展很快,已经恢复了许多学院,调入的教授也有不少。此外,校园建设也是日新月异。先生听后，总是说等风和日丽时，一定要回去看看。有两次，我已经安排好了汽车，准备接他来清华，遗憾的是由于他身体原因，始终未能成行。

想念阴少曾（法鲁）先生

白化文

阴法鲁

(1915—2002)

　　古典文献、音乐史专家。1942年毕业于北大文科研究所，后任该校教授。他对中国古代音乐、舞蹈文化及外来音乐对其的影响有深厚研究，从这些角度论证了古典诗词的发展。曾担任《二十四史全译本》顾问。主编有《古文观止译注》、《中国古代文化史》等。

一

我调回北大工作以后,除了原来上课教导过我的十几位老师以外,逐渐和季希逋(羡林)、周太初(一良)、宿季庚(白)等位先生,当然更有阴少曾(法鲁)先生,有过接触。这就产生了称谓问题。教过我的,一律称为老师,自称学生,不成问题。但我不敢说是上述这几位先生的弟子,因为没有听过课。我还怕有的先生的嫡系弟子耻笑,说,你念过梵文么,学过中古史么,干过考古么? 妄称"学生"!可是,我终究是晚辈,是后学,称呼上颇费斟酌。一天,在周太初先生府上侍坐,趁机把这个问题说开了。我说,《后汉书》中常讲"门生故吏",周家可比袁安家族,我就算您的"门生"。再说,清朝科举,中式者对座师、房师也称"门生"。您曾荐举过我,准此,我可称门生。后来我对季、宿等位先生和阴先生,也用这个称呼了。几位先生看我诚恳,并不反感。小结:我凑合着算是阴先生的门生。阴先生与我同出身于北大中文系,惗(读作 tān)可是老一辈的了。惗所在的那一班,1937年"七七事变"前刚读完二年级,全班二十五人,后来在学术界崭露头角的有阴先生和周定一、俞敏、柳存仁、傅懋勣、逯钦立、陈士林等位先生，百分比在30%左右，应该说是很"得士"的一个班了。

1936年毕业班十二人，学术界就出息了周燕孙（祖谟）先生一位。1937年有吴晓铃。可见那时候毕业容易，一生中出人头地甚难。故而沈兼士先生有"北大中文系每三年必有健者出"的感叹。窃以为，这句话当从另一面来理解。附言：沈先生单指语言组而言。解放后一大段时间内，组织分配，飘茵落溷立判，很难翻身，那是另一码事了。

抗战开始，阴先生这个班到了西南联大，上三年级。间关险阻，到达昆明的是少数。1939年毕业时，北大九人（仅为在京时的36%），清华四人，后来在学术界有名望的七八位，占55%以上。在联大九年九个班中，也是最得人的了。

阴先生大学毕业后即入北大研究院文科研究所深造，是为西南联大时期的头一班。这一班更是人才济济。大略地说，中国文学部有阴先生和逯钦立（1943年方毕业）。1941年与阴先生同时毕业的，有语学部的马学良、周法高，史学部有杨志玖、王明，哲学部有任继愈等位先生。这一年可说成品率100%。单从研究生服务社会（特别是学术界）的无废品成功率来说，我认为，后来的北大文科从没有达到这样的水平。当然，这是精兵政策的结果，与当代的大批培养不可同日而语。但是，当时的研究所集中了北大、清华的全国最优秀的导师，又有抗战时期昂扬向上的气氛，自由宽松的学术环境，才造就了这么一大批人材。"汉之得人，于斯为盛"矣！

我们也应该看出，和培养飞行员实行淘汰制一样，从

30％到55％,再到100％,阴先生经历的奋斗过程艰辛异常。后来我与阴先生闲谈中着意指出这一点,阴先生含笑不语,我想是默认了。

阴先生的研究生毕业论文题目是《词与唐宋大曲的关系》。即使到了现在,这门学术也得算是一门"绝学",敢碰的人极少。后来此种学术成为阴先生一生研究的重点。阴先生研究生毕业后即任西南联大文学院中国文学系惟一的"研究助教",而不是单纯的"助教"(当时的助教有十余人),可见他的地位特殊。我想,这是因为您会的这一套别人不会,系里也不安排这样的课,给谁当助教也不行,于是只好自行研究了。我也曾就此事向阴先生阐明自己的想法,先生亦含笑不语。世尊无言,即是默许罢。

二

待我1950年入沙滩北大时,博物馆专修科已经成立。首任科主任是韩寿萱先生。韩先生是老北大中文系1930年毕业生,当时在校内老中青三代教师中属于中年偏老的一辈人。阴先生当时已是讲师,由中文系调过来,实际上负责科里的常务工作。据我观察,阴先生一辈子常干此种差使,即实际负责一个部门的日常事务工作,上面有个岁数大的顶头上司。这种工作不好做,即使不忍辱,也要负重,难免心理不平衡。换了当代青年,早就甩手不干了。可是,阴先生似乎毫不计较,似乎毫无觉察,永远少言寡语地踏踏实实地去干。这种对工作的认真态度,和平与文明、忍让的道德情操，所谓"不忮不求者，贤达之用心"，我在阴先生身上着实看到了。

阴先生一生中，对自己的成绩，往往低调处理，从不宣扬。试举一例：《中华大藏经》的主要影印底本是《赵城金藏》，有关八路军保护此藏的经过，叠见报章揭载，不赘述。此藏现存约五千余卷，由国家图书馆善本特藏部典藏。此藏版本情况比较复杂，其中有大量弘法寺补雕本。以其非此处应涉及之内容，亦不赘述。要说的是，1959 年，阴先生参加西藏文物调查（当时阴先生不属北大，北大参加的有宿季庚先生），在西藏奔波山重曲河北岸的萨迦北寺，您个人首先发现了残存五百余卷的另一部《金藏》，此藏是元宪宗蒙哥六年（1256）张从禄及妻子王氏出资印造，舍入当时燕京的大宝积寺的，何时入藏萨迦寺，著录与流散情况等均不明。如果不是经阴先生翻阅发现，可能至今无人知晓。《萨迦寺本金藏》与《赵城金藏》同属弘法寺补雕本，一部分可补《赵城金藏》之缺者亦影印入《中华大藏经》。阴先生首先发现之功甚伟。可您从不张扬此事。我单独侍坐时几次谈到，阴先生亦唯微笑而已，不置一词。

这就要说到我与阴先生熟悉起来的事了。20 世纪 80 年代初，我还很穷，家中只有一台小型放音机，不能同时过录。因此，需要转录中国古典音乐磁带时，往往麻烦阴先生，您有很好的录放设备。您对于我来找麻烦，不但不厌弃，反而有点空谷足音之感，十分欢迎，乐此不疲。您把自己的一些当时难得的带子，也都主动为我转录了。我怕太麻烦先生，常常问先生某些外卖的带子何处能买到，然后自己去买。一天，阴先生告诉我,王府井的音像书店里新到一盘唐五代宋词的带子,我就进城去买,在此店就是找不到。问梳辫子的店员,她说绝对没有,并对我的爱好和进一步找一找的要求有点不屑一顾的样子。败兴而归后,对阴先生一汇报。先生说:"肯定有,她们不知道的。"过几天,阴先生打电话叫我去您府上一趟,到后一看,那盘带买来啦!附有发票,就是那家店。阴先生说:"我到那儿,也没说话,从柜里给掏出来了。"我说:"您何必亲自走一趟呢?告诉我,我再去一次不就行了吗!真让人不落忍的。"阴先生说:"知道你找不着。"

记得季希逖先生说过,老年人总有些寂寞的感觉。又有一位北大数学系的先辈先生说过,数学家的苦闷没法说,对老婆都没法说。阴先生的学术领域之中,绝学之类的成分颇多。

您平时上课讲的大约也不是那些。您是研究中国古典音乐的,这就足以说明,您是个极有修养的人,但又是极有感情的人呐!您的寂寞和苦闷跟谁说去?憋急了,也就跟契诃夫小说中那个孤寂的马夫那样,夜间把话都跟马说了。他晚年一个人在家的时候,有时就打电话叫我去聊一聊。我想,我去的就是那马的角色吧。实际上,总是阴先生在讲您的学术,我似懂非懂地听。我比马强点儿,有时也顺着阴先生说的谈点个人感受,前面已经写到一点儿,那些就是我的有代表性的议论了。我颇以能为老先生的晚年解闷儿而自慰。

阴先生离休后,常在好天气时,于清晨六点钟前后到圆明园去遛早儿。我国申请 2000 年办奥运失败后不几天,我在圆明园碰见阴先生。我说:"您看看,第一次办奥运,这帮洋人就如此欺负我们，生生给拦住了！"又高又瘦的阴先生俯身向着我，缓慢地说："他们拦不住我们的，我们不但要办第一次，还要办第二次！"我听罢眼前一片光明，如坐光风霁月之中，顿感矜平躁释。阴先生高瞻远瞩，又时时处处在教育人呐。

我想念阴先生。

怀念王永兴先生

阎步克

王永兴
(1914-2008)

隋唐史研究专家，我国较早研究敦煌学的学者之一。
1934年入读清华大学，师从陈寅恪，后为其助手。曾任
教于西南联大、清华大学、北京大学等。著有《隋唐五代
经济史料汇编校注》、《唐勾检制研究》、《敦煌经济文
书导论》、《唐代前期西北军事研究》等。

2008年9月15日，王永兴先生在北京辞世。又一位德高望重的史学宿儒，告别了莘莘学子，这是令我们怅惘悲痛的。王先生享年九十五岁，可称高寿；他在学术史上留下了一份厚重的学术遗产，如《隋唐五代经济史料汇编校注》、《唐勾检制研究》、《陈门问学丛稿》、《敦煌经济文书导论》、《唐代前期西北军事研究》、《陈寅恪先生史学述略稿》、《唐代前期军事史略论稿》等。"生也有涯，知也无涯"，不是所有人的有限一生都能如此的。

我初次见到王永兴先生，是在大学本科之时。1978年11月，王先生从山西调到了北大历史系。其时他已六十多岁了，但对教学工作依然勤奋认真，对学生的学习与培养非常投入。记得有一次，王先生忽然走进了我们在38楼的寝室，正在宿舍中闲聊的我们当时感到很意外。王先生询问我们上课与读书的情况，记得自己很拘谨，答得含含糊糊。王先生是辽宁昌图人，说话带有东北口音，把"读书"习惯地说成"念书"，而我也是从辽宁来的，我的父辈也是那么说话的，加上王先生作为前辈学者的诚挚殷切，于是让自己有了亲切温暖之感。

那会儿自己刚从社会进入大学不久，庶事陌生，除了听课，跟教授们很少接触。王先生来宿舍，更多的是感觉意外。

而今回想起来，王先生屡次来学生宿舍鼓励指导学生学习，就感叹不已了。因为自己后来也做了老师，可直到现在，也没能做到这点，没专门去学生宿舍考察学习，督促读书。很多人都听到过王先生引述陈寅恪先生的话："学校给我薪水，我怎么能不努力上课教书。"在后来跟王先生的交谈中，我也听到王先生说过这事。他以陈寅恪为榜样，在教书育人上不吝精力心血，堪称师表。北大历史系《王永兴教授讣告》中有这样的叙述："王永兴教授回到教学研究岗位后，以满腔的热情，投入到教学之中。……认真准备每一门课，讲授详尽深透，高屋建瓴。而且在课堂以外，对每一个选修其课程的学生，都进行个别辅导，耳提面命，诲人不倦。通过这种严格的训练，言传身教，王先生培养出一大批高水平的研究人才，他们现在大多成为高校及科研机构的骨干，薪尽火传，桃李遍天下。"这段评价没有夸饰成分，不是套话，皆为实录。

当时王先生对我们的鼓励，一个是要好好念陈寅恪先生的书，一个是要关注敦煌学，研究敦煌文书。很惭愧，因小学五年级就遭遇了"文革"，因而多年辍学的自己，当时非常浅陋，在初读大学历史系之时，居然不了解陈寅恪是什么人。当然，随后逐渐知道了陈寅恪是一位了不起的史学大师，而王永兴先生是陈寅恪先生的弟子。王先生1934年考入清华大学，有幸亲炙陈寅恪先生，学习研究魏晋南北朝史、隋唐史、敦煌学，后来曾担任陈寅恪先生的助手三年。王先生要我们念的陈寅恪的书，我当时找来翻了翻，觉得异常冷僻。是后来到了研究生阶段，才去认真读的。

王永兴先生殷殷期望学生能献身敦煌学研究，他表达了一个愿望：决不能让"敦煌在中国，敦煌学在国外"的情况继续下去了。王先生要我们研读敦煌文书的期望，自己也未能承命。因为当年的自己散漫懒惰，害怕辛苦，觉得敦煌文书像天书，望而生畏，没加入其中，错过了难得的学习机会。现在从学术训练的角度回想，颇觉可惜。其他很多同学即投入其中，得到了王先生手把手的教诲，一篇一篇、一句一句，甚至一字一字地讲解，受到了良好的训练。邓广铭先生在给我的同班学长邓小南的《宋代文官选任制度诸层面》一书的序言中还特别提到，"照实说，她并不是在我的指引之下而掌握了这一治学途径的。王永兴教授所开课程是隋唐五代史，隋唐的职官制度、隋唐职官制度中的铨选制度，属于王教授的重点讲授内容之一，使听课者均深受其益"。

我选修过王永兴先生的隋唐史课。课上，王先生往往会在黑板上大段地抄写史料，然后逐段讲解，有时候，他还会就史料中的字词提问学生。有一次就提问到我，问的是什么叫"缉熙"。当时我怎么答的，现在想不起来了，当然是硬着头皮答的，而且可以肯定是答错了。王先生纠正我，说"缉熙"就是"光大"的意思。那好像是我在大学里唯一一次课上被提问。这样的提问让学生感到压力，有了压力就得认真对待，按要求把该读的书读了，不懂的东西就得去查、去寻找解释。现在在课上，我偶尔也会提问学生。后来有学生告诉我，这让他们有点儿紧张，我就想起自己当年的情景。

后来跟王先生逐渐熟悉了。在向他请教问题时，他随时引证陈寅恪先生来回答，而且一如既往地经常叮嘱我，"要好好念陈寅恪先生的书"。王永兴先生作为弟子，一生伏膺陈寅恪先生，继承其论点学说，遵循其路径方法，宣讲其学术成绩。自己刚从"文革"过来，"文革"时所受的教育，都是鼓励青年人"造反"、"反潮流"、"与传统观念决裂"，对王先生这样恪守家法、伏膺师说的执著态度，最初有一种很特别的感觉。以后就逐渐认识到了，博采众家是一境，自创一家是一境，恪守一家也是一境。那种看似传统的态度，也是学术传承、文化绵延的一种途径、一种方式。中国历史上的很多学术流派，就是这样薪火相传的。

读陈寅恪先生之书，不由得产生了若干感想，曾讲给王先生听。我觉得陈寅恪不仅仅"考证"，主要是在"论史"，即不泥于钉饾考证，而是从大处着眼，由小见大，以独到的眼光，勾稽重大政治线索，发掘重大政治问题，而清人赵翼也略有此风。赵翼的《廿二史札记》，像"汉初布衣将相之局"，"王莽时起兵者多称汉后"，"南朝多以寒人掌机要"之类，往往能以其独见启迪后人。所以我有一个感觉，在"论史"的风格、手法与眼光上，或者说在"问题意识"上，陈寅恪与赵翼有相承或相似之处，虽非陈先生刻意如此。但王先生并不赞成这个看法。他告诉我，陈寅恪认为清代史学很卑下："有清一代经学号称极盛，而史学则远不逮宋人"；"清代经学发展过甚，所以转至史学之不振也"。王先生认为，陈寅恪先生的史学是上承司马光的，是司马光之后的第一人。他举例说，王鸣盛认为王导"看似煌煌一代名臣，其实并无一事，徒有门阀显荣，子孙官秩而已。所谓翼戴中兴、称'江左夷吾'者，吾不知其何在也！"但陈寅恪《述东晋王导之功业》则云："王导之笼络江东士族，统一内部，结合南人北人两种实力，以抵抗外侮，民族因得以独立,文化因得以续延,不谓民族之功臣,似非平情之论。"二者的高下是绝不相同的。其实王先生在其《陈寅恪先生史学述略稿》中已明确提出:"寅恪先生对宋代史学与清代史学之比较评论如此,对宋贤史学评价极高,评清代史学地位则甚卑下,则他究竟师法宋代史学还是清代史学,读者可以判明矣。"

我学的是魏晋南北朝史,王永兴先生不是我的导师,见面机会不多,但每逢见面,他总是给我以勉励,还要我注意身体。王先生每次见到我的妻子,也忘不了要叮嘱她,说阎步克身体单薄,要照顾好他。长者对后辈的期望与关怀,是我所难忘的。在探望王先生的时候,他总会讲起陈寅恪的故事,以及他自己曲折的人生经历和求学经历。我有时想,我们这一代以上的学人,与现在的青年学子很不相同。现在的青年学人大多是从校门到校门,从专业上说是治历史的,可是自己没有历史。而我们这一代人,以及再往上的人,却往往有自己个人的历史。不过进一步说,这几代人之间也还是不同的。像我自己吧,就总也摆脱不了身上那股知青味儿,估计那知青心态会伴随我一生。而王永兴先生那一代学者,很多人在经历了颠沛流离、风云变幻之后,依然是醇正的学者气象,令人肃然起敬。

王先生后来搬到了燕北园,小小的三居室里,用品、摆设都很朴素,甚至给人简陋之感。床头、桌边都是书,局促的空间里书籍文稿触目皆是,没有"享受生活"的物质气息,一看就是一位学者之家,念书就是一切,其他都是多余之物。不知怎么的,心里就浮现出小学课文里读到的方志敏烈士的话:

"清贫、洁白朴素的生活，正是我们革命者能够战胜许多困难的地方。"有一次王先生对我说："我已经退休了，不教课了，国家还每月给我三千块钱，真的很感谢国家。"这话引发了我的纷纭感慨。

王先生临终前的一段时间里，思维能力与记忆能力大大下降，有时候会不认识来客是谁。但这时候，他仍然有一个癖好，一个很多人不会有的特别癖好：念《资治通鉴》。当然，他已不能像先前那样思考钻研了，那不过是他毕生生活习惯的一种自然延续而已。我看着王先生半躺在床上，手捧《资治通鉴》，很专注地念着，一页页、一行行地念下去，心神全被笼罩在书里面，显然从中得到了很大乐趣。当时我就想，就算王先生已不能充分了解他所念的是什么，但他一定从中感受到了心灵的安宁，感受到了生存的意义，感受到了一位毕生以"念书"为务的学人生命的继续。当年陈寅恪先生要求他研读《资治通鉴》，他也曾为陈先生朗读《资治通鉴》；后来他指导学生念《资治通鉴》；在临终的时候，他又以念《资治通鉴》送走了人生的最后时光。

《庄子》有言："夫大块载我以形，劳我以生，佚我以老，息我以死。"在写完这篇短文之时，再次为王永兴先生祈祝冥福，愿先生安息！

深切悼念周绍良先生

白化文

周绍良

(1917-2005)

文史学家,著名敦煌学家,佛学家,红学家。师从唐兰和谢国桢做古代文史研究,后于北京大学旁听时拜陈垣为师。长期从事敦煌俗文学研究和碑帖书卷收藏,曾任中国佛教协会理事、古籍整理出版规划小组顾问等。著有《敦煌变文汇录》、《敦煌文学刍议》、《红楼论集》等,主编《唐代墓志汇编》。

学界耆宿周绍良先生,于2005年8月21日21时半,在北京市人民医院逝世。距生年1917年4月23日,享年八十九岁。周先生是我的本师,周先生又与中华书局、《文史知识》编辑部均有密切往来,为此与编辑部同人集议,一致认为,应由我作文纪念。

周先生逝世后,我勉力作成挽联一副,文为:

卅载熏陶,才获片羽只鳞,小子敢云门下长?
等身著述,遍及外书内典,先生不愧大师名!

联语成于悲痛之中,内容平淡,格律平仄不调,难入方家之目;但是,敢云实录:上联述先生与我的关系,下联述先生的学术。联语难免概略,为文加以拓展,如下:

先述先生之学术:

1997年4月9日是周先生八十整寿。同仁等先期二年准备,编纂《周绍良先生欣开九帙庆寿文集》,以为先生寿。《文集》由中华书局承接出版业务,责任编辑是时任历史编辑室主任的张忱石学长。此书于周先生八十华诞之日推出,寿筵上分发,并在书店出售。拙作《秋浦周先生八十寿序》载于

卷首,其中概略论及周先生的学术,有云:

> 先生学术,文史通淹;究其大者,厥有多端:曰红学,曰佛学,曰敦煌学,曰唐史学,曰石经之学,曰文物之学,曰小说之学,曰宝卷之学,曰唐人传奇之学,曰古代墓志之学。无不尽决旧藩,独标新帜;结预流之果,成综释之篇。……名山藏厚,足以垂芬;夫子墙高,尚容仰赞。

拙作以骈体行文,略略顾及形式上的配比,不遑作逻辑上内涵与外延之包容上的探讨。更有进者,尚不足以概括先生学术领域之全部。例如,周先生是现当代研究"墨"的老一代硕果仅存的大名家,20世纪90年代以来有专书数种行世。晚年又作一次总结性结集,交哲嗣周启晋师弟等,闻将择选出版社出版。周先生在研究小说时,以余力肆于小说戏曲中的插图研究。所惜晚岁精力不足,通过我,令中国国家图书馆善本特藏部程有庆同志就先生所藏董理,成果已交中国书店出版社,行将出版。刊载周先生大部分学术著作的《周绍良文集》,亦将在北京古籍出版社出版。周先生亲自参与编纂的我的太老师周叔迦老先生的"全集",已交中华书局,责任编辑为冯宝志学长。一俟准备工作完毕,即行付印。如各项出版事务均能在最近付诸实现,则先生于莲池东望之际,当无点憾矣!

周先生对我的教导,始于1975年春季。当时没有日记,具体日期已经忘记。时先生方自湖北咸宁五七干校归来,被迫家居。关于先生与我的关系,我先后写出相关文字数篇,自觉重要且较新的,后来分别辑入拙作《承泽副墨》(东南大学出版社,2002),《汉化佛教与佛寺》(北京出版社,2003),《人海栖迟》(北京燕山出版社,2005)诸书中。其中以为庆祝中华书局九十周年大庆而写的一篇文章《一以贯之地培养作者》(原载《我与中华书局》,中华书局,2002)说的最为清楚。均请有兴趣的读者赐阅,不赘述。其中提到我与周先生的关系,有点像导师与博士后那样,并非授课,而是在客厅、沙龙等场合畅谈学术。我还有时伺候老师外出,参加一些学术活动,旁及登山涉水进行学术性游览,有时在老师授意下代草一些文件而已。自觉比听课受益多得多。曾听陆颖明(宗达)老师在闲谈中说过,您在北大读研究生时,导师黄季刚(侃)先生已经到了中央大学(即今南京大学)授课,那时北大管理较为宽松,陆先生就长年驻扎在南京,师生常常一起高谈学术;并时常结伴到南京郊区一带旅游聚餐,归后分韵赋诗;陆先生还不断借抄黄先生的手稿。听后极为羡慕。后来我陪侍周先生,除了没有分韵赋诗,别的均依稀似之。大约到周先生为止的老一代学者,都是这样带研究生级别学生的。只可惜我不够学者的料,从学于周先生三十年,仅获片羽只鳞,先生广阔的学术领域,我都无缘涉猎。只可自叹一句"驽钝辜真赏"而已。

有关从游情况,容待将来慢慢写出,或可供后世研究文史资料者抉择。现在先把我体会最深的先生的和平与文明的道德略谈几句。我自觉,从学于周先生,主要是在熏陶中变化气质,这才是我最大最大的收获。

周先生秉承太老师周叔迦老先生家教,为人处世,一以宽厚为归，一贯先人后己。我随老师外出吃饭，早期从来是先生掏钱。及至晚年，我对先生说，我的经济状况已有所好转，老师才允许我作几次小东，实为罕见。我从学于先生，目的单纯，就是为了学习，故而老师家中的情况，了解极少。也不想多了解。

周先生对待学术上的批评，不论是对是错，从来是一概包容，绝不在报刊上反驳，最多在私下里跟心腹学生点那么几句，也就是了。您的原则大体上是：不管别人说得正确与否，先沉下心来学习，特别对青年人的批评更得虚心接受。对一切批评概不反驳，有则改之，无则加勉。我多年来努力学习这一点，虽未做到事理通达，却已领会到心气和平的优越了。一次，谈到一位研究敦煌学的老前辈，我们师徒都认为，学术界公认他师心自用，有许多成果是靠不住的。我还说："要是我写出那样的书，绝对没有出版社给出。"老师再三告诫：切勿再说！那位先生的学生还在，投鼠忌器！我说，若是我死在最后，能不能说？老师说：那就随你了。想不到当时戏言竟成谶语。现在写出，以证我还是"性情不定"（康熙评雍正用语），还得向老师学。

周先生善于并乐于与人交往，《论语·公冶长》："子曰：'晏平仲善与人交，久而敬之。'"不啻为先生写照。先生一向善意平等待人，在人们困难时暗中襄助，还最善于在朋友中排难解纷。例如，周叔迦老先生只有先生一子，先生之弟早夭。怕先生长不大，因周叔弢老先生府上子女多，就送去寄养，在那里排行第四。故而如周太初（一良）先生的子女和孙辈都管周绍良先生叫"四老爷"（子女跟着孙辈称呼)。太初先生算是绍良先生的大哥。但据我观察,他们平时往来极少。改革开放初期,周太初先生一度不甚得志,周绍良先生反而屡屡向我称道太初先生的学问,叫我多多亲炙于太初先生。并出主意,叫我与北大历史系联系,促成《周一良先生八十生日纪念论文集》的编纂出版,并亲自列名编委。此书编委十人,除先生与我以外,都是北大历史系的教师。当时,绍良先生正在主持中国佛教协会的日常事务,担任全国政协委员,与太初先生一荣一枯,他办此等与自己本无关系的事,纯粹是自己找事,可能肇事。绍良先生毅然搀和进这个难免小小地"惹麻刀"的事情,使我益发对老师增加了敬意。

最后,可以提到一桩公案,即太初先生在《郊叟曝言》中"《毕竟是书生》一书中的误排误记和误会"一文中提及的请启元白(功)先生为太初先生写一幅字的事。据我所知,一次太初先生与绍良先生谈到启先生和"一张字条",意思是,那张字条是启先生写的。绍良先生就为自己的好友启先生辩护。他先从自己说起,说的是:在"文革"时期,"四人帮"征召,谁也得去为他们办事。"就是我,也得去"。此话说的是绍良先生自己,尚未说到启先生呢,话头就被太初先生截住。原来,绍良先生与邓艾同病,期期艾艾,太初先生没听清楚开头,以为"就是我"是启元白先生说的。于是接着提出,对启先生已经没有成见了。希望绍良先生代太初先生求得启先生的一幅字,就算前嫌尽释。绍良先生后来与我商量,认为难办。因为启先生对此事的前因后果并不明晰,旗人又是外柔内刚的性格,万一碰个软钉子,不好下台。双方的成见反倒会更深了。于是，搁置此事。太初先生又派李经国先生去跟启先生说，不知交涉如何。后来，我在北京市佛教协会的一次代表大会上陪侍启先生，启先生只跟我大谈原来的那个字条绝不是自己写的，绝口不提写一幅字的事。我也不便横插一杠子，只好不提，于是与启先生神聊一根扁担一条麻绳担走一个保险箱的马路新闻，惹得启先生哈哈大笑，就此了事。最近在网上见到李经国先生《周一良先生晚年二三事》一文，知道启先生已经给周先生写过字了，二位的误会已经冰释。

于此可见，绍良先生一贯息事宁人，与人为善。今三位先生均已作古，留此记录，藉资谈助。

最后要说的是：绍良先生20世纪80年代初即长期担任北京市佛教协会副会长以至会长，2003年底全退后经礼请，方担任北京市佛教协会名誉会长。这一点在"讣告"、"生平"中均漏记。不写上二十多年担任会长职务，则后来的"名誉会长"为师出无名矣。

商鸿逵教授学术二三事

商 传

商鸿逵

(1907—1983)

　　明清史专家。1929年入读国立北京大学国学门研究生，师从孟森学习明清史。新中国成立后他的研究结合马克思主义，转型进入第二代清史学研究。研究生期间与导师刘半农合著《赛金花本事》，后著有《明清史讲义》等专著。

去年11月10日是我父亲商鸿逵教授去世十周年纪念日。他生前自称教书匠,从二十多岁毕业于北京大学文科研究所后,一直在大学教书,直到去世,前后算来有四五十年。今天回忆一个老知识分子学术生活往事片断,从中略见中国知识分子生活之一斑,或多或少也许还能给人一点教益。

一 关于《赛金花本事》

1934年10月,父亲以刘半农初纂、商鸿逵纂就的名义出版了轰动一时的《赛金花本事》,这一年他仅26岁。

这本书曾使父亲名噪文坛,但同时也成为他弃文就史的开端。关于这本书的成书始末,我曾经写过一篇小文,发表于《燕都》杂志1992年第5期上,于此略作简述及一点补充。

这本书的撰写首议出自刘半农先生,半农先生是北京大学文科研究所导师,父亲是他的研究生。大约1932年前后,当时北平《实报》记者发现了晚年困居于前门外居仁里的清末名妓赛金花,引起了学术界的广泛兴趣。起初是中法大学陈伯平教授拟为之作一法文本传,半农先生得知后,提出先写个中文本传,半农先生与家父二人便通过古琴专家郑颖孙介绍,结识了赛金花,每周请她到郑家谈两个半天,准备谈完之后再收集些资料,然后动手撰写。不想谈话未完,半农先生赴西北考察方言,染病医治无效,不久去世,撰书之事便只能由父亲一人来完成。

当时研究院中有的导师反对给妓女写传,认为有失学者尊严,父亲为此找到胡适之先生,适之先生指示说:"可以将赛金花的谈话照实写出,不许夸张渲染,留下一个谈话记录就是了。"这与半农先生当初倡议写传的宗旨是一致的,半农先生曾说:"这个人(指赛金花)在晚清史上同叶赫那拉可谓一朝一野相对立了。"也就是将她作为历史人物来写,而不是作为文学人物来写。但是正因为有适之先生的指示,这本书结果没有写成《赛金花传》,而写成了《赛金花本事》。

这本书虽以赛金花本人自述为主体,但也引据了一些史料,对赛的口述之事有所指正,从而使这本书成为研究晚清历史的一本颇有价值的史料。

文化大革命开始时,父亲因这本书在报纸上被点了名,成为批判和专政的对象。但是他并不以为然。他始终认为这是一本有一定价值的史书,至于书中所述有疑问之处,虽已过去数十年,他仍不忘去力图考订明白。例如关于"赛瓦公案",即赛金花与瓦德西之关系,始终为人所注意,且众说不一。他在《赛金花本事》小序中说:"瓦到北京,年已六十八岁,那么,她在欧洲时,瓦已半百之翁矣!一个十六七岁的少妇,会迷恋上一五十开外的异族老头儿,岂不笑话!伊之能结识瓦,料来,因为妓女身份,且娴德语故也。"这一说法当时即有人不同意。对于在欧洲时是否与瓦德西相识,赛金花本人是否认的,但后来父亲再同她谈及此事,她不经意又露出在德本与瓦有相当熟识。这样一来前后便有了矛盾。当"文革"结束后,北大历史系丁建弘同志赴德讲学,行前父亲便托他留意一下这方面材料。丁建弘同志后来果然在德发现了瓦德西身边卫兵所记日记,其中便有与赛相交往之事。这一史料的发现,解决了当年之疑问,同时也解决了近年有些人所持赛金花与瓦德西从未相识之说。可惜的是这些情况父亲都未及知道。丁建弘同志拟将此写成文章,以作为一点纪念。

还有一点要提及的便是这本书完成的同时父亲开始了他治学的转折,因为导师半农先生去世,他改从孟心史先生研治清史,最终成为清史专家。

二　历史看百年

1962 年,北方昆曲剧院排演了昆曲《李慧娘》,请父亲去看。父亲对昆曲是颇有兴趣的,当年俞平伯先生曾拉他支持北昆工作,他有时还能哼上两段。可是那一次他因有事未能去。恰在当时就学于北大历史系的葛献挺同志正着手准备毕业论文题目,葛献挺同志是新四军娃娃剧团红小鬼出身,父亲便对他说:"你过去学过戏,翦老(翦伯赞教授,当时北大历史系主任)希望你学了历史后还去搞戏,我看你的毕业论文,就以《桃花扇本事考》为题如何?翦老也有此意,这个题目搞起来是不会太寂寞的。"就这样,葛献挺同志便在父亲指导下,阅读了许多有关资料,开始写这篇毕业论文。

那时候中苏关系恶化,学术界受政治气候影响,也展开了一些讨论,《光明日报》正好组织讨论《桃花扇》,文章大都在肯定李香君的同时,大肆挞伐侯朝宗,对侯朝宗应试指为变节,上纲甚高。葛献挺同志受其影响,在论文中对侯朝宗应清朝乡试之事,也口诛笔伐,几乎把他说成汉奸,同时对杨文骢也多有指斥。父亲看过论文初稿后,考虑再三,终于找来葛献挺同志,语重心长地说道:"中苏关系不同于明清关系,不要简单类比。历史看百年,不能看眼前。对侯公子出而应乡试,应从历史角度看,可以高抬贵手。对杨龙友(文骢)这个人要重史实,重晚节,不要苛责,人无完人。"

这种观点在当时很容易被指为"右"的表现。尤其是指导一个红小鬼出身的青年学生。但是父亲没有因此放弃严肃的治史态度和史学家的良心。父亲的态度给青年学生极深刻的影响。

后来葛献挺同志去见蔺老时,将这些谈话内容婉转告知,蔺老说道:"历史看百年,这个观点不错。商先生是清史专家,他是孟森的门人,对清史他的观点是对的。"(葛献挺《商鸿逵先生二三事》)

历史看百年,就是不带偏见,不因一事、一言、一行去评价历史人物,这是科学的、唯物的历史观。

二十年以后,也就是1983年,在沈阳清代人物评价讨论会上,父亲重申了这一观点:"我们对历史人物评价,主要看其对国家、人民、对整个中华民族有无贡献。我们既不能站在明朝的立场上,也不能站在清朝的立场上,而应该用历史唯物主义观点去分析历史人物,才能做到既不溢善,也不隐恶。"同时他也指出在评价历史人物时不能忽略传统道德标准，不能忽略人品分析，这样去作就既不会执偏，也不会陷于教条。他的这些谈话解决了与会代表中关内、关外学者各执一见的矛盾。

但这竟然是他最后一次参加学术会议，发表学术见解。几个月后，父亲因脑溢血去世。他留给清史研究工作的遗产中，当然也包括着他一惯坚持的不带偏见的科学唯物史观——历史看百年。

三　残瓦上的题字

1979 年，父亲被下放到江西鲤鱼洲五七干校。一个满腹经纶的史学家成了放牛翁。不过，父亲生性豁达，对此恬不在意，每天经心照料那些水牛，与牛有了深厚感情。在那人妖颠倒、告讦成风的年代，倒是动物与人的感情更为纯真。这前后有两年多时间，直到干校撤回。

临撤前，干校做了扫尾工作，其中最令父亲难过的是要同那些已成亲密伙伴的水牛分手。在离开干校前几天，那些水牛便被送到百里以外的生产队，因为牛能认家，怕它们回来。可谁知临回北京前一天清晨，天刚蒙蒙亮，父亲便被草舍外的动静吵醒，他起身推开门，不禁惊呆了，他平日放牧的大水牛带着小牛和人家生产队的牛，走了几天路，又找了回来。望着眼前浑身泥水，疲惫不堪的水牛，父亲的眼睛模糊了。他在政治上受到不公正待遇时没有落过泪，他被迫把一生收藏的书籍当作废品卖掉时没有落过泪，他的学生无中生有告评批判他时，他也没有落过泪，但这一次他无论如何控制不住自己的感情，因为在那个年代里，牛比人更有人情。

父亲经常对我们讲起这件事，每次讲起时，他都很动情。话虽如此，他却总不能忘记自己作为教师的职责。

1974年春天，父亲利用随工农兵学员下乡之机，又开始给他们辅导历史文选。谁知这番苦心又被人告讦，险些被戴上"毒害工农兵"的帽子而再遭批判。

父亲真的感到困惑了，历史真的到了人妖颠倒、善恶不分的程度了么？一天，当他清晨步行经过北京大学校门外恩佑寺遗址时，捡到一片残瓦，回家后，他用毛笔在瓦片上写道：

> 今早往海淀街买菜，步行经恩佑寺门前捡此残瓦。当清康熙末夺嫡斗争激烈，四子胤禛靠隆科多之助而成功，即于此寺设康熙像位，不时瞻拜，以表孝敬，盖意在掩饰夺位。

这就是历史，它严肃无情地记下人们的功过是非。

这一片残瓦同时也激发了父亲对历史研究的渴望。当时全家人挤在一间十几平方米的平房里，连放一张桌子的地方也没有。父亲买回一块木菜板，坐在马扎上，在屋外空地里摊开材料，就在切菜板上写成了《一六四四年山海关战役的真相考察》、《略论清初对北疆的经营》及给工农兵学员打基础的《中国通史三字经》。父亲自己就像是一头老牛，永不能忘记祖国和人民的养育之情。

四　办"宏道馆"

1980年秋天,父亲在家中办起了周末清史专题讨论会,每到周六,系里一些中青年教师、父亲的助手和研究生们便聚到家中展开热烈的学术讨论,父亲和许大龄教授每次都参加到讨论中。一批质量不错的论文就从这里产生了。

后来父亲又自己出钱,请来满文教师,在家中办起满文班,让历史系明清史专业的教师和研究生学习满文,培养他们研究清史的看家本领。一些外校、外单位的教师、研究生来跟着一起学习,父亲也一概欢迎。燕东园小楼平台上的那间大花厅就成了教室。

当时正值电视台播出日本电视连续剧《姿三四郎》,那里面姿三四郎的武馆叫作"宏道馆"。父亲便自豪而风趣地把这种家庭研究班比作武馆。他说:"我们这里也是个'宏道馆'。在这里,每个人都要练就一身治学本领,出去后都得像个样子。"他还亲手写了"与海内胜流相角逐"的条幅,送给助手徐凯同志,鼓励他努力作出成绩。

当年参加父亲家庭研讨班的中青年教师和研究生们后来果然不负父亲的期望,都成为了卓有成绩的专家、教授和研究员。

五　《清"孝庄文皇后"小记》

1979年,中国社会科学院历史研究所清史研究室编辑出版了《清史论丛》第二辑。负责编辑工作的何龄修同志是父亲的学生,特地登门请老师支持论丛工作,为论丛写文章。父亲慨然应诺,拿出他的老师孟森先生遗稿《关于刘爱塔事迹的研究》,并且为这篇文章写了说明与评补,他称之为《赘言》,其实那都是很有见解的论点,根本不是多余的话。除此之外,父亲还为论丛写了一篇仅三千余字的清史札记——《清"孝庄文皇后"小记》。

他写这篇读史札记,起因于一个偶然机会。1979年夏天,父亲与研究生们一起游览遵化清东陵,他一路游览,一路与研究生们问答,谈笑风生,不知不觉中进行了知识与学术探讨。在游览到"昭西陵"时,听到有人介绍陵园故事,言语间对陵墓中埋葬的孝庄文皇后带有一种轻蔑讥讽的口气。父亲听过后觉得这样评价是不公允的,他当即向研究生们讲道,应该给予孝庄文皇后公正评价,于是他决定写一篇小文,恰在此时,论丛约稿,他便将这篇札记送了去。

孝庄文皇后就是清初三大疑案中"太后下嫁"一案的主角。过去正是因为有她曾下嫁给多尔衮的说法,致使有人以此为由,对她产生轻蔑看法。父亲从一个史学家角度,用事实推翻了这几百年来可畏的人言。"处于明清改朝换代之际,清朝统治集团中有一个极其出色而且所系甚大的人物,即'孝庄文皇后'"。父亲第一个把孝庄文皇后写成了一个出色的政治家。他同时又说:孝庄文皇后"是一个聪明能干而富有谋略的女子"。他认为正是这位满族女子,在丈夫皇太极死后,以灵活高妙的政治手腕,击退了多尔衮和豪格等人的野心图谋,拥戴年幼的儿子顺治做了皇帝。顺治早逝,康熙幼年即位,也均出于孝庄文皇后的安排。她不肯垂帘听政,辅助康熙亲政，又能选用忠直得力的大臣，所以父亲赞她："既有自知之明，又有知人之明。"父亲在文章最后还说道："我们对待历史人物，应当持实事求是的科学态度，既不过誉，也不苛求。对于功过是非，务须从大处着眼，作出公允的评价。至于以汉族统治阶级一己的伦常观念来作评量，尤为不可。"

这是第一篇肯定了孝庄文皇后在清初政治舞台上地位的文章，虽然只有三千多字，却说到了清初政治的关键。一些治清史的学者评论说，大家都谈清初政治，却忽略了这样一个关键人物，清初政治又何谈之有。

父亲对于孝庄文皇后的这一公允评价也引出一些笑话。史学界有些朋友甚至怀疑我家是满族人。父亲说，我们姓商，还真有可能是辽金时女真族乌古论汉化的汉姓。不过这都考不清楚了，我们现在民族是汉，不是满族。

六 孟门高第

大抵学者们一旦有了名气，就著书立说，署名主编，不肯去编集整理别人的东西了。但是父亲却不这样，几十年间，他花了大量心血，整理了他的老师孟森先生的全部著作。

父亲将收集到的孟森先生全部论文，先后辑成《明清史论著集刊》上下册和《明清史论著集刊续编》，补齐了《明元清系通纪》，整理出版了《明清史讲义》上下册和《满洲开国史》。

《满洲开国史》是 30 年代初孟森先生在北京大学开设的一门课。当时听这课的只有父亲和一位日本学者，因此，这份讲义除父亲手中一套外，再无传本。父亲不仅将这份讲义整理出来,而且在里面补写了许多考订补证的文字。父亲的学生陈稼禾同志在上海古籍出版社工作,得知这份讲义,带回上海出版。令人遗憾的是,这本书出版时,父亲已经去世,稼禾同志也英年早逝。但这本经过北京大学三代学者努力而得以问世的《满洲开国史》却为中华学术研究增添了一点光彩。

有人说,孟森先生幸亏有父亲这样的弟子,才使生平研究成果得以彰于后世。这话只说对了一半,因为父亲之所以放弃自己的研究,花费时间整理前辈的遗著,更主要的还是为了后人,为了让前辈的成果能为今后的研究发挥作用。

父亲去世后,我们将他的论文也集成一本论文集。周一良教授为其题名《明清史论著合集》。在父亲去世十周年时,史学界学者们发起为他出版一本纪念文集,杨向奎教授特为之题辞道:"孟门高第。"

怀念王锺翰先生

董宝光

王锺翰

(1913–2007)

清史、满族史专家，尤其着力于研究东北地区历史，抵抗日本对东北地区的侵略企图。1940年毕业于燕京大学历史系，师从洪业、邓之诚、顾颉刚等，后任教于燕京大学、中央民族大学等。1971年开始参与《清史稿》的点校工作。著有《清史余考》、《王锺翰清史论集》等。

三湘大地钟灵毓秀，代出鸿儒硕彦。战国之三闾大夫和明末之船山先生，可谓个中翘楚。

当代著名清史和满族史学家王锺翰先生，隶籍湖南东安，故亦为今日湘籍宿儒。先生一生在史学领域辛勤耕耘，硕果累累，著作等身，世人有目共睹。先生的学术地位，国内外早有定评，如著名学者吴小如先生，称赞他"堪称驰誉海内外的大师级学者"，"为史学界权威"（见《从〈洪业传〉谈起》），可谓对锺翰先生客观公允的评价。

今锺翰先生已归道山，我作为他的晚辈，多年来承蒙教诲，亲闻亲历了一些外人鲜知之事，今略作回忆，益见先生之崇高品德和渊博学识堪为世范也。

我的父执

上世纪 30 年代中期，先岳父陈新桂先生就读于北平燕京大学，与锺翰先生有同窗之谊，二人同庚同月，友情甚笃。1937 年暑假，新桂先生毕业后，将返回故乡湖北。临行前，锺翰先生和另一同学郑庭椿先生，共同在燕大第二食堂为新桂先生饯行，席间锺翰先生和庭椿先生分别在新桂先生的纪念

册上题词留念,现转录如下:

但求耕耘,不问收获。

新桂学兄属正

弟

锺翰　敬书

廿六年六月五日

衣沾不足惜,但使愿无违。

新桂学长将南返,与锺翰兄三人会餐于燕大第二食堂时,录渊明先生语,以作留念。时民国廿六年六月五日下午六时半也。

弟

庭椿　敬记

民国廿六年六月五日,即公元 1937 年 6 月 5 日,一个月零两天后即发生了震惊中外的"七七"事变,抗日战争全面爆发。此后新桂先生即在南方参加抗日救亡活动。解放后郑庭椿先生任福建师范大学外语系教授。王、郑二位前辈七十年前的这幅手迹,今天可算文物了。

锺翰先生于 1940 年在北平燕大研究院毕业,获历史学硕士学位,随即留校任教。1941 年 12 月太平洋战争爆发后,日寇关闭了燕京大学。翌年燕大内迁成都,成立成都燕京大学。1943 年,应成都燕大代校长梅贻宝之邀,著名学者陈寅恪先生来成都燕大,执教于历史系。适值锺翰先生任该校历史系秘书,兼任寅恪先生教学助手。因寅恪先生患目疾,身边仅有陈夫人唐篔及三位年幼的女公子,无其他男性家属,生活上多有不便。而锺翰先生适值壮年,身强体健,校方遂令他迁入寅恪先生家中,以便早晚间对寅恪先生一家在生活上予以照顾。于是,锺翰先生和寅恪先生的关系就更加亲近了,可谓朝夕相处,在工作和治学诸方面,都得到了寅恪先生的巨大帮助。锺翰先生在著述和谈话中多次表示,寅恪先生对自己有知遇之恩。

先岳母刘开荣,对寅恪先生的道德学识心仪已久,遂于1943年考入成都燕大历史研究所,师从寅恪先生读研究生,专攻唐代文学。锺翰先生随侍寅恪先生左右,故先岳母和锺翰先生亦时相过从。

所以,锺翰先生和先岳父、先岳母均系挚友。锺翰先生是我最尊敬的一位父辈。

虽处逆境然胸怀坦荡

锺翰先生可谓时运不济,命途多舛,一生坎坷。

1957年,锺翰先生被以“莫须有”的罪名“扩大化”,打入另册达二十一年之久。在此期间,他被剥夺了发表文章的权利,虽然仍可登台授课,但上第一节课时必须自报家门:“我是右派分子王××”,人格受到极大侮辱。据当时的领导说,锺翰先生的右派,属“可划可不划的”。但这“可划”“可不划”之间的大笔,却使锺翰先生打入另册二十余年!“文革”结束后,锺翰先生的“右派”问题得到纠正。后来定锺翰先生为“右派”的那个领导病重住院,他对前来探视的锺翰先生表示歉疚，锺翰先生豁达大度地说道："当时你也有难处啊。"

锺翰先生一生诚如自己的名字，毕生钟情于文翰典籍，视之如生命。从1957年至1978年的二十一年，恰为锺翰先生44岁至65岁，正值年富力强精力旺盛之黄金时代，然而却被剥夺了从事科研工作的权利，其痛苦之心态可想而知。但锺翰先生不灰心、不气馁，坚信坚冰终有融解之日，仍然利用一切机会收集史料，悉心研究，撰写心得体会。二十一年过去了，锺翰先生终于迎来了"春江水暖"之日，又可以发表文章了。二十一年间辛勤积累的心得体会，成为丰硕的科研成果，一部部鸿文巨著相继问世。这些著作史料翔实，思维缜密，立论精辟，逻辑严谨，令人折服，从而奠定了锺翰先生在史学界的领军地位，终成为当代大师级的学者。先生捐馆后，有人送挽联曰：

王门称重镇，刘定领先诸弟；

清史推泰斗，孟郑之后一人。

将他和清史奠基人孟心史、郑天挺并列，并非过论。

两位王老共话当年

当代著名唐史学家王永兴先生，1934年考入清华大学中文系读书，后因仰慕陈寅恪先生的道德学识，于1937年转入历史系，跻身陈门成为寅恪先生的入室弟子。抗战胜利后，即随侍寅恪先生任其教学助手。永兴先生对寅恪先生感情极深。1957年至1978年间，永兴先生遭受迫害，虽身处逆境，然犹时时怀念寅恪先生。至1978年才得知，寅恪先生于"文革"中遭残酷迫害，已于1969年10月7日捐馆。永兴先生异常悲愤，决心收集寅恪先生的生平事迹，将寅恪先生的人品和文品忠实记录下来，留给后人。

先岳母刘开荣和王永兴先生均系寅恪先生的及门弟子，二人有同窗之雅，永兴先生是我的父执；我亦忝列清华校友，然实属永兴先生之晚辈。永兴先生很高兴同我结为忘年交，将自己的著作赠我留念；我也经常协助永兴先生，收集有关寅恪先生的史料。一次永兴先生对我言及，抗战期间寅恪先生在成都燕京大学的情况他不清楚，很想知道这一段时间的史料。我立即想到锺翰先生，因锺翰先生时任寅恪先生的教学助手，且住在其家中协助照料全家生活，对这段历史最为熟悉。二位王老本系多年老友，近年来均因年事已高，平时很少见面，没有交谈机会。于是由我安排，请二位王老聚会畅谈。因锺翰先生年长永兴先生一岁，遂烦劳永兴先生于2002年9月25日，前往锺翰先生寓所相会。

是年锺翰先生虚龄恰为九十，两位年届九旬的史苑耆宿相会，共话学界的轶闻往事，实系很有意义且十分难得。锺翰先生深情地回忆了六十年前的事，畅谈了寅恪先生在成都教书时的情况及对自己的帮助和教诲，感激之情溢于言表。

寅恪先生于1943年10月来成都燕大执教，于翌年为历史系开设"魏晋南北朝史"，听课者甚众，教室内座无虚席。他未为中文系开课，中文专业研究生仅刘开荣一人。寅恪先生不仅对魏晋南北朝史、隋唐史、宋元史很熟，对明清史亦有极高造诣。锺翰先生治清史,而未能师从寅恪先生,他对此似乎有些遗憾。

成都燕大代校长梅贻宝,系清华大学校长梅贻琦之弟,故成都燕大能聘任清华的名教授陈寅恪、李方桂和吴宓等人来校执教。

寅恪先生因患目疾,不便读书撰文,多静坐沉思。平日闲谈亦只谈学术,极少谈政治。其祖父陈宝箴,因支持戊戌维新而被那拉氏处死。父陈三立,亦因日寇侵华而绝食殉国。解放后,寅恪先生不愿来京供职,均与此有关。

精通中西文学的吴宓(雨僧)先生,和著名语言学家李方桂先生,均系寅恪先生的老友,经常来看望寅恪先生,共叙友情,故其日常生活亦颇不寂寞。

李方桂先生亦为永兴先生之师长,锺翰先生顺便言及了李方桂先生的一些轶闻。

校方为陈寅恪和李方桂二位特辟了一间办公室,条件很好,适宜读书写作。寅恪先生因患目疾,从不来此室,遂命锺翰先生用自己的坐席读书。锺翰先生和方桂先生二人背对而坐,多日未交一语。冬季校方为每位教师配备15斤取暖木炭,锺翰先生单身无家属,无需此物。方桂先生遂对锺翰先生谓:"将你的木炭给我,我请你吃红烧肉。"二人相视大笑,此后即经常往来。

1946年,锺翰先生在美国哈佛大学留学,适值方桂先生亦在哈佛,老友相逢倍感亲切。李夫人徐樱女士系著名北洋将领徐树铮之女,她亲自下厨房包饺子招待锺翰先生。方桂先生善操京胡,李夫人喜唱京剧,夫妻二人经常合作演出招待友人，颇获赞誉。

1978年方桂先生返国讲学，在民族学院作过两次学术报告，锺翰先生仅抽暇听过一次。他和方桂伉俪相见甚欢，畅谈往事。方桂先生确有语言天才，耳音极好，不同民族的语言过耳即能准确分辨，此系他人所不及也。

两位王老十分高兴，互赠了近作。我侍奉在侧，听到这些学苑珍闻，名人轶事，心中甚感愉悦。我为二位王老拍下了这次珍贵的会晤。此亦系二位史苑耆宿生平的最后一次会见，故弥足珍贵。

对我的教诲

先岳父陈新桂先生于1988年捐馆，为了寻访先人的生平事迹，我和锺翰先生结识。蒙不弃，锺翰先生和我结为忘年交。直至2007年12月，锺翰先生遽归道山，二十年来我经常赴府拜谒亲聆教诲，得其教益永铭在心。

锺翰先生谓，做学问要有长期苦战的心理准备，要能耐得住寂寞，不能朝三暮四，见异思迁。要心甘情愿坐冷板凳，还要多思，不仅知其然，还要知其所以然。著名史学大师范文澜先生告诫后学："板凳要坐十年冷，文章不写半句空。"和锺翰先生的意见完全一致。

编纂《中国民族史》和《四库禁毁书丛刊》，是两项重大的文化工程，前者被列为"国家哲学社会科学'七五'规划重点课题"之一。这两项文化工程均有划时代的伟大意义，锺翰先生以无可替代的学术地位担任主编，亦系学术界之众望所归。《中国民族史》一书获得了多个国家级奖。一次我和锺翰先生谈起此事，他不以为然地说道："只因我年龄稍长，才如此吧。工作都是大家做的。"绝口不谈自己的重大贡献。

锺翰先生多次惠赠著作，然往往在题词上称我为"兄"，请我"指教"，使我羞愧得无地自容。我本系锺翰先生的晚辈，也未曾读过历史专业，锺翰先生乃清史权威，其大作我能读懂就不错了，何敢"指教"。

以上这些，均表明锺翰先生虚怀若谷的谦逊精神，以及对后学晚辈亦平等相待，时刻予以鼓励和提携。

我一友人系某杂志编辑，久慕锺翰先生大名，遂由我引荐，于1996年6月拜访了他。先生很高兴和年轻朋友结识，畅谈了自己多年的治学心得。最后这位编辑向先生约稿，他慨然允诺。当时锺翰先生刚做完白内障手术，遵医嘱须休息，遂自己口述，由女儿执笔撰成。1998年5月，这位友人又向锺翰先生登门约稿，先生立即面赠一稿，使其如愿以偿。

2003年8月2日，为锺翰先生九十华诞，我本拟前往祝贺，讵料适值"非典"肆虐，亲友间不便走动，只得通电话略表寸心。对此，我心中怅然良久。

《纵横》杂志编辑张建安先生，系清史爱好者，曾发表过谈清代掌故的著作，对锺翰先生心仪已久。遂由我引荐，于2005年10月赴府拜谒。当时锺翰先生已九十二岁高龄，但精神矍铄，仍在指导外籍博士研究生。建安先生询问了学界名人陈寅恪、吴宓等人的一些事迹。时至今日，亲承其謦欬之人已寥若晨星，而锺翰先生恰为屈指可数的几位健在者之一。先生兴致勃勃地谈了自己亲历的这两位大师的一些逸闻往事,可谓珍贵的第一手资料。临别时,他还将自己的近作《清心集》惠赠于张建安先生,并题词留念。讵料这次分别竟成永诀。

拜读锺翰先生著作时,往往遇到一些问题,如先生亲口告诉我,他生于1913年8月2日,但《清心集》中却说他生于1913年5月25日;此外还有一些学术问题亟待请教。曾于2006年夏天致电锺翰先生,拟赴府求教。怎奈当时琐事缠身,未能前往,以致又失去了一次见面机会,今日思之真是万分悔恨。

半年后,即2007年春节期间,我曾多次电话拜年,但均无人接听,于是心中有种不祥的预感。以后又多次致电,仍无人接。迨至12月中旬,竟得噩耗。

今天,史学界失去了一位大师级的专家学者,我则失去了一位宽厚仁慈的前辈,哀痛之情几不能自持。先生赠我的著作和手迹,自当永存留念。睹物思人,每当看到这些纪念品,就立即想起了他老人家对我的教诲,耳边似乎又听到了他那平缓轻柔的湖南口音。我常想,锺翰先生一生坎坷,然能得享几近期颐之年,正是印证了古语"吉人天相"和"仁者寿"。我衷心祝愿他老人家冥冥中一路走好。

知識與趣味結合

普及与提高結合

繽紛多采生動清新

文史知識創刊五周年紀念

周一良 時年七十

又三

追忆邵循正师

周清澍

邵循正

(1909—1972)

历史学家，研究蒙古史成就突出。知晓古波斯文、蒙古文、突厥文、女真文、满文等多种语文，将多种语言资料及研究成果糅合参证，订正史实。他在近代史尤其洋务派研究方面亦有造诣。著有《中法越南关系始末》、合著《中国历史概要》，主持点校《元史》，主编有《中法战争》、《中日战争》等。

我初入北大史学系的时候，邵心恒师还在清华大学历史系，但同时在北大兼课。在我入校前，由史学系聘请他讲选修课"元史"；在我入校后，从开学时全校必修、选修课程公告栏得知，政治系的选修课有邵循正主讲的"中国近代政治史"。那时有关历史的出版物甚少，但看到连续出版一种《中国近代史资料丛刊》，仅其中《太平天国》一种就有八巨册之多，给我的印象很深。此《丛刊》的十一名编委由徐特立、范文澜等革命史学家牵头，旧大学的教授仅有辅仁的陈垣、北大的向达、清华的邵循正、北师大的白寿彝四人，因此我得知这位历史学家的大名。

　　1952年院系调整，北大、清华和燕京三校历史系合并，我们从城内搬到原燕京的校址，正好前二年将基础课中国古代史分四段学完，三年级的重头课就是由邵先生讲授一年的"中国近代史"。上课以前，听原清华的同学介绍，邵先生讲课声音很小，最好早一点进教室，坐在前面听得清楚些。当时一起听课的还有好几个东欧国家留学生，他们听讲更吃力，我们还要把前两排的位置留给他们，因此抢位子成为上近代史课的第一要务。上了一两节课后，果然有关邵先生的传闻名不虚传，他讲课不仅声音小，而且每段话似乎没力气说到底，最后几个字好像被自己噎了下去，所以大家往往不知所云，笔记只好留下空白。他当时刚过不惑之年，体质就已虚弱，常侧身靠着讲台，用一支胳膊撑在桌面上讲课。讲不多久，就拿出烟来，为了不停止讲授，仍一面靠着讲台继续讲，一面从口袋里掏出一根散装的白头火柴伸手往身后的黑板上划。这时他讲得正起劲，一面念叨着："这个李鸿章咧！"身后就是"啪"的一声，火柴断了，没有划着。接着还是重复着"李鸿章"、"李鸿章"，火柴也"啪"、"啪"地划下去，划着的机会甚少，除非碰巧成功。划不着他只好作罢，但决不会停下讲课去专心地将火柴划着。抽烟的同学发现，邵先生抽的是当时最廉价的绿叶牌，每包只值一毛二，而没收入的学生，最低也要抽两毛五到三毛多的恒大牌或大前门。

邵先生讲课没讲稿，每次都要抱一堆精装洋文书放置讲台上，他也有讲课卡壳的时候，就停下来翻书，翻得飞快，实际上根本翻不到，可能这仅是某种习惯动作，但决不会因此难倒他，很快就放下书又滔滔不绝地讲下去了。我出于好奇，曾偷偷窥探他带来的是什么书，发现其中有 H.B. Morse, *The International Relations of the Chinese Empire*（马士《中华帝国对外关系史》，1956 年由张汇文等合译出版，由他写《中译本序言》）三大本。当时我对中国近代史这门课还满有兴趣，由于我从小爱看旧小说，读过诸如《太平天国演义》、《孽海花》之类涉及近代史事和人物的书，又爱听大人讲"长毛"、"湘军"以及西太后、光绪等清末朝廷掌故，每逢他提到某人、某事时，我不用看他写黑板就已记下笔记了，也不怕他的声小或说不清楚。当时有关近代史的新书只有三部，即：范文澜的《中国近代史》、华岗的《中国民族解放运动史》和胡绳的《帝国主义与中国政治》，课后我将他讲的内容与这三书对照复习，发现邵先生能宏观与微观结合，从大处着眼，无堆砌史料琐碎之感；但谈到具体问题时，分析透彻，每事皆有实例举证。参考书虽较笔记文字多几倍，但可充实参考书讨论的史实甚多，而不像某些课全靠参考书补充课堂时间无法讲到的内容。我想这与他本身具有的优势有关，一是他对本学科有多年的研究，对近代史事较别人熟悉；二是他大学本科学的是政治，可能因此看问题不易被纷繁的史事所迷惑，善于抓住要点，脉络清楚；三是他能参考各种外文著作，像马士那种三大卷的巨著这时我国还不曾有过。老实说，邵先生与大一教我先秦史的张政烺先生一样，在我的大学老师中属于口才最差的一类。但他们看问题之深刻、讲授之有启发性，在我的印象中，又是讲得最好的一类。

1954 年，高教部拟聘请大批苏联专家来华，仅北大历史系就将有亚洲史和世界近代史两位专家，于是从我们这班毕业生中留下十余名研究生，又从西北、四川和中山大学分配来四人。开学约一月后，接到高教部通知，聘请苏联专家的计划因故取消，原有两专业的研究生改由本系周一良和杨人楩先生指导，再从中抽出五人改学中国近代史，由邵先生指导。

邵先生接受任务后，第一个举措就是要考查这五位学生，先是通知某天上午去教研室笔试，早 8 点就准时去了，中午我们到食堂吃饭时还不见回来，回到宿舍后仍不见踪影，我们这些局外的同学也为他们担心起来，就坐在一起等。约 1 点过后，才见他们姗姗归来。一问才知他们 9 点多才开考，题目只有一个——中国近代的改良运动。我一听也懵了，心想即使平常学习好的同学，应如何综合，该选择哪些事实或人物回答，颇要费一番心思，这么大的题目写三小时也不为多；如果平常学习欠佳，简直是一部二十四史从何说起，更会焦头烂额了。我们只好安慰他们，既然考完了，就去吃饭吧！没想他们说："下午还要口试。"吃过饭又匆匆赴考了。考完了我们又好奇地打听，得知有几位还较轻松，考的是大学时常考的内容，反而是几位平常基础较好的同学却大半答不出来，原来邵先生的口试内容视对象而定，对后者尽问些诸如某时期、某史事有什么史料记载，19世纪六七十年代有谁当过两江总督，八九十年代又有哪些人当过两广总督？等等。显然他是想测试这几位课外的近代史知识如何？读过什么专业书或史料记载？

邵先生指导这五位研究生外，还有一名将毕业的研究生，一名朝鲜留学生，几名外校进修生，还有城里中国近代史研究所前来听课的青年研究人员，好像最多时达十九人，指导任务是在全校教授中名列前茅。他首先要求学生端正做学问的态度，打好坚实的专业基础。学生们初定专业，自觉知识太少，他不善于表达，又要求严格，所以学生常感到交流困难。有位同学在读书中找出一个问题去问他，可能他认为应教给学生通过查书自己解答疑难，当时并没给他答案，而是指定了两本书，这位本来想通过提问同他交谈的同学就这么无话可说回来了。近代史所的学长张振鹤也是来听课的人之一，一次对我说："邵先生是茶壶里煮饺子，肚里有东西倒不出。"我们这批学生久经各种运动的风浪，以旧世界的批判者自居，以狂妄不羁为荣，对较敬重的师长在背后也出言不逊。邵先生对学生要求严格，做学问、写论文不能草率从事。学中国近代史的张磊，能说爱写，发表了文章，同学们夸奖他，他却不无得意地说起怪话来："邵先生不让我们写，我就不写有关中国近代史的，写些别的他也不会发现。"我从未听说邵先生不让学生写文章，但不知为何却传遍校内外。1963年，我因故住在中华书局，与扬州师院的祁龙威和华中师院的章开沅二先生为邻，时相过从。祁龙威先生新发表一篇论文，他叮嘱我去北大时不要对邵先生讲，这固然说明他对邵师的尊重，但何以有此印象我真搞不清楚。邵师懂多种外语，当然重视学生的外语学习，张磊也有怪话，说："邵先生看别人写的论文，先不看正文，只看下面的注。如果注中没引用外文书刊，就肯定没学术水平。"引得我们哈哈大笑，在我脑中留下深刻印象。直到《邵循正历史论文集》出版，我还郑重地检查过他所有中国近代史的论文，发现大半全用中文史料，某些论文虽引用了外文资料，但多用中文译出，不仔细分辨是看不出来的。可见张磊当时是随口编造，说笑话供同学们取乐。

1956年冬，蒙古人民共和国提出与中、苏两国专家合作编写一部蒙古史，我国接受了邀请，派遣他和翁独健、韩儒林教授三人前往乌兰巴托出席会议。会上确定了我国所分担的任务，回国后落实在历史所设立一个由翁先生领导的专门研究小组承担，这事引起北大历史系的重视，邵先生也决定重新拾起蒙元史的研究。

就在这年，从应届毕业生中已留下周良霄同学当助教，专业是元史，邵先生专为他一人讲课。次年秋，邵师专讲《马可波罗行记》一书，我这时已确定调往内蒙古，感到有关蒙古历史的课应该听听，也随班听了几次。邵先生还是老习惯，上课时抱来一摞洋文书，不外乎学术界常用的马可波罗各种版本，谈了有关马可波罗的几个问题。不久前我偶然发现当年残留的笔记，因属文物，故不烦摘述如下。1. 马可波罗书的史料价值：他认为此书牵涉面广，记事基本准确，极少捕风捉影，在此前后到过东方的卡尔宾尼、卢勃鲁克、鄂多立克所见均不及马可之广，历史知识也较差，故所记皆不如马可之书。2. 写本太多，须校正传写错误；书中词语有各种来源，判断正确始能得解。如 paul-i-sangia 乃波斯语，义为石桥，有人将 sangia "石"音译为桑乾；又如 Tacuin 一词不得解，此词乃波斯语，C 应发音为 S，读 taswīn，即回历。3. 马可在华的身份是色目商人，来往者多色目人，所闻汉人之事，不如当事人所说真切；他来自中亚，用中亚突厥族语发汉语音，喉音很重，将千户（cen qu）、万户（van qu）读作陈著（chen chu，冯译张易）、王著（van chu）。又如他常将元音 -ī 读作 -ū，Mossil 读作 Mossul，Kašmir 读作 Quesimur，正如欧人将 Hami 读作 Qamul。他又介绍了蒙古语母音和子音软硬（即阴阳）音必须和谐的知识，如 Käsäktän 客失客田（见《元秘史》）误读为 Quiecitan。从此也可证马可讲的不是蒙古语。4. 评介马可波罗的各种版本：以伯内德托本最佳，牟里与伯希和合各种版本汇校译成英文并附拉丁文本于 1938 年出版，是当前最好最完整的版本。此书本拟由伯希和作注，未成而卒（此后1959 年出版了遗著第一册）。并告知我们冯承钧译沙海昂注本原底本很差，错误脱漏之处甚多。注本以玉尔本为优，附有戈迪埃的补注，其余可参考伯希和的研究论文。

就在这年冬，邵先生又赴莫斯科出席中蒙苏三国合编蒙古史的第二次会议，他把国家发给出国人员有限的零用费买了书籍，此前蒙古史的重要史料——《史集》于1952年出版了新的俄文译注本第一卷1、2两册，这时书店只剩第2册，他一下子买了五本，除自己留用外，其余回国时送人。他将其中一本赠送给我，我告诉他已从苏联科学成就展览会买到供展览的样本二册，谢绝了他的好意，但我从这件小事体会到邵先生对朋友、学生的热心肠。他平时不苟言笑，从来不与学生发生人情往来，我同他接触更少，这次买书送人之举完全体现了这位学者关心别人的特点。

我到内蒙古后，1959年春，内蒙古大学历史系决定让我改学蒙古史，接着就参加编写翁独健教授主持的《蒙古族简史》，于同年秋来到北京。1960年元旦，内蒙古大学举行第一次学术讨论会，邀请邵先生参加，我也从北京回校，返京时我们同坐一次火车，在他的软卧车厢中，我们畅谈甚久，这是我确定改行学他擅长的元蒙史后正式向他问师的开始。

1961年7月，中央民族历史研究指导工作委员会由翁独健师主持召开蒙古族史专题讨论会，内容是《蒙古族简史》编写中有争议的问题，我做第一个主题发言，题目是《蒙古族社会如何向封建制度过渡的问题》，在京的史学名家都参加了会议，其中只有邵先生和韩儒林先生是有专门研究的内行，他们的发言等于对我大学时代薄弱的学识基础补了一课。

这年冬，内蒙古自治区筹备来年纪念成吉思汗诞生八百周年，学校领导责成我考订成吉思汗的确切生年，并让我将草成的初稿带往北京送翁、邵二师征询意见。我先到城内南池子翁家,翁先生除指示我从《哈佛亚洲研究杂志》看到的一条重要资料,还告知我邵先生已应《人民日报》之约写了同样内容的文章。我看到此文清样后,出城到北大看望他。他看了我的初稿,两人高兴地谈了一上午。这时我才发现邵先生是一个乐于与人交往并善谈的人,过去所谓"茶壶里煮饺子"的印象是表面的,他可能认为研究生的学习不必像对中小学生那样督促和诱导,而刚出大学校门的学生专业上只有皮毛知识,当然质疑问难尚无从谈起。由于这次师生就同一题目各写了一篇文章,自然有了共同话题了。回校后,他又给我写了一封长信,并就这个问题继续讨论,列举出他看到的资料。我的论文举出《史集》在 1195 年和 1203 年下有两处称成吉思汗时年 41 岁,认为后者是所据蒙古汗庭颁发的实录中原有记载,证明他确实生于 1162 年,而前者是拉施特为弥合已说随意增写的。他怀疑新俄译本是传抄有错,叮嘱我应找贝烈津本核校。由此可见他治学的严谨。

　　1962 年 6 月,纪念成吉思汗诞生八百周年蒙古史科学讨论会在内蒙古大学召开,邵先生出席了这次会议。他先后作了两次发言,都点了我的名字。一次是小组会上,再次提出应找贝烈津本核查有关成吉思汗生年的问题。另一次是在大会上,点名不同意我在小组会上对成吉思汗的否定评价。其他先生只谈自己的研究或看法,很少涉及别人,偶尔评论到某人,无非是客气地赞扬或肯定,他却一句客气话也没有,而是用发起争论的口气,然而却面带微笑地注视着我,也许他是以将我视为平等的辩论对象,表示对我的肯定和鼓励吧! 会议中间，他事先不打招呼来到我家中做客，当时我两口挤住一间单身宿舍，让他坐在一张板凳上，什么招待也没有，连香烟也是抽他自己带来的。当时火柴也凭票供应，我连忙递上市面买不到的火柴，他临走时也不客气地装进了自己的口袋。

在此前后，我才懂得除课堂听讲外如何向他问学求教。他将旧作《剌失德丁〈集史·忽必烈汗纪〉译释》的单行本送给我，又将记在一本练习本上的《剌失德丁〈集史·铁木耳合罕本纪〉译释》稿借给我学习。同年，德裔美国学者劳费尔著《中国伊朗编》出版，这书我在旧书店多次看到有30年代国内的原文影印本，译者林筠因是我大二时的英语老师，所以我很想知道其中内容，买回一本阅读。原来《中译本序言》是邵先生写的，经他的《序言》和劳费尔的精彩研究启发，我才知道史书中提到的动物、植物、矿物都不能忽略，它们的相互传播往往反映各民族和国家之间经济和文化的交流。我在参加编写《中国通史》时，采用或仿效此书，以蒙元时期葡萄、葡萄酒、苜蓿、烧酒——哈剌吉、棉花——秃鲁麻，回鹘的克丝，桃花石（汉）人制造的工具、农具和日用器皿，考古发现的各民族文字的雕版和回鹘文木活字等为例，说明了当时各民族间经济、文化交流更为频繁和扩大的事实。

邵先生年未半百，就患了气喘病。"文革"开始，他正在住院，8月份出院后开始接受审查和监督劳动，后来又关进"黑帮大院"一年有余，病势日益严重。1972年初，我因联系校点《元史》的事"文革"后首次回到北京，得知翁、邵二师在主持标点，邵师分工标点列传部分。我去城外去看他，得知他已被赶到燕东园翦伯赞先生的原住处，翦先生夫妇已被迫害致死，人去却楼不空，原来一家人住的二层楼住进五家，邵家与人合住在楼上，楼下三家人做饭的煤烟直冲楼上，身患气喘病的他最怕过敏，也只好忍受。由于此次再会，一是劫后重逢，二是我们今后将合作点校《元史》，当前最关心的事，学问上的事，有趣的话题谈不完。他显得特别兴奋，谈兴甚高，一直谈到近12点，就留我吃饭。他原有的严重气喘，在谈得高兴时若无其事，一旦谈话停下来就立即发作，哮喘不止，只好用喷雾器不断往口腔内喷药，直到吃饭时才缓和下来。以后每次去看他，几乎就是谈话、气喘、留饭，反复循环。我也因此对邵先生有了新的认识，他的学问并不是闷在茶壶里，而是喷薄而出。他也不是一个不食人间烟火的书呆子，只是性格较含蓄，如遇谈得来的熟人，就会发现他是一个兴趣广泛既关心学问，也关心时局以及朋友、学生的热心人。他同我谈过有关元史的专业问题，也谈起"文革"中的事情和故人的遭遇。我为校勘方便，将列传部分编制了一个有关传主的行状、碑、传对照表，当时还没有元人传记索引之类工具书，我的表对他点校列传很有用，因此得到他的肯定和赞许。

他偶然也发表非常独到的评论，令我深刻难忘。如我同他谈及将被借调去续编范文澜著《中国通史简编》，他却对范老《简编》中唐代文学部分发表评论，说：唐代文学论述得这么细致也算难得，可惜观点太旧。我在《简编》第三编出版时曾通读过一遍，尤其喜欢其中下册的文学、艺术和宗教部分，从来没想到他这个问题。解放以来，只见郭、范、翦等马列主义史学家批评旧大学教授的观点陈旧已是天经地义，没想到他反过来说范老的观点旧。我参加编写《中国通史》工作后，才知这部分是有助手将后人各种诗文评搜集起来供范老参考，然后他根据自己的观点从中选择适当的评语，采取用旧瓶装新酒的方式写成他的唐代文学。唐宋人的诗文评毕竟是古人的词语和思维，不能充分表达马克思主义和现代文艺理论的概念。范老早年对文学有精深研究，有关于《文心雕龙》等的专著，正因为他有此功底，在写这部分时，无意中驾轻就熟地沿袭了旧的路子。由此可见，邵先生不仅学识渊博和兴趣广泛，而且思想意识新锐，因此能看出本行专家都难以觉察的问题。

1971年陈援老（垣）逝世，他草拟一付挽联："稽古到高年，终随革命成夙愿；校雠捐故技，不为乾嘉作殿军。"以他和邓恭三（广铭）师的名义共献。此联仅用少数几个字贴切地表彰了陈援老的学术成就和不断追求进步的一生，"文革"时期人们看厌了千篇一律的肉麻吹捧或杀气腾腾、歇斯底里的咒骂文章，这篇寓意深刻、对仗工整的佳作，在懂得个中妙趣的老先生们中间广泛传播开来，一时成为热门话题。由此可见他的旧学功底和才华之一斑。

1973年4月，内蒙古大学蒙古史研究室分担《元史》校勘的资料长编已全部完成，由周良霄、林沉和我三人进京与邵、翁二师共同定稿。这时邵先生正在小汤山疗养，我们专程去疗养院看望他。他看到我们到来，心知将转入后期工作，再也不愿留院疗养，要求立即出院。几天后，他也搬入中华书局，与周良霄同处一室。据说当天还去中国近代史所看望了丁名楠等人，与他这批早年的学生交谈甚欢。在书局只住了几天，可能是由于宿舍中的家具刚刚油漆，或是吃了韭菜馅饺子，他对异味或某些食物容易过敏，本已稳定的病情又导致晚上哮喘大作，书局只好将他送回北大住院，不想几天后猝然病故，三位元蒙史宗师中最年轻的一位却最先逝世。

此前我对邵先生的生平和学业所知甚少，先生去世后独健师等对我谈起一些往事才略有了解。他出身一个前清官僚家庭，祖父邵积诚曾任贵州布政使，护理巡抚，见于《清季重要职官年表》。他父亲时家道中落，常在外工作，家政由母亲操持。母亲陈章贞出自闽县名门陈氏，外祖父与陈宝琛属兄弟辈行，称陈岱荪为表兄。他幼年由母亲严督读"四书"启蒙，以后进私塾，延师就教全由母亲一手操办。翁先生还给我讲了一个邵母严厉教子的笑话：南方天气热的时候多，孩子们读书时常脱鞋蹲在椅凳上，他母亲故意将布鞋做小一点，不易穿进，孩子就懒得费劲穿鞋跑出去玩了。翁先生还风趣地说："这可叫母亲给儿子穿小鞋，但是出于好意，为的是让儿子认真读书。果然儿子书读好了，但运动少了，长大后体质也较弱。"邵先生没上过小学和初中，仅入福州英华书院两年，1926年就同胞弟循恪一起考上清华大学政治系，时年17岁。两年后，独健师也毕业于英华学院，暑期中，被邵先生的母亲聘请到家中当家庭教师，为邵先生的弟妹补习功课。仅教了一月，得知已考上燕京大学，老太太付给他两月的薪酬，他全靠这笔钱才解决了北上的旅费和初入学的生活费用。邵循恪是中国近代史研究所研究员，长期在家养病，仍由老母照料，与翁先生同住南池子，两家仍有来往。翁先生盛赞邵母能干，由于这段家庭教师经历，对邵家的事历历如数家珍。

在清华政治系，兄弟俩成绩皆名列前茅，当年成绩优异的清华学子,目的是争取派遣留学,但每次只有一个名额,为了避免兄弟竞争,邵先生决定改考历史系研究生,以撰写硕士论文《中法越南关系始末》结业,被选刊于清华大学研究院毕业论文丛刊。他能撰写这篇今天仍有参考价值的论文,得益于大学时专攻国际法和国际关系以及在史学和外语方面的良好素养,而且还得到中法战争时疏请举义兵援越抗法、受命钦差会办南洋大臣的陈宝琛亲自指点。后来我看了80年代演出的电视剧《末代皇帝》,才对这位溥仪的太师爷略有了解,这位拒绝随同溥仪去东北充当日本傀儡的爱国者原来是邵先生的伯外祖。无独有偶,而另一个跑到满洲国当了国务总理的郑孝胥却是邵师母的祖父。看来,邵先生通过亲友关系也能经常接触到一部活的中国近代史,这也不能不说是促成他爱好此专业并取得卓越成就的原因之一。

邵先生的追悼会在八宝山举行,会前,让我们这批外来的客人与北大的老先生在小客厅休息,我认出许多熟悉的面孔,除历史系的老师外,有法律系的王铁崖教授,原在历史系教过我《国际关系史》;有中文系的林庚教授,曾教过我《中国文学史》;有经济系的陈岱荪、赵廼抟教授,前者是他的表兄;有中国科学院植物研究所所长、生物系教授汤佩松,是他的连襟。我原以为他不好与人交往,这才发现他的至交戚友非常多。这些校园内外的学界名流,包括独健师在内,或是他的亲戚,或与他是福建福州同乡,英华书院(中学)的校友,或者同学或共事于清华大学。

邵先生于1934年初被清华先后派往法德两国留学,治蒙古史、波斯文和蒙古文。1936年重回清华,是抗战前北平史学界的新进，知名的大学青年教师。自从 1897 年洪钧的《元史译文证补》出版以来，将波斯的蒙古史料介绍到中国，开辟了元史研究的新天地，元蒙史成为显学，学界宗师如李文田、沈曾植、屠寄、柯劭忞、王国维、陈垣、陈寅恪等人无不致力于此，并意识到译介波斯等西方史料的重要性。1934 年出版了冯承钧译《多桑蒙古史》，开始摆脱对洪钧《译补》的依赖，但多桑不懂汉文，冯译又从他的法文本间接译出，仍留下不少缺憾。此时邵先生学成归国，直接从原文翻译波斯文史料正是当务之急，而他也具备了担起此重任的必备条件。他于 1936 年发表了《〈元史〉、剌失德丁〈集史·蒙古宗室世系〉所记世祖后妃考》，用《元史》、《集史》和不列颠博物馆、巴黎国家图书馆所藏波斯文抄本《贵显世系》比勘，校正了《集史》的讹脱，使它与《元史》能相互印证而又能补其缺略。我在中国近代史所看到一本 1937 年初的清华大学《社会科学》（第二卷一期）旧杂志，封底登出广告，拟于下期刊出他译注的《集史》第一篇《部族志》。我为此还专门问过他，原来是卢沟桥事变发生，第二期停刊未发，原稿与其他稿件等托邮南运时，因轮船失事沉海而遗失。他所用的俄人贝烈津刊本是陈寅恪先生为史语所从德国摄制，译稿既失，原书又不在手，此后重译也不可能，这也是处于乱世学术文化易遭厄运之一例，可见前辈的成果流传之艰难。

抗战胜利回到清华后，他据自藏《集史》布洛舍刊本波斯原文着手翻译成吉思汗继承者部分，1947 年在《清华学报》发表了《剌失德丁〈集史·忽必烈汗纪译释〉》（上）。他曾对我解释：译文采用浅显的文言，意图与洪钧的译文取得一致，以便读者对照洪译从异文识别其中错误。《蒙哥汗纪》、《忽必烈汗纪》（下）和《铁木耳合罕本纪》的译注也在断断续续进行，采取选译的办法，将原文中难认难解之处经考订有独到见解者，连译带注记录在笔记本上，实际上已解决了转译中的大部分难题，1985年《邵循正历史论文集》出版，这批残稿才得以公布。

邵先生的译稿对波斯文抄本中音点脱落、传抄讹脱的人名、地名及其他专门词语，皆能追溯其源，准确地按元代习用译法译出，并旁征博引疏注阐释。如《蒙哥汗纪》载其女失怜（Širin）适塔出驸马之子，此子之名贝烈津本《部族志》、《贵显世系》、布洛舍本皆误，《译释》认为应读 Jūjinbāi，即《元史·公主表》中之术真伯，俄译本《部族志》据德黑兰抄本勘定为 Jūjinbāi，证实了他的预见。又如铁木耳合罕时的宗王、大臣移相哥、八不沙、囊加真、只儿合忽、完泽和答剌罕（二人误作一人），俄、英译本皆识读错误，此稿可纠正二书的谬误。对名物制度的阐释精彩之处甚多。如亦思替非文字究竟何指是元史中一大难题，他在残稿中早已回答："元代称回教文字为'亦思替非'文字，其对音应作 isṭafá，训'选择'；质言之，即'被选择者'（Muṣṭafá，指谟罕默德）之文字。"阐明了亦思替非的波斯语源和本意。他曾发表评论说：俄译本《集史》不可能没错，只有中国人才可能译好。有人对他的看法表示怀疑，认为俄译者是阿塞尔拜疆人，母语是波斯语，难道翻译水平还不如略懂皮毛的中国人？后来第二卷俄、英译本相继出版，正是他翻译的那部分，两相对照，优劣分明，原来这种书的翻译，不仅要懂波斯文，而且要具备掌握多种语言和广博的历史知识，尤其要熟悉与《集史》相应的丰富汉文史料，这正是西方学者难以弥补的缺陷。1978 年，我在《内蒙古大学学报》发表《从察罕脑儿看元代的伊克昭盟地区》一文，根据元人记载揭示陕北和内蒙交界处有一察罕脑儿城和以它为中心的地区。后重读邵先生《集史·铁木耳合罕纪》，发现他三十年前已注意到我检出的两条关键史料，断定此地有一察罕脑儿城（尽管他所疑是的两处有误，而应该是另一处 Aqbaliq，白城）。

邵先生曾专门讲授过《元朝秘史》，指出《秘史》总译虽从标音蒙文译出，但时有省略或疏漏，而标音蒙文和旁译也偶有讹误，他在讲课的同时，准备重译《元朝秘史》。当时虽已有几家重译本出版，但各有得失，他据标音蒙文并参考有关史料，逐条译补。所补总译之文，文体也采取相似的原有古朴风格。据方龄贵先生回忆，他曾读过部分原稿，1961年在京曾以此事请问，邵师说，稿已完成，继《集史·部族志》之后，也不幸于辗转流徙中遗失。但他仍想完成《秘史》的重译，拟调方先生来北京协助校订《元朝秘史》本文。1962年他出席纪念成吉思汗诞生八百周年学术会议期间，内蒙古和外来各单位的领导、专家开了一次"蒙古史研究、出版工作问题座谈会"，会后我看到油印的会议纪要，邵先生提出准备校勘《元朝秘史》，整理出汉文定本，并提名我担任他的助手。但正式铅印的《集刊》却只提"建议给邵循正配备得力助手进行此项工作"而不提具体人名，估计是内蒙古大学不同意调我而略去。

邵先生的著述，有的成稿后一再遗失，有的计划没有完成,有的发表在某些被史学论文索引之类工具书所遗漏的报刊上。在他身后,《元史论丛》创刊,我们才读到他的四篇论文;《文集》出版,《集史》的译注残稿才得以面世。1987年内蒙古大学举行蒙古学国际讨论会,美国西华盛顿大学陈学霖教授和我分别提交题为《蒙古流行关于北京建城的传说》与《明成祖生母弘吉剌氏所反映的天命观》的论文,论文的前提皆因一个涉及明成祖蒙古血统的传说而起。由于共同的兴趣,我们互相交换了意见和资料,他告知我邵先生也发表过相似论文,会后他还复印一份邮寄给我。题为 *Historical significance of the curious theory of the Mongol blood in the veins of the Ming emperors*(《明朝诸帝有蒙古血统这一奇异理论的历史意义》),发表在 *The Chinese Social and Political Science Review*《中国社会与政治科学评论》20卷 4 期,1937,492-498 页)。由于此文是用英文发表,作者署名 Shaw·S·J,张季谦先生编《文集》时遗漏未收。《剑桥中国明代史》将此文列入参考书目,中译者想不到是人所熟知的蒙古史学者邵循正所作,竟将他误译为 S.J. 萧。据说有人在旧报刊上看到还有《文集》失收的论文,不知邵师遗著散存于世者尚有几何?

邵先生逝世后,由于邵师母没有工作,家庭收入骤然大减。我们这些在内蒙古的学生想到,如果将邵先生的藏书买回,既可充实内大图书馆的收藏,也可稍微改善邵师母的生活。此事是我去北京联系的,我同张广达兄去邵家大致了解藏书的情况。原来邵先生将教研重点转移到中国近代史后,又由于多次搬迁,大部分藏书已经处理。如独健师告我:

解放前他曾托翁师将一套汇集东方学名著的吉布纪念丛书（Gibb Memor.Ser.）以 300 美元卖给了燕京大学图书馆，只留下卡兹维尼校订的志费尼《世界征服者史》刊本和原文影印本三卷、布洛舍的剌失德丁集史波斯原文本和导言几种。当时他的书房中仅有两三个书架，靠窗的书架下面三层是外文书，其余都是新书，其中大半还是刚出版的二十四史和商务印书馆的外国史。他的旧藏书虽所剩不多，但都是精品。如 1834 年和 1852 年出版的多桑和 1876 年出版的霍渥尔斯蒙古史；马可波罗的牟里、伯希和译注本、玉尔、戈迪埃译注本、沙海昂本和其他版本；玉尔的名著《契丹及通往契丹之路》（两卷， 1866），布莱资奈德《根据东亚史料的中世纪研究》（两卷， 1887）等，都是初版或增订本。还有若干种国内罕见的珍本，如：1838 年出版的法人卡兹麦尔原文校订、法文译注的《史集·旭烈兀汗传》；1873 年出版的 Vambery 英译《布哈剌史》；1891 年和 1895 年法人 O. Houdas 校译的奈撒维著《札兰丁传》（两卷）；以及关于帖木儿帝国、中亚、中东以至印度莫卧儿王朝的名著；突厥—法文字典、梵德字典等；还有从伦敦、巴黎摄制的波斯文史籍照片。线装古籍似乎只保留两部，都是稀见刻本，其中的《吴文正公集》是康熙间的木活字印本，此前我甚至在书目中也未发现有何处藏有此书。其余几架新书，大学图书馆不缺，由于邵瑜师妹准备学历史，乃全部给她留下。这批藏书现已成为我校图书馆蒙学部的珍藏，不仅可让我们睹物思人、永留纪念，而且也将永远泽及内蒙古从事蒙古史研究的后生晚辈。

原刊于《文史知识》2007 年第 11 期

怀念周一良师

胡宝国

周一良

(1913–2001)

历史学家，对亚洲史、日本史造诣尤深，对魏晋南北朝史学亦有研究。就读于辅仁大学、燕京大学历史系，后留学美国哈佛大学远东语文系。曾任哈佛大学、燕京大学教授，联合国教科文组织《人类科学文化史》编委。著有《亚洲各国古代史》、《中日文化关系史论集》等。

得知周一良师逝世的消息，我并不感到很突然。因为他已年近九十，且体弱多病，"这一天"在哪一天到来的可能性都有。

周先生自己也早有思想准备。他原本身体很好，可八十岁以后，却是每况愈下，大概因为这个缘故，在很多场合他都喜欢引用明人笔记里的一段话。我记得那段话大意是说有四种情形长不了。一是春寒，二是秋热，三是老健，四是君宠。在怀念吴于廑先生的文章结尾处，他写道："最近三年，我连续失去了三位论交五六十年的挚友——哈佛的杨联陞、复旦的谭其骧、武汉的吴于廑。因业务相近，三人与我关系密切，而噩耗传来，并未起昭告与他们三人从此人天永隔的震撼作用，却像是预报将与他们殊途而同归。"他就是这样，虽然热爱生活，但又总能以一种平和的心态看待死亡。三个星期前，也就是中秋节时，我的师姐去看望他，他说："天堂已近，苏杭未去。"还惦记着去苏杭游览。可惜这个愿望永远无法实现了。那天，我因有事没有同去。师姐回来嘱咐我，老人喜欢吃点心，去的时候别忘了带些新鲜的点心。本想近期带着点心去看他，可惜我这个愿望也永远无法实现了。

我最早知道周先生的名字是在9岁那年。"文革"开始，红卫兵抄家走后，我帮着父亲整理散落在地上的书籍。其中有一本就是周先生的《魏晋南北朝史论集》。扉页上写着"如雷同志批判"，下面署名"一良"。对此我大惑不解，既然称同志，那就是自己人，可自己人为何又要批判呢？受那个年代影响，在我幼小的脑子里，以为只有对敌人才会用"批判"这个词。父亲无心解释，只是摸着我的头说："长大了就知道了。"是的，长大了就知道了。但无论是父亲还是我，都不可能料到，多少年以后这本书竟然成了我的必读书，而我也竟然成了周先生的学生。

父亲也是周先生的学生，1952年从清华大学历史系毕业。很快，因院系调整，周先生也离开清华，到了北大。整整三十年后，1982年我又当上了周先生的研究生。在这漫长的三十年里，周先生经历了种种坎坷。基本上可以说，父亲毕业后，周先生就被迫改行研究上了世界史，而我当上研究生的时候，正是他刚刚归队、重操旧业不久。由于这个背景，父亲生前总是和我开玩笑说："我是你的大师兄。"

见周先生之前，父亲向我介绍了他的情况。父亲说，周先生虽是大家，但没架子，很随和，很好接触。此外，周先生做学问很谨慎，没把握的话是不会说的。我没有料到的是，父亲最后说："周先生长得很漂亮，绝不在孙道临之下。"这三条都说对了。但是我要补充的是，先生固然随和，但随和之中实际上还是透着一种不可言说的威严。我几乎敢和所有的老师开玩笑，但唯独和他不太敢。

周先生对学生的要求是非常严格的。我们写的作业，不仅内容上他要严格把关,就是文字上他也绝不含糊。记得当时他的《魏晋南北朝史札记》正在《文史》上陆续刊出。为了行文方便,他使用了浅近的文言。我也学着在作业中写文言。这一次周先生不客气了。他在我的作业上批道:"不要乱用之乎者也,这很可笑。"后来见面,他又再次跟我说:"你们还是写白话文为好,现在六十多岁的人已经写不了文言文了。"当时,他七十多岁。从那以后,我再没有写过文言文。

刚毕业那几年,我懒散,几乎没有写出什么有分量的文章。周先生很失望。他对田余庆先生说:"他可不如他父亲像他这么大的时候。"这评价给我以极大的震撼。从那以后,我才开始逐渐用功读书。

到他八十岁生日论文集出版时,先生对我终于有了较为满意的评价。

书中收了我的一篇短文,题目是《〈史记〉〈汉书〉籍贯书法与区域观念变动》。先生阅后给父亲写信说:"生子当如孙仲谋。"去年,我又给他看两篇新作。一篇是《〈三国志〉裴注研究》,一篇是《杂传与人物品评》。他在给我和师姐的来信中说:"宝国两篇视野广阔,考证细密,发前人(包括我这老师在内)所未发之覆. 读来很过瘾,有寅老风范,既出蓝,又跨灶矣。宝国勉之哉!"当时读到这封信十分高兴。而今天,当周先生早晨刚刚离去后再读此信,我只是感到欣慰。最终,我没有让他失望;最终,他是以一种满意的目光在注视着我。今后的岁月里,老人这温暖的目光势必长久地伴随着我。

一位外国历史学家曾说:"历史就是现在与过去永无休

止的问答交谈。"其实，对于一代又一代的研究者来说又何尝不是如此。在学术研究的道路上，我们这些后来者与前辈之间的问答交谈也将是永无休止的。在周先生的著作中，我们仍然会时时受到教益。

写于周一良先生逝世当日下午

原刊于《文史知识》2001 年第 12 期

怀念雷海宗先生

王永兴

雷海宗

(1902-1962)

历史学家, 教育家。涉猎广泛, 贯通古今中外, 对中外历史研究均有建树。毕业于清华大学, 后留学美国, 回国后任教于南京中央大学、武汉大学、清华大学等。编著有《中国通史》、《西洋通史》、《中国文化与中国的兵》等。

1934年我考入清华大学读书,必修课中有中国通史,教师是雷海宗先生。我还记得第一次上课时的情景。我们将近一百人的一年级学生坐在生物馆的阶梯教室里,气氛极其安静,又稍有一些紧张,等待讲课的雷先生。上课的钟声还没有响,一位衣着朴素的先生走进教室,把几支粉笔放到讲桌上。他没有带书,也没有讲稿,和蔼但又有些严肃地看了看学生们,首先说了学习祖国历史的重要意义,就开始讲课。他讲话声音不高,极有条理,我们都全神贯注地听着写笔记。最使我们敬佩的是,一次讲课有许多人名、地名、年代,他记得那样准确,那样熟练。全年讲课都是如此。入学时间长了,接触三四年级同学,才知道雷先生学识渊博,对欧洲中世纪史的研究造诣很深,对中国古代史,特别是对秦汉史的研究,也造诣很深,是贯通中西史学的学者。我们都为能听到他的教诲而感到高兴。

　　抗日战争开始后,1937年10月,清华迁到长沙,和北京大学、南开大学联合成立临时大学。我选修了陈寅恪先生讲授的魏晋南北朝史,这是我从寅恪先生受业的开始。有一天,我去看望雷先生,说了我选修寅恪先生的课,并说,我打算跟陈先生长期学习中国古代史。雷先生笑了,说我的选择很对。

他很敬佩陈先生，说寅恪先生不仅是中国中古史的专家大师，而且也很懂欧洲史、希腊罗马史、欧洲十九世纪史。他劝告我，学习中国中世纪史，也应懂得欧洲中世纪史。我听从了雷先生的教导，选修了他讲授的欧洲中世纪史。我的英语程度很差，但在他的教诲指导之下，一年中读了几本论述欧洲中世纪史的书。这对我学习魏晋南北朝史、隋唐五代史很有用处。记得我国学术界讨论魏晋南北朝隋唐五代时期是否存在庄园制度时，我虽然没有写文章参加讨论，但我的思想里是持否定意见的。这可能和我从雷先生学习一年欧洲中世纪史，对欧洲中世纪史有一点知识有关。

大学毕业后，我进北大文科研究所从陈寅恪先生学习隋唐史。学校为我们近二十名研究生在昆明东北郊龙头村宝台山上盖了十来间草房，离城二十多里。三年中，我进城几次，每次都要到北门街去看望雷先生和师母。他们住了两间极简陋的木板房。看到我，先生很高兴，问我读书情况，常常嘱咐我，要多懂一些欧洲史。有一次，谈话时间很长，雷先生说到学习欧洲史的学生，也应该努力认真地学习祖国的历史，学习我们民族优良的传统文化和学术思想。我坐在他身旁，安静地听着，也在想，先生就是贯通中外史学的专家典范，他言教也身教。

抗日战争胜利后，陈寅恪先生住在清华新南院53号，雷先生住在稍北的一所房子。寅恪先生双目失明，我每天上午在他身边工作，为他读书，查资料，抄稿子。有时工作结束早，我就去看望雷先生，他每次都问到寅恪先生的健康。雷先生是历史系主任，又主编清华的《社会科学》，我有时也协助他做点杂事，心里很高兴。

50年代初，全国高等院校调整时，雷先生被分配到天津南开大学。1955年，我去天津办事，特地到南开去看望雷先生和郑毅生先生。雷先生住的一所小房子很简朴，像是很旧。先生面容清癯，师母说，先生的健康状况不好，看来心情有些抑郁；但他还是很高兴地接待我，问到我的读书生活情况，还嘱咐我应该多读几本讲世界史的名著。他过于谦虚地说，他是研究欧洲中古史的，应该较多较深地理解我们祖国传统的优良文化和学术思想，但他对中国古代史书读得太少了。师母招待我，喝茶，吃点心。先生指着点心说："这是起士林做的，天津有名的点心店。"还问我："比清华古月堂的点心怎样？"在大学读书时，我曾在两位先生家里吃过古月堂的点心，很好吃的。我笑着说："不如古月堂的。"师母说："这恐怕是你们清华人的偏见吧？"三个人都笑了。我能看出来，先生为了我去看望他而十分高兴，谈起清华往事，谈到陈寅恪先生，刚见面时那种抑郁表情没有了。但谁能想到，这是我和先生的最后一次见面，最后一次聆听先生的教诲。

1957年，我听到先生的一些情况，心里很难过。1958年，我无可奈何地去了太原，开始了我过去80年中最痛苦的二十年，浪费生命而对国家毫无贡献的二十年。先生逝世，我是从清华老同学的信中知道的。悲痛之后，我想起先生对我读书治学的教诲，感到惭愧，感到无可奈何。十年浩劫中，我被剥夺了读书治学的权利，但不知怎的，还时时想起先生和其他老师关于我读书治学的教导，而且有时还有个计划，我未来要如何读书；我想起在昆明时，雷先生把一本很大很厚的英文的欧洲中世纪史的书交给我,指导我怎样读。这样的大书,我将来还是要读的。社会国家需要我去读。当时,我向同是阶下囚的人们说这些话时,他们都嘲笑我,说我说梦话。当时我想,我不是说梦话,先生虽然不在了,我读先生交给我的那样大书的时刻一定会到来,为了祖国我努力读书的时刻一定会到来。

1978 年,我调到北大,去看望在病中的齐思和先生。齐先生谈到雷先生,他们同样都是贯通中外史学的学者,是我景仰的前辈。在北大,遇到学世界史的学生,我常常把雷先生关于读书治学的教导告诉他们,学习世界史的学生一定要懂得我们祖国优良的传统文化和学术思想,要读这一方面的书,读书治学要以雷先生、齐先生为楷模。

过去有人认为我说梦话、但我却不认为是梦话的时刻真的到来了,而且这一时刻比我当时所希望的要好得多。但我这几年来没有认真读世界史的书,有时虽借来像当年雷先生交给我的那样讲欧洲中世纪史的书,但也只是翻翻而已。年已八十,欧洲中世纪史不懂,中国中世纪史也未学通。想起雷先生的多次教诲,感到十分惭愧。

1994 年 9 月 5 日,我参加清华大学复建历史系盛会,院系调整前清华历史系的校友很多人都来了,其中多数是我担任班主任这一班的同学。午饭后,我们二十多人单独聚会,畅谈清华历史系的往事,特别是 40 年代末、50 年代初师长们的事迹。关于雷海宗先生,我们谈得很多。当时,雷先生任系主任,他的为人师表的言行,迄今将近五六十年,仍然润泽着我们这些老学生(从六十到八十岁)的心田;他的高尚风范仍然使我们向往，永远使我们向往。当谈到雷先生过早地离开我们时，全室凄然。二十几个人静默地彼此看着，无声地怀念着敬爱的雷先生。有人提议，立即写信给雷师母，向她老人家请安慰问。信是殷叙彝写的，我们二十几个学生都署了名，由王敦书寄出。没有料到，在我们聚会的前一天，师母已离开尘世。三十多年来，伯伦师在天之灵很孤独，现在，一生同甘共苦的师母终于回到他的身边，老师不会再寂寞了吧。

原刊于《文史知识》1998 年第 4 期

新知闡舊學　論史復論文　雅俗爭同賞

中青喜共聞　文能探情懷　史善治熊林桑

十載辛勤也　古林已策勳

文史知識創刊十周年祝詞　　周振甫

我印象中的老李

龚书铎

李 侃

(1922–2010)

历史学家、出版家，为古籍整理和传统文化保存做出突出贡献。1958年由中共中央宣传部干事调中华书局工作，后任中华书局总编辑、中华书局香港分局董事长、《文史知识》主编。主持国务院古籍整理出版规划清史近代史部分工作，组织出版《文史资料选辑》、《辛亥革命回忆录》、《中国近代史资料丛刊续编》等。

先说说有关《文史知识》的创刊吧。那时是在军事科学院开会,我和李侃同志都去了,当中随便聊天,就在那儿聊出来的《文史知识》。当初是认为,《历史研究》是学术刊物,很专门的,其他如学报也都是学术刊物,一般读者想了解一下文史方面的知识,那些刊物对他们不适用,不是专门去研究,高深了不行,很专门的不行。比如说干部,还有社会上一些喜欢了解文史知识的人,甚至于包括一些大学生,他们需要什么样的刊物?老李就说要么办这么一个刊物吧,就叫《文史知识》吧,有文有史,知识性的,也不是什么学术性的高深的,带有普及性的。

　　很快,《文史知识》就创刊了。当时还有杨牧之、黄克。当时老李考虑有文学、有历史,能够更好地走向大众,让喜欢的人有点东西看,适应需要。

　　办出来后,雅俗共赏,效果不错。最多的时候,印数达到二三十万份。有这么个新刊物,适应更多人看。那时候刊物比较少,能有这么个新刊物,年轻人可以看,老年人也可以看,搞专门研究的人也想了解,没有专门研究的人想从里面得到些知识,适应面比较广。大概《文史知识》十周年,我在《人民日报》发过一篇短文,专门讲《文史知识》的影响。

到后来，刊物越来越多，人家一看这种刊物畅销，人家也跟着办了，多了，你订这个，他买那个，一分散，后来（印数）就下降些。现在刊物也多了，况且所谓"读图时代"，有些年轻人只读图，不看书，连大学生也受此影响。现代化，有人说是个双刃剑，电脑上网，很方便，但消极面也一起来了，浮躁，静不下心来。

关于《中国近代史》的策划，也是偶然的。我记得当时在哈尔滨开学术座谈会，是座谈苏联一个专家的《中国近代史》歪曲中国近代的历史。老李和我都去哈尔滨开会。在去大庆参观的路上，李时岳就建议编一本有针对性的中国近代史。《中国近代史》第一版是 1977 年正式出版，李侃先生参加了。出版后逐渐影响较大，参加高考的，大学历史系做近代史教学的，社会上有人想了解近代史的，也用这本书，已经印了 140 万册。经过时间的考验，经过了读者的考验，还有一定的生命力。

中华书局近代史编辑室，在历史学界特别是近代史学界影响很好。那时出版了好多书，笔记、文集、日记，我自己也还买了不少。后来因为赔钱不出了。那些笔记、文集、日记，史学界非常赞赏。因为有用啊，你出了，就有书看。在北京还好，能够跑图书馆，在外地，可就不容易了，那是功德无量的事情啊。

老李这个人很勤奋。出版过去他也没搞过，中国近代史他也没搞过。他原先参加革命，新中国成立后曾在中宣部工作，后来到中华书局。我是在上世纪 60 年代初编《中国近代史参考资料》时，才和老李认识的。那时近代史组张静庐当组长，老李是副组长。张静庐是老出版家，老李就边干边学，所以说他勤奋，不容易。这是好些人所不及的。老李完全是自学成才,勤奋好学。他本身也有才,光勤奋好学,没有才,也学不上去。他有个特点是才思敏捷。有一次开会,我们坐在一起。人家上边讲话,他在那里写啊写。我说人家在讲话你写什么呢,他说赶个东西,催着要。等会开完了,他也写好了。我说你够快的啊。上海古籍出版社出的一套孙宝瑄的《忘山庐日记》,书出来不久,他书评就写出来发表了,快。写东西快,有思想深度,可能跟他的经历有关。因为他搞过革命,接触过革命。搞历史,书呆子读书和不是书呆子读书不一样,看到的东西不一样。会读书的人是读书的背后,不会读书的人是读书的面上,尤其搞历史。现在学生啊,年纪小,从家门到校门,学历史的找工作不好找,但还真不好学。

出版过去他不接触,近代史过去他也不接触,结果都成为了专家,这就是老李。他行政工作负担很重,另外他不是大学毕业,不是大学历史系的,所以他不容易。

老李工作的时候,身体很好。那时中华书局在王府井,我几乎每周都去。当时老李和老赵(守俨)在一个办公室。

老李这个人爱才,对年轻人很注意培养。另外,他人比较豪爽,没什么城府。人的优点有时带着缺点,他有时比较急躁,发脾气。他对中华书局应该说尽职尽责,做了他能做的贡献。包括现在中华书局的房子也是他跑的。老李在东北参加革命后,还有些老关系,老朋友。搬到中华书局现址,路远了,我就很少去了。以前我经常去,在一起说说近代史、学术界的事,中午就去萃华楼吃饭,花个一块钱两块钱,三四个菜,有凉的有热的,他还爱喝二两,老白干。

他在北京比较好的朋友啊,观点都差不多,我一个,李文海一个,金冲及一个,还有王玉璞。

老李退休后不久就一直住院。后来他自己也糊涂了。他去世前最后一次去看他,是前两三年,几个老朋友一起去的。当时医院把他从监护室推到医生办公室,跟我们见了面。一见面有人问他我是谁,他记得很清楚,连我家的电话号码都记得很清楚。但过了两三年再看他就不行了。那是在1994还是1995年,他在办公室,笔掉在地上,弯腰下去捡笔,就倒在地上了。大约过了半小时,有个打扫卫生的工作人员进去,才发现的,然后送医院。他这人生命力很强,两次病危通知都扛过去了,很不容易。

本篇根据龚书铎先生的谈话录音整理,并经龚先生审阅——刘淑丽记录整理

谭其骧与《中国历史地图集》

王文楚

谭其骧

（1911-1992）

　历史地理学家，中国历史地理学科的奠基人。1932年毕业于燕京大学研究院，师从顾颉刚。与顾颉刚发起成立禹贡学会、中国地理学会并任理事。参与国务院古籍整理出版规划工作。他主编的《中国历史地图集》是最为详尽的中国历史政区地图集，对各项国家建设意义重大，被誉为新中国社会科学最重大的成就之一。

季龙师于 1992 年 8 月 28 日辞世,迄今已三年了。他那严谨治学、辛勤工作的神态,依然萦绕于脑海,只是人天永隔,不禁为之怆然。今年为他主编《中国历史地图集》八册公开出版八周年,遂撰此文,以申怀念之忱。

标志着我国历史地理学迈入一个新阶段的《中国历史地图集》,是复旦大学历史地理研究所和兄弟协作单位共同完成的一部科学巨著,也是主编季龙师努力奋斗的丰硕成果,他为之付出了大量时间和毕生精力,凝聚了他无数心血和渊博学识。

一 辛勤工作,含辛茹苦,耗费了三十多年的心力

早在三四十年代,季龙师就有编制一部规模较大、内容详赡的中国历史地图集的愿望,可是,那时政府腐败,制图印刷技术又极差,未能如愿。1954 年冬,著名历史学家范文澜、吴晗依据毛泽东主席的建议,重编改绘清末杨守敬的《历代舆地图》,组成了"重编改绘杨守敬《历代舆地图》委员会",简称"杨图委员会",设在中国科学院哲学社会科学部。次年春,吴晗推荐季龙师去京改编修订,这正合季龙师的夙

愿,欣然应命,从此就将自己全部精力和学识贡献于这项艰巨任务。

1957年初,编纂工作转移到上海,作长期的规划。开始时有章巽、吴应寿、邹逸麟、王文楚四人参加。季龙师勤于所事,乐之不倦,每天上下午都来工作室编图,成了常规,这在全校文科著名教授中,是独一无二的一位。1958年"大跃进"开始,他和全体同志一样,除每天上班外,还加夜班,一天三班,不论寒冬和酷暑,坚持不易,这在当时所有著名教授中更是罕见。

我于1957年初随季龙师由京返沪,从师学史地之学,并在季龙师悉心指导下,参与了编图工作。1958年秋,主要因编纂工作的繁重艰巨和人员的不足,学校调拨周维衍、魏嵩山等十名历史系高年级学生以边干边学的办法参加这项工作。季龙师把培育年轻一代视为己任,循循善诱,诲人不倦,祈望的是多出人才,快出成果,不仅在审阅每一位编的草图时,指出错误及其原因,并每隔一段时间,作有关编图方面和历史地理方面的学术报告,充实和丰富大家的知识。他一个人审阅我们十几个人的初稿,真是忙得手足无措,但毫无怨言。他奖掖后学,识拔人才,尤为殷切而不遗余力,遇有编图成绩突出者,欣然寄以莫大希望,每每称道不止,遇有在历史地理学术研究具有一定见解的论文,更总是予以帮助。季龙师博闻强记,治学严谨,他对我们的论文从不降格俯就,凡编图有差错或论文疏误者,不论何人,他都直言不讳,当面批评,为之驳正纰缪,是一位令人敬重的严师。这样,在他长期精心培育和严格训练下,一批中青年学者脱颖而出,无论在编图和历史地理研究领域,涌现了世人瞩目的丰硕成果。1959 年在编图室的基础上,建立了历史地理研究室,一批年轻学者在季龙师的身边,聆受教诲,朝夕相处,相互研讨,疑义相析,共同奋斗,进一步推动了编图工作的进展。

此后随着图集编绘范围的扩大、内容的增加,陆续邀请中央民族学院、南京大学、科学院民族研究所、近代史研究所、云南大学等著名专家和学者参加各边区图的编稿,历史研究所、考古研究所等著名专家和学者参加原始社会及其他图的编稿,已经不是杨守敬《历代舆地图》的原貌了,于是改名为《中国历史地图集》,季龙师仍任主编之职。

1966 年夏,文化大革命一开始,季龙师被戴上"反动学术权威"而被打入牛棚,受尽了折磨,编图工作全部陷于停顿,他对在"文革"中浪费的时间、精力和才华,深感惋惜和痛心。三年之后,编图工作恢复,他被宣布为"一批二用",主编之职已被剥夺,也做初编工作,编的图稿规定由"掺沙子"进来的历史系学生红卫兵审查,但他并不计较个人得失,十分认真地编制初稿,撰写校记,对我们在编图过程中遇到的各种难题,尽力帮助解决,还修改我们的大批考释,这种对国家科研事业高度负责的精神,给予我们很大的教育和鼓励。这样又经过四五年艰难曲折的奋斗,终于在 1973 年完成编稿,自 1974年起,分八册陆续出版内部试行本。

由于图集的完成阶段,正值"文革"动乱时期,内部本中不可避免存在着不少缺点和错误,存在着不科学、违背历史事实的内容。1981 年初,在中国科学院领导下,开始对内部本进行修订。当时已在十一届三中全会以后,恢复了实事求是的优良传统,清除了"左"的错误,为按照历史事实、科学地修订图集创造了良好的条件。季龙师重新履行主编职责,修订的原则、办法及具体方案,都是他亲自制定的,图集的前言和后记,都是他亲自撰写的。修订的编稿人员,由季龙师约请复旦大学历史地理研究所杨宽、钱林书、王文楚、魏嵩山、周维衍、赵永复六位同志分册进行,原始社会及边区图约请考古研究所王世民等、南京大学陈得芝、民族研究所邓锐龄等、中央民族学院洛桑群觉九位同志负责,修订的图稿完成后,按图册集中,交季龙师审阅。当时预定计划八册图于1984年底,以近四年时间全部公开出版,但因任务繁重,时间紧迫,再因季龙师于1987年2月患脑血栓后,留下了后遗症,半身不遂,且年逾古稀,工作受到一定的影响,但他仍以顽强的毅力,不辞辛劳地忘我工作,仔细认真地审查每册修订图稿和图组编例,沉思博考,反复斟酌,详予订正,一丝不苟,有时为了按时交稿,不影响出版日期,工作到深夜,甚至拂晨,祁寒威暑不辍,这种忘我勤奋、坚韧不拔的意志,实在令人惊叹和钦敬。季龙师为了集中时间完成图集的修订工作,摆脱社会上对他不必要的干扰,在相当长的一段时期内,与外界隔离,孑然一人,闭门奋力,真是老骥伏枥,志在千里。

季龙师在图集修订过程中,对一些疑难问题,广泛搜集史料,钩玄剔抉,审慎考辨,思想深刻,多有创见,发前人所未发,如对唐代西南羁縻府州不同时期的不同隶属关系,刊正前人舛谬,提出新的见解;于中越边界问题,博引群书,详加考订,写了数万字的校记,等等,不一而举。

二　渊博的学识，精湛的论断，严格按历史事实、按科学编图，并为之呕心沥血，坚持不渝

《中国历史地图集》的编绘工作，令季龙师煞费苦心，绞尽脑汁，图集采用的底图、设计方案、具体处理办法等，无不躬亲，力求按科学性、按历史真实编图。

1. 起初计划只是将清末杨守敬《历代舆地图》予以重编改绘，改正增补杨图显著讹脱之处，设想采用的今底图就依杨图底图的胡林翼《大清一统舆图》，只将图中清代的政区地名，改成50年代的政区建制。季龙师认为，《大清一统舆图》刊印于清同治初年，主要根据康熙、乾隆时期测绘的两内府舆图编制而成，与根据现代测绘技术所制成的今图相比，存在很大误差，要将清同治以后近百年改设的新政区地名及改变的新省界移绘到《大清一统舆图》上，是根本不可能的。因而他坚决主张采用精确度高的今图作为底图，经过杨图委员会多次商讨争论，由于季龙师的坚持，同意改用今图作底图，事实证明季龙师的意见是非常正确的。

2. 原计划重编改绘杨图，范围一仍杨图之旧，只画中原王朝的直辖领域，不包括少数民族建立的政权。季龙师认为，我们伟大祖国是各族人民共同缔造的，各少数民族在各个历史时期建立的政权，都是中国的一部分，新中国的历史学者，不能再蹈封建史家的覆辙，要正确反映我们这样一个多民族国家的历代疆域、政区变化，仅仅编绘一部中原王朝的地图集是不适宜的。经过杨图委员会数次反复讨论，季龙师的正确论

说被采纳,决定打破传统观念的束缚,重新编绘一部既有中原王朝,又包括各边区民族的分布地及其所建立的政权版图的《中国历史地图集》。

季龙师对历史上的中国疆域,有其精湛宏通的识见,认为编绘中国历史地图,既不能以古人的"中国"作为历史上的中国范围,也不能以今天的中国范围来限定历史上的中国范围。因为今天的中国疆域,是1840年以后一百多年来帝国主义侵略宰割了中国部分领土形成的,所以不能代表历史上的中国疆域,应采用几千年来历史发展所自然形成的中国,作为中国的范围。而1840年鸦片战争以前的清朝版图,是几千年来历史发展所自然形成的中国,这就是历史上的中国范围。各历史时期所有在这个范围之内活动的民族,都是中国历史上的民族,在这个范围之内所建立的政权,都是中国历史上的政权,包括虽有部分辖区超出这个范围,而其政治中心在范围以内的政权。图集内部本基本上是根据季龙师的科学论说进行编绘的,但未能完全做到。1981年开始进行修订时,他要求尽力按此办理,以体现各民族共同缔造祖国的历史,修订后的图集,完整地显示了中国疆域形成和发展的历史。

3. 季龙师认为,无论总图或分幅图,应选取中原王朝和边区政权的疆域政区都比较稳定、明确的标准年代。历史上每一王朝、政权,先后延续几十年乃至数百年,疆域时有伸缩,政区常有改易,治所屡有迁移,前后变迁很大,如不按年代断限,会将不同年代的建制,混杂于一图,不能科学、准确地反映历史的真实。杨图自汉以后各朝图全部按各史《地理志》或清人《补志》编绘成图,而各史《地理志》于年代断限一般都不予重视,往往混一朝前后不同年代的建制于一篇,因而杨图的各朝图往往不是同一年代的建制,前后相去数十年或百余年,造成混杂错乱。季龙师为贯彻这一学说,不遗余力,力求使图集达到科学、准确。在每一图组开编之前,他都要花费很大精力,认真反复考虑图组的总体设计,拟订编例草案,然后召集全体编稿人员会议,讲解这一历史时期中原王朝和边区政权的疆域变迁,各级政区建制沿革,选用某年为标准年代的依据和理由,以及标准年代前已废和后置政区的处理办法,经过全体编稿人员认真充分的讨论,图组编例定稿后,要求编稿人员共同严格遵守。

4. 图集内部本的定稿正值"文革"动乱时期,受到"左"的严重影响,存在着完全违背历史事实的内容,尤其突出的是,内部本自三国以来历朝都把台湾、澎湖作为中原王朝的领土处理。季龙师根据历史记载,认为三国孙吴征伐夷洲(今台湾),但并未取得,宋以前台湾、澎湖不属于中原王朝版图,南宋、元、明仅将澎湖收入了版图,但并未管辖台湾,明末荷兰人侵占台湾,清初郑成功驱逐了荷兰侵略者,在台湾建立了奉明朝正朔的政权,直到清康熙二十二年(1683)平定郑氏政权,台湾才成为中原王朝疆域的一部分。他反复说明台湾自古以来是中国的一部分,这是正确的,是因为台湾的土著民族——高山族是中华民族的一个组成部分,是中国的一个少数民族,中国历史发展的结果。到了清朝,成为清王朝疆域的组成部分,但不能曲解为台湾自古以来是中原王朝的一部分,这是违反历史事实的。季龙师当时处于"一批二用"的处境,不顾自己安危,多次阐述这个科学真理,而屡被推翻,直到图集修订时,才坚持予以改正,按照历史真实编绘。

5. 编稿人员根据图组编例编成的图稿,地名稀密分布极不均匀,有些地区稀疏,有些地区密集,尤其政治、经济中心的京畿附近,甚为密集,制图工作者认为图面载负量太大,建议删去底图的今地名,或删去不重要的古地名。季龙师坚持反对,认为:(1)古今对照是我国历史地图的优良传统,阅读查对,一目了然。(2)图集上的古地名是由编例规定的,不能随意增删,由编者主观判断哪些重要,哪些不重要,是很不科学的。他建议古地名密集的地区,应作扩大图,使图面清晰,而不应删去今地名或古地名。经过多次争议,最后采纳了季龙师的正确意见,在首都近郊作扩大图。但在"文革"动乱中,原来编绘得相当详密的长安、洛阳、建康近郊插图被无理删除。图集修订时,季龙师再次建议重编,重新增补了长安、洛阳近郊扩大图,但遗憾的是,由于时间匆促,如东晋南朝建康附近扩大图就无法恢复了。

总上所述,足以表现季龙师编纂图集富有卓见和精辟的学术思想,并为之呕心沥血、坚持不懈的精神。他治学严谨、勤奋刻苦、科学态度和实事求是都堪为楷模,是一位学识精深的著名学者。他在编纂图集时期内,严格造就了一批中青年学者,携率后学为完成图集努力奋斗,是一位德才兼备、品行醇正的当代人师,因此受到国内外学者和后人的推崇和景仰。

原刊于《文史知识》1995 年第 9 期

求真、实证、新解

——谈石泉教授研究历史地理的方法

鲁西奇

石 泉

(1918-2005)

　　原名刘适，历史地理学家，尤以古荆楚地区史地研究
见长。1944年入读燕京大学研究院，师从陈寅恪，后于
武汉大学任教。他提出对六朝时期江汉地区城邑山川
分布的疑问、对"云梦泽"地名的新见解等，对还原历史
原貌、测定地理信息有着重要作用。 著有《古代荆楚地
理新探》等，主编《楚国历史文化辞典》。

石泉先生在 20 世纪 30 年代,由于受到《禹贡》杂志以及顾颉刚、钱穆、侯仁之等先生的影响,开始对历史地理学发生浓厚的兴趣；自 40 年代中期起,又以荆楚历史地理为主要研究方向。半个世纪以来,他本着科学的求真精神,悉心探索,经过由微观而宏观、又由宏观而微观的反复研究,发现了自唐初《括地志》起逐步形成的古荆楚地区历史地理的传统说法中的一系列矛盾难通之处,并以严密的考证突破旧说而建立起一整套全新的解说体系,自成一家之言。应该说,石泉先生提出的关于古代荆楚地理的新解,因为与千余年来逐渐形成的流行说法相扞格,所以理所当然地受到熟悉并赞同传统说法的学者们的反对。迄今为止,他的新解在学术界虽然获得了逐渐增加的支持,但总的说来,还是"少数派"。然而,石泉先生在他几十年的学术生涯中,逐步形成了一套来自实践的研究历史地理的路数与方法,并以严肃的求真精神与谨严、细致的论证程序,在治学方法上作出了一个范例,这一点,却可以说已得到了学术界的公认。因此,在这里,笔者仅就自己所能体会到的,谈一谈石泉先生的治学态度和方法。

一　大胆提出问题与缜密求证

石泉先生的荆楚历史地理研究是从五十年前探讨春秋时期吴师入郢的军行路线究竟在今何处开始的。他在考订这次战役的有关地名位置时，对于流行的解释产生了很大的疑问，感到无论在情理上和史料上都矛盾百出，很难讲得通。于是，他对《左传》所记这次大战中涉及的二十几个地名的位置，进行了一番逐本探源的重新考订。他跳出隋唐以来直至近世形成的旧传统框框，主要依靠更早的先秦、两汉、六朝（直到齐梁时）的古注和经过鉴定的有关史料，以此与《左传》所记相互印证，结果得出了与流行说法全然不同、意外而又不得不然的新解（核心内容是楚郢都及其后继城市秦汉江陵城，并非如流行说法所云在长江边今湖北省江陵县境，而是在汉水中游以西、蛮河以南的今湖北省宜城县南境）。这一问题的提出及石泉先生的初步结论，对于流行说法来说，无疑是一个大胆的挑战与关键性的突破。问题还不止于此，传统说法是一个经过长期的复杂过程而形成的庞大的解说体系，必然是牵一发而动全身。如果不能触动唐以来对于古荆楚地理的解说体系，那么，他对于吴师入郢路线的新解说一旦置入整个传统解说体系之中，就必然缺乏逻辑的合理性。因此，他不得不在更大的范围内不断地提出新的问题，对相关的古地名，逐一重新定位。同时，各方的反驳意见和各种疑难，对他也具有启发和促进作用。这些问题都是环环紧扣，彼此呼应，又都与古郢、江陵地望这一中心问题密切相关。石泉先生最初只打算解决古郢都地望问题,而这些相关问题在研究过程中的渐次提出,又促使他把一系列相关的问题,分解为一个个的具体研究课题,按照逻辑顺序,逐个进行探索,以至于最终形成自己的一整套新解体系。

石泉先生最初提出古郢都、江陵城在今宜城南境的看法,及其对相关问题的新解说,虽然有其自身的逻辑合理性与实证合理性,但从根本上说,不能不说是一种"假说"。但是,这个假说却绝不是无根据的主观臆测,而是以相当强的史料根据和逻辑根据为基础的。同时,他之所以能够提出这个问题以及自己的新解,与他的史学功底和修养也有密切的关系。古人治史,讲究"德、才、识",所谓"史识",就是读史的见识与眼界。石泉先生师从史学大师陈寅恪,深受寅恪先生的影响。义宁之学,善于从表面上似无牵涉的各种现象之间,看出其相互联系与因果关系,从而发现重大问题,并作出有说服力的诠释,往往从极常见的史料中分析出使人出乎意料继而又感到理所当然的独到见解。这些对石泉先生学术研究的思路与方法,都大有启迪。石先生时常要求我们,对一些通常人们视为当然的说法,多问几个为什么;遇到显然存在矛盾、但又通常被忽视或避而不谈的问题时,更不能轻易放过,而要下功夫探明究竟,弄清真相。石先生自己也正是一贯这样做的。这实际上就是一种科学的怀疑精神,而怀疑的目的在于"求真",弄清事物的本来面目。

"识见"并不等于科学的结论,"求真"的精神也并不等于真实本身。石泉先生关于荆楚历史地理的新解说体系,由于对传统说法有很大的突破,常常不易为人们所接受;但他所作的微观的细密考证已形成了一个系统,如果不能否定其所依据的全部主要资料,就很难否定这个系统。他在研究过程中,特别重视逻辑的合理性与实证的合理性的统一。他对于楚郢都以及与之相关的重要山川城邑湖泽位置的细密考证,无不体现了这种统一。在《古代荆楚地理新探》长达四万余字的"自序"中,石泉先生叙述了自己的学术经历,让读者认识到他的结论并非主观好恶演化的结果,而是在精研覃思中发现前人成说的自相矛盾,为解决矛盾在探索中找到一条新路子,是实证和逻辑推论的必然。

二 史料的鉴定与使用

研究历史以至历史地理,有大量的文献材料可供引用。但史料并不等于史实,必须经过鉴定,才能从史料中提炼出可以凭信的史实,并进而去粗取精,评估其价值的高低,然后才能使用。这是史学工作者的共识。不过要在研究实践中贯彻好这些人所共知的原则,则又远非易事。因为我国是一个历史大国,史料浩如烟海,种类繁多,层次复杂,所以古文献学本身即相当艰深。一个学者的功力如何,常常在这方面显示出来。

石泉先生治学,首重史料的鉴定与运用。他研究先秦时期楚国地理,主要依靠先秦文献以及汉魏六朝(到齐梁时)人的注释,而对于唐初以后的历代学者注释及有关史料则较少引用,偶尔用之,亦必持慎重的态度,以能与先秦记载及六朝古注相印证为原则。其所以如此,是因为他在研究探索过程中发现:有关古代荆楚地理的文献,依照其渊源线索,可以区分为作于先秦至齐梁与作于唐以后的两大类；两类文献记载之间有矛盾，而每类文献内部却可以找到一脉相承的关系，不同层次之间亦可大体相通。其所以会出现这种情况，主要是由于梁、陈及北齐、北周诸史皆无地志；后梁是西魏、周、隋的附属藩邦，图籍史册更少流传；《隋书》诸志虽曾以《五代史志》为名，单独成书，但其地理志还是以隋代的地理区划为主，其在荆楚地区范围内所记的梁、陈以及后梁、西魏、北周等辖区诸郡县的地理沿革和治所的迁动，往往很不完整，疏误亦多，常有模糊不清以至自相矛盾之处。后此的唐人著作，在注释前代地理时，也往往习惯于以唐代同名的州（郡）县和一些相关的山川城邑湖泽等的地望来解释、比附六朝时以及前此的同名故址。日久之后，约定俗成，竟被视为定论，但实际上却往往同汉魏六朝人的旧释很不一致，从而去史实更远。现今的流行说法关于古代荆楚地名定位的主要凭借，是唐宋以来直至明清的历代注释，而这种说法无论在史料依据上，还是从科学规律上看，都存在着不少难以自圆其说的问题。明确了这一点以后，石泉先生就澄清了原始材料方面受到的千年蔽障，显示出六朝梁末以前一系列古记载之间彼此相得益彰的内在联系，而唐宋以来诸多矛盾混乱的地名定位解释，在还它本来面目之后，也就能够各得其所。

石泉先生有一种遵守文献学"纪律"的自觉意识，不大给自己留下随意的余地。在史料面前，他一贯严肃认真，对于互相矛盾的说法，从不调和弥缝，而是清醒地承认它、分析它，以求说明它的所以然。他的这种态度，在面临历史上的一些大权威时也无所改变。例如，郦道元无疑是古代地理学的一大权威,他所著的《水经注》是一部内容丰富、价值很高的历史地理文献。但此书中经窜乱,讹误亦复不少,其中关于荆楚地名位置的记载,有不少同汉魏六朝时的其他记载不合,而与唐宋以后的流行说法倒是相符,并经常被流行说法引为依据。对此,石先生的原则是:只取其能与齐梁以前其他较可靠的古记载相印证(至少不相矛盾)的部分;而对其中与同时代及前此的其他可靠记载不一致处(也往往是今本《水经注》内存在自相矛盾之处),则宁可舍弃,决不轻用,因为这部分材料很可能是后人据后世的地理观念加以"订补"(实为窜改)后的产物,而非《水经注》原有的内容。

前人校书,多在文献与版本上下功夫,校地理书,也多纸上说地。石泉先生研究历史地理,在鉴别与运用史料方面,则运用文献与地理考察双管齐下的考校法,重视实地观测以及文献研究与考古学成果的契合。例如,《水经注·沔水篇》云:"沔水又东南与阳(扬)口合。水上承江陵县赤湖。……"以下历言扬水东北流、北流,经过楚国许多重要地点,最后东北流入沔(汉)水。关于扬水的流向流程,只从文字上是看不出问题的。石泉先生却按地形核出了其中问题。他指出:现在的江陵附近地区是西北高东南低,江陵以北的水道都是东南流。而今本《水经注》所记扬水流向却是由长江边的江陵往东北流,一直流到当时的竟陵城附近入沔水。这在地形上是不可能的。他核之以实际地形,无可辨驳地证明《水经注》今本所记扬水流向是错误的,认为扬水只能按地形东南流入汉水,从而订正这段中的"北"为"南"字,再结合汉晋竟陵城的重新定位(当在今钟祥县北、汉水东岸支流的丰乐河流域),这样扬水的源头就不在长江边的江陵而只能在今宜城南境的古江陵城附近了。这样的例证在石先生的论文中是屡见不鲜的。

三 治学与做人

立德、立功、立言，古人谓为"三不朽"。石泉先生之"言"，就是他关于古代荆楚地理的新解体系，是否"不朽"，还有待于科学与时间的检验；而先生在探索的道路上逐步树立并始终坚持的勇于向传统说法挑战、认真求实的科学精神，以及通过他的研究所展示出来的思想方法，将会成为一种典范，昭示后学。

石泉先生所提出的新解，由于对传统说法有很大突破，不易为人们所接受。所以，在长达三十年的时间里，石泉先生几乎是一个"孤立派"。对他的新说，一些学者曾目为奇谈怪论，在不了解其体系全部内容的情况下，就依据流行说法全盘加以否定。和同时代的知识分子一样，石先生也经历了多次政治、思想运动的冲击，在很长的时间内处境也很艰难，再加上学术观点得不到学术界的一般承认，他所承受的压力是可想而知的。但他始终没有放弃自己的学术观点。在外人看来，石先生对自己的观点坚持得近乎固执，但是，这种坚持正是以坚实的科学根据为基础的。石先生常讲：做学问就要敢于立新说。如果人云亦云，翻来覆去地"炒冷饭"，那不是学问，也就没有做学问的必要了。而如果一旦认定自己的观点有坚实的科学根据，就要持之以恒，不屈不挠。治学如此，做人也是这样。治学要有所持，做人要有所本，这"所持"与"所本"，大而言之，就是一种信仰，失去了它，治学和做人就会失去根本和目标，陷入机会主义。石先生常常谈及个别青年学者，头脑灵活，但不肯下功夫，抄抄写写，就是一篇文章甚至一部书。表面看来，成果很多，但中心空空，又无所坚持，转眼之间，就可能另有"观点"。石先生要我们以此为戒。

石先生常讲，治学须从小处着手，大处着眼。他所研究的古代荆楚地理，看似小题目，却包含着大的意旨。从历史的角度看，它关涉到如何看待中华文明在南方的兴起、分布与发展层次，重心所在及其转移与扩展；如何从历史地理的角度，运用地区发展不平衡的规律认识中国封建社会长期延续等重要理论问题；从历史地理学本身的学科建设角度看，则蕴含着区域历史地理的研究对象与方法等基本问题。石泉先生在古代荆楚地理的研究领域中所作的大量工作，表面看来，是一些细小的具体问题，但从其著作文章中，仍不难见出其见微知著之旨。

朱子云："惟学问可以变化气质。"做人讲究气质，做学问也要讲究"气度"。石泉先生指导研究生，总是要求学生尽可能多读书，不仅要读专业书，还要读其他学科的书。这不仅是开阔眼界的问题，"学然后知不足"，眼界开阔了，知道在自己的研究领域内还有大量未知的学识，才能逐渐培养一种谦虚博大的胸怀。治学虽然要有所持，但又忌讳自以为是，排斥他说。石泉先生对待不同意己说的意见，一向是持宽容以致欢迎的态度；他在学生中也努力提倡一种自由民主的学风，让学生们畅所欲言，自由发展。他认为，民主的学风和科学的精神是学者的生命。

原刊于《文史知识》1995 年第 3 期

恺悌君子 教之诲之

——张岱年先生与我的求学时代

陈 来

张岱年

(1909-2004)

国学大师,哲学家,哲学史家。1933年毕业于北京师范大学,师从张崧年,研读外国哲学家著作并映照于中国哲学。后任教于清华大学、北京大学。曾任中国科学院哲学研究所研究员,中国哲学史学会会长。著有《中国哲学大纲》、《中国唯物主义思想简史》等。

我最早读张岱年先生的书，是在 1977 年秋天。当时我报考了北京大学哲学系中国哲学史专业 1977 级的研究生后，招生办公室寄给我一份招生专业目录。我从目录上了解到，北大中国哲学史专业是由张岱年先生领衔的指导小组招收研究生，于是就利用进城办事的机会，到北海旁边的北京图书馆去找张先生的书来看。在北图找到了张先生的《中国伦理思想发展规律的初步研究》，见其中引用列宁关于"公共生活规则"的话，以论证道德的普遍性和重要性，与"文革"和"四人帮"时期的反传统道德的宣传完全不同，觉得精辟透彻，很合我自己的想法。于是就写了一篇较长的文章，谈我对道德的批判继承的看法，连同一封介绍自己要报考研究生的情况的信，一并寄给了张先生。后来 77 级研究生考试推迟，与 78 级合并，在 1978 年 5 月初试，6 月复试。在这一期间我给张先生几次写信，张先生也给我回过两次信，通信的内容与过程，我在 1998 年纪念北大百年校庆时写的一篇文章里有详细记述，这里就不再重复了。1978 年 6 月复试之后，我前往蔚秀园拜见张先生，这是我第一次见张先生。张先生非常和蔼可亲，告诉我已被录取，张先生和我的师生关系，从此开始。

　　顺便说一句，因为我的舅舅从前是北大数学系的研究生,我自然知道北大从前对老教授是称"先生"的,所以尽管"文革"十年中师生关系变化很大,但从 1977 年冬我第一次给张先生写信开始,我一直都是称他为"张先生"的。在我们入学的时候,有不少同学是称张先生为"张老师"的,后来经过一段时间,大家才都对张先生称先生,没有再称老师的了。

一

1978 年 10 月入学后,第二天即往张先生家,请问读书之道,张先生让我先读《荀子》,他说:"《荀子》在难易之间,从《荀子》开始最好。"于是我就按张先生给我开的书目,跑到琉璃厂中国书店,买了一部线装的王先谦的《荀子集解》,自己用红蓝铅笔逐卷点过,并从图书馆借得郝懿行的《荀子补注》参比对看。由于我入学前已经和张先生几次通信,又已经拜见过张先生,所以在第一年里,我常常去张先生家受教,先生对我循循善诱,非常平和亲切。据我所知,当时其他同学都远没有我和张先生的交游来得密切。到了 1979 年夏天,第二学期末的时候,张先生作为教研室主任,要我们十位同学各报自己的志愿研究方向。我们中国哲学专业带研究生的方法是,研究生入学第一年不分导师,集中修课,到第二年按自己志愿的研究方向由教研室来确定论文指导的导师。入学时大家都已经知道,冯先生还在受审查,在冯先生之外,张先生是全国最有威望的老先生,所以都想着分到张先生名下。由于张先生讲史料学时特详于先秦的部分,大家又都认定张先生肯定带先秦方面,所以十个同学有一半都报了先秦。我这个人一向内心清高，素来不愿意和别人争，也不想先去走张先生的关系，于是我就报了魏晋。暑假过后，张先生对我说："你的方向要调整一下。"确定我的方向为宋明，由邓艾民先生指导我的论文。结果张先生指导四名，邓先生指导二名，朱先生指导三名，冯先生指导一名。张先生对我的研究方向的这一调整，对我后来的学术发展起了决定性的作用。

我的论文由邓先生指导，我就选了朱熹作为论文的主题。不过，虽然论文由邓先生指导，我和张先生的授受关系仍一如既往，我依然常常到张先生家问学受教。记得那时每次到张先生家前，都先看张先生的《中国哲学大纲》，以便提出问题请教，张先生除了回答问题以外，也常谈一些学术动态，偶尔也谈及前辈如熊十力的言行。当时我们已经知道张先生写过《中国哲学大纲》而署名宇同，但坊间并无售卖。我那时天天在图书馆二楼教员阅览室看书，那里有张先生的这部书，而且借阅方便。初读这部书时许多地方不能理解，所以常常就此书中的提法问张先生。这个时候我也开始写些文章，1980年3月，我写了一篇论郭象的文章，意谓郭象既非贵无论，也不是崇有论，而是自然论，写好后送张先生看，其中我在一处引郭象的话"君臣上下、手足内外，乃天理自然"，然后说此语开宋明理学之先河，张先生在此处批注说："宋儒天理从《乐记》来，不是来自郭象。"张先生在文章最后写有批语半页，现已不能复忆其全部，大意谓"文章颇有新意"，"写得很成熟"，"可以发表"等。于是我就将此文修改后投稿给《中国哲学》，后获发表。5月又写成一篇论二程的文章，文章后部讲了二程和朱子的理论关系,也用了自然法思想来比论天理思想。张先生看后我投稿到《中国哲学史研究》杂志,杂志的张绍良同志还跟我交谈一次,但因后来要发表我的张载文章,所以二程的文章退我,终未发表。7月放暑假,临放假前到张先生家,谈及学术动态,张先生提起最新的《中国社会科学》上论张载的文章,我就借了这本杂志和其他几本杂志回家去看。

在我们念研究生的三年里,张先生从我们入学起,不断送书给我们。这些书或者是他写了绪言的,或者是他参加编写的,如《荀子新注》、《张载集》等。《张载集》的绪言是张先生写的,张先生对张载思想资料的分析严谨平实,细致入微,所以我们对张载的看法无不受张先生的影响。我那时在张先生的指引下,也去图书馆找张先生20世纪50年代发表的文章学习,因为那时结集的《中国哲学发微》还未出版。如我就找过1954年《新建设》上张先生论船山哲学的论文细读过,但当时不太能把握关于船山的观念和分析。我也找过1955年《哲学研究》上张先生论张载哲学的论文,看张先生辨析精当,深感佩服。我那时最佩服的是张先生1956年写的《中国古代哲学中若干基本概念的起源和演变》、《中国古典哲学的几个特点》,我学习和掌握张先生的治学方法,是从这两篇文章开始。我看了《中国社会科学》的论张载的文章后,立即觉得有可商之处,于是就在暑假写了一篇文章与之商榷。假期中,文章交张先生看,张先生看过基本没有修改,说:“很好,一定发表!”于是张先生就推荐到《中国哲学史研究》,很快便确定发表。不久,《中国社会科学》知道此事,何祚榕同志来北大要去此文,看后商

384 | 远去的先生

定还是由《中国社会科学》1981年第1期来发表。我的文章是从我当时所理解的学术观点来回应把张载说成是二元论的观点，并在论点和资料上有所发挥。由于我的思想受张先生影响较大，所以当时《中国社会科学》杂志社的主编审查意见中有一句"作者把张岱年同志的观点表达得非常清楚"。据20世纪80年代初在北大进修的日本学者关口顺告诉我，这篇文章发表后，受到日本学者的注意，我想可能因为这是年轻学者第一次在《中国社会科学》发表论文的缘故。有关张载自然哲学的看法，我至今未变，所以这篇虽属"少作"，我去年仍把它编入我的《中国近世思想史研究》。这一年9月，为了帮我解决当时在作朱子书信考证中遇到的困难，张先生还给我写介绍信，去访问历史系的邓广铭先生，向他请教。由于我和张先生的关系，所以同学刘笑敢说："别人只有一个先生，只有你有两个先生。"事实上我同张先生的往来授受关系，要比同学们所能知道的更为密切，我顺利走入学术界，完全是张先生的不断提携推荐促成的。

二

1981年秋毕业，本专业同学中只有我留校任教。当时张先生让我开外系的"中国哲学史"课程，并给我一年的时间备课。我大概用了半年时间，已经大体准备好。后来讲课的情况尚好，张先生还介绍刘鄂培同志来听我的课。1982年春夏，我因备课已经有了规模，就继续我的朱子研究。在资料问题上，我遇到疑难处，也常常会去问张先生。还在1981年春天，我一次去问张先生,侯外庐等的《中国思想通史》中引用朱子"理生气也"的一段话,我在《语类》和《文集》中都没有看到,不知其原始出处在哪里。张先生说这以前大家都没注意,你再找找。过了两星期仍寻找未到,我又到冯友兰先生家去问,冯先生说,前几天张先生还说起,不知道这段话出在哪里。可见张先生还为此事帮我问了冯先生,我心里很感激。1982年4月前后我在张先生家谈话,问张先生,张载"心统性情"的话,朱熹每喜引用,其原始出处到底在哪里?我问这类问题,目的是找到语录对话的原始语境和连贯论述,以便准确了解这些话的哲学意义。张先生说:"可能出于其《孟子说》,但《孟子说》已经不存,你可以再找找,比如《宋四子抄释》里面的《张子抄释》,看看能不能找到。"于是我就到北京图书馆善本室去查,看了几天,在《张子抄释》中没有找到"心统性情"。但我在顺便翻《朱子抄释》的时候却找到了"理生气也"的出处,于是结合《语类》朝鲜古写本序的线索写了一篇文章。张先生看到我把问题解决了,便很快把它推荐到《中国哲学史研究》,在1983年发表。这篇小文章,颇受到国际学界前辈陈荣捷先生、山井涌先生的注意和好评。其起因是,1982年夏在夏威夷开朱子学会议时,东京大学的山井先生提出此一资料的出处问题,结果包括陈荣捷先生在内的与会学者都未能解答。其实这个会本来邓艾民先生推荐我作为青年学人参加,但后来会议在国内请了五十岁上下的学者作为青年学者的名额参加,所以我未能躬逢此次盛会。在那个时期,比我们年纪大十几、二十岁的先生都在"文革"后努力研究发文章,而发表园地很少,所以我们这些刚毕业的研究生发表文章还很难。我在初期的文章多是由张先生推荐才得以发表的。没有张先生的推荐，我们进入学术界肯定要经过更多曲折。

在北图找"心统性情"的时候，因看到《张载集》中"张子语录跋"提及"鸣道集本"，便问张先生是否要去看看，张先生说："其书全名是《诸儒鸣道集》，在北京图书馆，你可以去查查"，于是我就在北图将《诸儒鸣道集》通看一遍，虽然没有查到"心统性情"，但也有收获。由于北图的本子是影宋本，上海图书馆则藏有宋本，我也曾写信到上图询问宋本的序跋情况。情况摸了一遍以后向张先生报告，张先生要我写成文章，经过张先生看过，后来发表在《北京大学学报》上。我还记得，文中所引黄壮猷的序，原文"时"字是用的讹字，我不认识，也没去查字典，就照抄录下，是张先生将这个字改为通用字，以后我才认得这个字。1986 年初，一次在从香山回来的汽车上，杜维明先生说上海图书馆向他介绍《诸儒鸣道集》，他觉得很有价值。张先生即说："陈来已经写了文章了。"后来杜先生要我把文章影印给哈佛燕京图书馆吴文津先生，要燕京图书馆购藏此书。从以上这些事情可知，我早年的学术发展与活动，多与张先生的指引有关。

三

1982 年北京大学开始招收文科博士生，北大中国哲学专业只有张先生是国务院学位办通过的首批博士生导师，我当然报考了张先生的博士生，并顺利考取。在学问授受方面，我与张先生的关系，在作博士生前和作博士生后没有什么变化。

所变化的地方,是张先生开始要我更多了解他20世纪30至40年代的哲学思想。大概在1983年底,张先生要我起草《张岱年传略》,因此拿出他珍藏的早年文稿给我看。我借回家细读,对张先生的分析十分佩服,还把《谭理》抄在我自己的笔记本上,后来在我的博士论文中也加引用。我在这时开始了解张先生自己的哲学思考的历程。我依据这些材料,写了文章,交给张先生,我说,"我在文章里有个提法,我说您当时的思想可以说是一种'分析的唯物论'"。张先生点头肯定,面露满意的微笑,他说:"30年代就有人说我们兄弟主张'解析的唯物论',就是'分析的唯物论'。"看到自己正确地理解了张先生的思想,得到先生的认可,我也颇觉兴奋。所以,我实际上可以说是国内最早研究张先生哲学的人。张先生对外人非常客气,对学生则要求较严,一般不会当面夸奖学生的能力,也是在这个时期,张先生当面对我说了惟一一次夸赞的话。1985年我遵师命又写了一篇《张岱年学术思想评述》,写好后我对张先生说,抗战期间,您写的这些文章可以称为"天人五论"。冯先生写了"贞元六书",您写了"天人五论",冯先生讲新理学,您讲新唯物论,可谓各有其贡献。张先生当时说,那不能和冯先生比。不过后来张先生也认可了"天人五论"的说法,《张岱年文集》和《张岱年全集》中也都用了这个总题。1989年2月,张先生在西苑医院住院,那时清华大学编的张先生文集第一卷出版,我写了《创造的综合——读〈张岱年文集〉第一卷》,后刊在《中国社会科学》上。其实,我写草稿时,还没拿到书,都是根据我在1983年至1984年读张先生20世纪30至40年代文稿的理解和所得。张先生在医院跟我谈起此文中的提法，说："你是我的一个知音。"1997年《张岱年全集》出版后，张先生的学术渐为更多的人所了解，1997年我为《纵横》杂志写了《张岱年——自强不息、厚德载物的哲学家》一文，此文的主要基础也是依据我在20世纪80年代对张先生哲学的研究。1998年北京大学校庆，我因《群言》杂志之邀，写了《大师的小事》，记述了我在20世纪70年代末和张先生最初的交往，张先生后来看过对我说："写得很好！"

20世纪80年代初期，学界很关注哲学史方法论的问题，意在突破"唯物—唯心两军对战"的教条和框框，破除哲学史研究的意识形态障碍。而突破的努力有多种形式，如有学者特别突出二元论的问题，有学者提出用三分法来看哲学史的不同派别等。张先生虽然坚持中国有唯物论传统，但他对从前讲的中国哲学史上的"唯心论"一贯很为不满，如他多次说过朱熹的"理"不是"精神"，不是"观念"，更不是"心"等。我那时也关心这类问题，1983年初的时候我就写了一篇文章《试论中国哲学史上的唯物主义和反唯物主义》，认为从老子到朱熹，中国哲学形上学主要的传统是以"唯道论"为形式，不是以精神和理念为世界本源；意在强调尊重中国哲学的特点，矫正把恩格斯"哲学基本问题"的说法当作教条的状态。这篇文章张先生看过后还是肯定的，也在几十个小地方作了修改，并把题目改为"试论中国哲学史上两条路线斗争的特点"。可见张先生对此文的修改是十分认真细致的。所以1984年在河北蓟县开中国哲学史年会时，张先生就带我去参加，我在会上就讲了这篇文章。不料讲过后人民大学的一位先生在评论中批评我的观点"出了圈",张先生当时在会场上也有点紧张；但在那个时代,在这个场合,在这个问题上他也不好替我说话,这也是他在场着急的原因。由于主观和客观的原因,这篇文章最终也没有发表出来,我就把这文章一半的意思写在了博士论文第一部分的末尾,张先生也未加反对。从这件事可以看到张先生不仅自己对苏式哲学史始终不满,他对我们突破日丹诺夫教条的各种尝试也是支持的,鼓励的。

<h2 style="text-align:center">四</h2>

由于我们是第一届文科博士生,在综合考试方面没有任何经验,所以临到综合考试的时候,我也没有做细致的准备,只是跟博士生入学考试的准备差不多。结果,在博士生综合考试口试的时候,西方哲学齐良骥先生和王太庆先生问的问题我都答出来了,张先生问的第二个问题我却完全没有把握回答好。张先生问王船山的体用观有何特点,我含糊其辞地说了一通,张先生也没再说什么,但我自己知道并没有答到要领。我以前虽然看过张先生写的王船山的论文,但由于自己没认真下过工夫,不能深入理解其中的问题。口试虽然得了高分,但给了我一个教训,王船山是不能轻易谈的。后来我跟张先生谈起,张先生说,王船山他在山里写书,也不和别人讨论,所以很难懂。

在读博士生的期间,张先生也曾要我们帮他写文章。这类文章的情形是这样：张先生已经就此题目写过论文,但刊物索稿太多,故张先生要我们照他已发表的论文的意思,再重写一遍,其中也含有锻炼我们的意思。如1983年张先生要我替他写一篇方以智的论文,拿他在天津师范学院学报的文章的意思改写一下。我从张先生那里借了《东西均》细读一过,有了些自己的看法和理解,于是在文章的前面全用张先生的意思讲《物理小识》,中间论《东西均》核心思想的地方都加用了我的分析。张先生不仅未加否定,将文章径拿给《江淮论坛》发表了,而且署的是张先生和我两人的名字。此外,张先生把稿费也全部给了我。那时,我们的名字能和先生的名字并立发表,这已经是不敢想的事,而稿费也交由我们"独吞",这更可见先生对我们的照顾。张先生的这一类对学生或后辈的照顾,曾施之于很多人,充分体现了老一辈学者对学生后辈的关爱,在学界广为人知,这里就不详细列举了。

在学术上,张先生更是主动为我们着想。1984年一次在香山开会,杨曾文同志跟张先生说起,一位美籍学者的文章说国内一个同志发现了朱子语录的资料,我当时随侍张先生旁边,张先生右手一指我说:"那就是他呵!"也是在这次会上,张先生主动向中国社会科学出版社的黄德志女士推荐我尚未写完的博士论文到该社出版。当时青年学者出书甚难,我的书能在中国社会科学出版社出版,其最初始和最根本的启动力量就是来自张先生的主动推荐。到了1985年,我们第一届博士生通过博士论文答辩,两个月后,未等我们去请序,张先生已经主动帮我们写好了序,把我们叫到家中交给我们,并且带着比较满意的心情说:"你们现在都能自立了。"这既是对我们的能力和已经取得的成绩的肯定,也表示了圆满完成了对我们的培养工作的欣慰。我当时想,此前都是在先生的翼护下发展,今后我们要独立发展,迈入个人成长的新的阶段。所以,我在1985年9月写了《熊十力哲学的体用论》并请张先生阅正,张先生肯定了我把熊与斯宾诺莎的比较,但在最后加了一句话,"熊氏未必研究过斯宾诺莎哲学,但基本观点确有相近之处",使得论点更为严谨。从那以后,我就没有再请张先生为我阅改、推荐作品了。

我那时很乐意帮张先生做事,张先生也有时给我些小任务。比如1985年他要去上海开会,讨论《中国哲学辞典》,他就要我先看看,有什么问题。我就翻一遍,挑出一些错误或不足之处,写在纸上,交给张先生备用。顺便说一下,由于跟张先生学习,看张先生的字机会多了,我在1983年以后写的文章,在最后一遍誊写时,写字颇模仿张先生的字体。张先生的钢笔字浑厚饱满,令人心仪,我常常有学习之心。可是我写字的基础功夫不厚,写字时往往心急,所以始终没学好,而且我的字偏瘦,可谓字如其人。我写的字模仿张先生这一点,1986年在北京爱智山庄开会的时候,社科院的谷方同志也看出来了,这也可见张先生的字亦颇为学界同仁所注意。

五

1985年夏天,我顺利通过答辩,获得博士学位,重回系里教书。在教课之外,教研室安排我作冯友兰先生的助手,此前是李中华作了两年。我在作研究生时便曾几次拜访过冯先生,这次是中华带我去并正式介绍给冯先生作助手,宗璞还特地问我:"你愿意来吧?"初次和冯先生谈工作,冯先生让我把他刚写就的新编第四册的稿子拿回去看,提意见。第二次去时,我就向冯先生谈我的意见。过了一阵子,在图书馆前碰到张先生,张先生说:"冯先生说'陈来到底是个博士!'"看样子张先生刚从冯家出来。知道冯先生对我的肯定,张先生也颇为满意,要我好好给冯先生帮忙。这年秋天,张先生召集方立天、程宜山、刘笑敢和我四人到他家,说罗素写了《西方的智慧》,我们可以写一本《中国的智慧》,这是我参加撰写由张先生主编的第一本书。分工后各自负责,我承担的宋明部分都是我在1986年春夏学期一边教中国哲学史课一边写出来的,所以我的课实际是按我写的《智慧》的部分讲的。写好初稿后交张先生,我写的部分里,张载的一篇,张先生批了好几处"很好",其他各章好像最多只有"好",没有"很好"。张载是张先生的专门,张载的一章能得到张先生"很好"的肯定,那就已经很满足了。大概在1986年的时候,张先生还要我参加他主编的《中国伦理学史》的写作,在教研室开的会,张先生还说:"陈来对伦理学有体会,他的第一篇文章就是谈伦理学的。"这指的就是我在报考研究生时寄给张先生的文章,其实这篇文章张先生1979年夏天已还给我,张先生在多年后仍然记得我的习作,而且给我以鼓励,张先生对学生的这种鼓励、提携,是令我永远难忘的。只是我在1986年赴美,以后并未参加此书的写作,而赴美的推荐信仍然是张先生为我写的。我赴美后,我内人曾代我去看望张先生,结果张先生在我内人面前把我对朱熹的研究大大表扬了一番,甚至说了"朱熹研究,世界第一"的话,这对于我是很意外的,从这里也可以看出张先生教人的特点。

六

以上所述从 1978 年到 1985 年我在作研究生和博士生的时期与张先生的受教往来,可以看到,从研究生的考取,到入门的指引、文章的推荐、毕业的留校、博士生的指导、博士论文的出版,张先生确实是我的恩师,张先生总是亲切地给我以鼓励,并为把我引入学术道路花费了不少心血,这一切使我铭记在心,感念不忘。而回想起来,上世纪 90 年代以来,我为张先生所做的事,实在是太少了。从客观上说,清华大学的刘鄂培等几位老学长,以清华思想文化研究所为基地,主动策划和承担了张先生论著的出版,和逢五逢十的庆生活动,使我们得以坐享其成,产生了依赖思想;从主观上说,就是对老师关心不够,这是无可推脱的。

80 年代末期以来,由于在文化问题上我对儒家价值认同较多,通常被学界视为"文化保守"的代表,而且我所研究的对象,也大都不是所谓"唯物主义"。我猜想,从理想的角度来说,张先生对我的发展方向也许不无一丝遗憾;但张先生对我的发展非常宽容,从未对我表示有任何不满意的地方,这也是我特别心存感激的。

其实,张先生固然很注意阐扬古代唯物论和辩证法,但张先生晚年更重视阐发儒家的价值观。张先生 90 年代初关于"国学"的定义和阐发,是我在 90 年代有关国学发言的主要依据。所以，在对儒学和国学的基本看法上，我和张先生是一致的[1]。更重要的是，直到今天，在中国哲学的理解和诠释这一根本问题上，我自己的学问方法始终信守和实践着张先生的治学方法，并以此指导我的学生。我认为，张先生在国内外学术界的崇高地位与影响，决不仅仅是因为他阐扬古代唯物论、提倡综合创新，而主要来自于他对中国哲学的精湛研究，来自他对中国哲学思想资料的全面把握和准确诠释。在这个意义上，我可以自豪地说，我是张先生治学方法的正宗传人。我从张先生学到的治学方法，说来也很明白，这就是张先生在1978年给我们研究生上课时就讲过、以后经常重复的司马迁的名言："好学深思，心知其意。"就是说，读古人书要仔细体会其原意，并用"解析"的方法加以严谨的分析、表达。我的博士论文，自信可算是张先生治学方法成功运用的一个例子。在80年代中期，我们不太懂得写书可以献给自己敬仰或亲近的人，所以我的博士论文在中国社会科学出版社出版时，就不晓得敬献给先生。后来出国看书多了，才注意到这点，所以1990年《朱熹哲学研

---

[1]先生为主编的"国学丛书"出版后，国内一系列以"国学"命名的出版物接连出现，1993年《人民日报》针对当时商品经济大潮对学术的冲击，也报导了北大学者从事国学研究的情况。这引起一些反对传统文化的人的注意，一家杂志刊登文章，认为"国学"的概念是排斥社会主义文化的可疑观念。我看后对张先生说，您在国学丛书的序言中已经把国学的概念讲得很清楚了，怎么说是可疑的概念呢? 张先生说："现在看来有种种误解，研究国学不是复古，你可以跟他们打个电话。"于是我就打电话给杂志的主编，反映我们对这种提法的不满，但我并没有说是张先生建议我打的。不过，这些误解不仅没有消除，反而引起了这家杂志后来对包括我在内的一些同志的批判，这倒是我们始料不及的。

究》在台湾出版,我就在扉页写上"谨以此书献给张岱年先生",并在台版后记中说:"我的导师是张季同(岱年)先生,先生治学,一主太史公所谓'好学深思,心知其意'之旨,最讲平实谨严,在本书中可以明显看到先生治学之方对我的影响。"1996年我编自选集,在自序中我也提到张先生对我的影响。1999年,张先生九十寿辰,由我发起、组织和主编了《中国哲学的诠释与发展——张岱年先生九十寿庆论文集》,北京大学出版社出版。其中我所写的一篇,在文后附记说:"张先生教人,最强调'好学深思,心知其意',我称之为八字真经。我个人从张先生所得全部训练,亦可以归结为这八个字。欣逢先生九十华诞,谨以此小文庆贺之,从中亦可看到先生治学之方对我的深刻影响。"这些年来,我写了不少书和论文,在海内外学界都得到同行的肯定,算是有些成绩,没有辜负先生的栽培。而我看自己的著作,无论主题有何变化,自度所长,和成绩之所以取得,仍然在于能较好地掌握先生提倡的治学方法。近年我曾和友人闲谈说,"张先生门下可以说有两派,一派是综合创新派,一派是心知其意派,我算是心知其意派"。在纪念和回忆张先生的时候,我强调这一点,也是以我自己做例子,希望中国哲学研究领域的后来者,能认识张先生治学"金针"的真正所在,少走弯路,在中国哲学史的学术研究上取得更多更好的成绩。

2004 年 5 月 6 日初稿于北大蓝旗营

2004 年 7 月 18 日改定

原刊于《文史知识》2005 年第 2 期

深切悼念任又之（继愈）先生

白化文

任继愈

(1916-2009)

哲学家，哲学史家，宗教学家。1941年毕业于北京大学文科研究所，师从汤用彤、贺麟，后留校任教。筹建中国科学院世界宗教研究所并任所长。曾任中华书局学术顾问，主持《中华大藏经（汉文部分）》的整理和编辑出版工作。著有《汉唐佛教思想论集》《中国哲学史论》、《老子全译》等。

任又之（继愈）先生逝世，凡与先生熟识的人莫不十分悲痛。

任先生字又之，山东平原县人。诞生于 1916 年 4 月 15 日，得年九十三岁。先生少年时即才智颖发，特立独行。1934 年自北平大学（不是北京大学）附中毕业后，即以优异成绩考入北京大学哲学系。这是个经过深入思考的决定。因为，哲学是出名的难学，在当时，毕业后出路也很窄。任先生的中学国文（今称"语文"）老师就是哲学系毕业的；当时已经全国知名的文学家朱自清先生是北大哲学系的老前辈，毕业后也一直教语文、文学课程。前车之鉴并没有动摇任先生终生从事哲学研究的信心与决心。晚年时，先生对我说过，那时选择学哲学，是希望对世界和宇宙的终极性问题"寻根究底"。

1937 年"七七事变"后，任先生随校西迁，并参加了西南联大校史中著名的从湖南步行赴云南的"湘黔滇旅行团"。后来，任先生在许多场合，包括与我的个别谈话中都表达过："这次旅行，使自己有机会看到了中国农村的贫困与败落，震动很大。"20 世纪 30 年代末期那一两年，在西南联大求学时，任先生曾经和教导过我的周绍良、李赋宁两位先生，以及朱德熙先生（我在北大中文系读书时，朱先生交换到前苏联教书),四人共同租赁一间小屋居住。任先生笃念故交,有时会显露感情地津津乐道当年"同吃过桥米线"的事。就我亲历所知所见,周绍良先生逝世前后,任先生在许多方面曾给与巨大的、别人无法代替的无私援助。同样,任先生在1938年毕业后继续读研究生,直至1942年毕业后担任助教时,对同时在文科研究所的同学,也友谊甚笃,并通贯一生。就我亲知亲历,任先生时常谈到马学良先生为了写作研究生毕业论文,深入撒尼彝族地区,学习彝文、调查彝族风俗的事。任先生多次讲到,那时的彝族地区交通十分不便,生活异常艰苦。马先生几次给任先生写信,说顶不住了。任先生就几次带着大批用品,翻山越岭去慰问,鼓励他不可半途而废。任先生还多次对我说,马先生的毕生心血凝聚在《彝文经籍文化辞典》一书中。此书的每一个词条都是彝文文字打头,然后才是汉文解释,印刷十分不便。出版社说,一条词头按一幅画收费。马先生自愿放弃稿费。任先生叫我帮助推出。您自己也往往亲自出马。例如,1996年2月12日,任先生曾在我的陪侍下,降尊出席一次北京市出版局的选题论证会。先生精诚所至,金石为开,会上初步决定,为学术不惜血本。此书后来由京华出版社于1998年12月出版,马先生在1999年初即逝世,总算看见了自己一生成果问世。此书后来获得"国家图书奖"大奖,马先生已不及见矣。任先生与我每每谈到此事,辄以弘一法师"欣慨交心"一语结束。

以上仅仅从个人闻见,侧面记述。若论任先生的荦荦大节,断非门生如我之辈所能。谨提供两点供当代与后来知人论世者参考。

一点是，随着我国经济、文化水平的不断上升，许多与文献整理有关的国家级大项目提上日程。多年来，担当这类大项目领导的，主要是任先生。例如：

已编成的《中华大藏经》（中华书局出版）及正在起始的续编；

进行中的"中华古籍保护计划"及为此成立的"国家古籍保护中心"，已经评定的"国家珍贵古籍名录"第一、二批名单，以及印行的《第一批国家珍贵古籍名录图录》、《册府撷英》；

进行中的点校本"二十四史"及《清史稿》修订工程；

编纂中的《中华大典》，共分二十四个典，八亿字；以上均由任先生挂帅。还有许多项目，如《宗教大辞典》、《佛教大辞典》、《中国佛教史》等等，不及枚举，也都由任先生主编。

此外，任先生经领导任命，于20世纪60年代中创办了中国科学院（今称中国社会科学院）世界宗教研究所，改革开放后又担当起国家图书馆馆长的重任。

拙见以为，中国现当代的大学者中，学问道德文章与任先生相埒者不少，但是，为什么时代只选中了任先生担当多种重任，这是个比较复杂的问题，不是一两句话能说清楚的。单纯埋头搞学术的学者往往缺乏领袖群伦的能力，学术上没有卓越成就的人大家又不服气。环顾国内，也就只有冲和恬淡但又极有主见的任先生堪此重任矣。

另外一点，则是可以衔接着上一点来说。我观察任先生为学的轨迹，大约先生最早是想研究西方哲学"本体论"那一套，进行"寻根究底"的。抗战时期，逐步取向中国哲学史范畴。新中国成立之初，以研究道家特别是《老子》为切入点。后来，经过毛主席、周总理指示,儒、释、道兼修,旁及世界几大宗教。改革开放后,逐步开始领导整理与保护我国古典文献事业。您的事业越做越大,路子也越走越宽。任先生有时与我闲谈,昭示说,不宜把个人钻研的内涵与社会需要割裂,而要跟随国家、社会的大需要,团结多数人一起来做,那样,前景一定光明。要跟大家一起前进。这些话使我豁然开朗。这些年来,任先生不嫌弃我,有工作总会找我参加。大前年,任先生忽然打电话给我,说:"你当《中华大典·民俗典》主编。"我说,手头的事已经排到三年后了。老师说:"国家任务,先干这个。"我还要推,老师说:"就是你了!"说完,电话挂上了。后来,"二十四史"的事,续编《大藏经》的事,把我也列名在内。好在不是主力,跟在后面摇旗呐喊罢了。想起任先生"跟大家一起"的教导,心想,有老师当主心骨撑着呢!大树底下,且先乘凉再说。而今已矣!正当闻鼙鼓而思中原主帅之时,何处更得先生!

任先生逝世,国家图书馆善本部、北京大学善本部、国家古籍保护中心三单位合送挽联一副:

秘阁失元老;弘规荫后生。

作为追随多年的老门生,我也勉力作成挽联一副:

虎观仰音容,辄觉平居亲炙少;
樗材承顾遇,长怀感激负恩多。

怀念朱伯崑先生

陈来

朱伯崑

（1923—2007）

    哲学家，哲学史家，是继冯友兰和张岱年后的中国哲学史研究"北大学派"的代表。他见解独立，反对简单套用两条路线的斗争来研究中国哲学史，产生了积极影响。主编《中国历代哲学文选》、《中国哲学史资料选集》等，为中国哲学史教学奠定了基础。此外，他是中国易学哲学的奠基人，著作《易学哲学史》系统全面地讨论了先秦以降的易学哲学发展，在国内外影响巨大。

5月3日（美国东部时间）中午从哈佛广场回来，打开收件箱，十几个新邮件一下子涌了出来，其中张学智教授发来的题为"讣告"的邮件赫然夺目，我一下子就意识到这可能和朱先生有关。待打开看，知道朱先生已于日前仙逝，虽然朱先生一两年来身体一直不好，但这个消息仍然令我感到惊愕，叹息不已。

　　朱伯崑先生（1923-2007），著名哲学史家，易学哲学研究大师，我国哲学界望重士林的著名学者。朱先生长期从事中国哲学史的教学与研究，就我所知，他对解放以来中国哲学史教学体系掌握最熟、教学经验最富。他的研究继承了冯友兰先生的治学方法，重视理论思维，重视分析中国古代哲学的概念及演变，在把握中国哲学的广阔性和深刻性方面达到了很高的造诣。他对解放以来中国哲学史研究的"北大学派"建设做出了重大贡献，他是当代中国哲学研究有威望和成就的大师，他的研究在国内外学术界有重要的地位和影响。他的逝世是我国哲学界和中国哲学史学界的重大损失。

　　我最初见朱先生是在1978年6月研究生复试考试时。当时，我除了认识张岱年先生和楼宇烈老师外，其他老师都不认得。复试会上，除了张先生外，主要提问的是一位戴白边眼镜的老师，五十多岁，反复提了与公孙龙哲学有关的问题，对于这些问题，我都就自己所知，一一做了回答。考试后，通过问别的考生，才知道这位最能提出问题的老师就是朱伯崑先生。

对我们78级研究生来说，除了张岱年先生以外，最重要的老师就是朱先生。入学那时，除了张先生这样年纪的老先生我们称先生外，五十几岁以下的先生多称老师，所以我有好多年都称朱老师，后来才改称朱先生。在改口的开始几年，我自己心里还是觉得叫朱老师亲切些，但慢慢也就习惯了。初入学时，我们曾在张岱年先生课上问他，朱先生是不是他的学生，张先生说："他解放前在清华上我的课，我两年都给他100分！"张先生还说"他现在已自成一家"。

朱先生给我们开的通史资料课，长达一年有余，每周两次，每次四个小时，上了两个学期，还没讲到王船山，所以第三个学期又继续讲，上得大家往往头晕脑胀，而朱先生兴致勃勃，欲罢不能。这门课不是本科的中国哲学史课，而是专门给研究生上的中国哲学史通史资料课，本来的设计是主要读资料，但讲着讲着，就不讲资料了，讲成朱先生的中国哲学史通史。这个课讲得比本科的中国哲学史课要深得多细得多。朱先生的这个课对我们非常重要，不仅在一个较高层次上把整个中国哲学史深入地重新走了一遍，而且把其中理论问题和学术争论都全面揭示出来了。同时，这对我们也是一次以"北大学派"（这是后来朱先生多次跟我谈的问题）治学方法的重要洗礼，朱先生这一次中国哲学史通史讲课，其体系之深入与广博，我相信是前无古人，而后来者也不会再有的，因为现在的研究生没有中国哲学史通史课，而本科的通史教学都走向简短，以各门断代专题课作为补充。我在研究生时代写的郭象、张载的论文，都与朱先生的这门课对我的启发有关。

朱先生不仅上课，还找大家到家里去谈，第一学期结束，大家交了对《管子》《内业》、《心术》篇的注释作业，假期中朱先生找我们十个人分别去谈，这种教学认真负责的态度，今天很少有人做到，我自己也从来没做到过。1981年春夏，每个人的研究生毕业论文初稿都拿给朱先生去看，这大概不是教研室的规定，而是大家对朱先生的一种依赖，反正麻烦朱先生也没关系，他肯定会给我们的论文把关。我记得朱先生找我去谈我论文的时候，点头予以肯定，说我的论文"有点新东西"，得到朱先生的鼓励，我当时很高兴。

在上朱先生通史资料课时，讲到魏晋哲学和北宋哲学时，朱先生都提到本体论和宇宙论的分别，指出在欧洲哲学史上沃尔夫最先提出这个分别，汤用彤先生在20世纪40年代以此分析汉代哲学和魏晋玄学哲学形态的差异。本体论和宇宙论的分别，在50年代初到70年代末，已很少有人再用，当时的学者多认为本体论是旧哲学名词，不宜作今天哲学史分析的方法。但朱先生在课上还是强调这一点，这是对教条主义方法论的拨乱反正，这对我也有一定的影响。我的博士论文对朱熹理气观演变的分析，除了利用冯先生逻辑在先的分析外，也利用了这个框架，论述了朱熹哲学从本体论到宇宙论的变化，这个分析就是受到朱先生讲课影响得来的。

在给78级研究生讲课后不久，朱先生身体一直不太好，主要是喘病，那个时期他经常去圆明园散步。1983年春季学期，我听过朱先生的易学哲学史课程，这个课本是给82级研究生开的,我当时已是博士生,但博士生没有课程,所以就去听朱先生这门课。这门课给我们最深的印象,是汉代易学的卦气说和汉唐易学的元气说,尤其是北宋初期的太极元气说。这成为我博士论文论述周敦颐太极论的基本依据。当时朱先生的讲义还未出版,所以我在博士论文的脚注里说明"此点在朱伯崑先生的易学哲学史课程中早已指明"。此后我对北宋初期和周敦颐太极说的解释始终持此讲法不变。

1985年春天,我的博士论文初稿写好,那时候并没有预答辩,但我没忘记先拿去麻烦朱先生看看。朱先生看过,要我注意中立一元论的问题,还提醒我看李相显的书。在博士答辩时,朱先生提出中立一元论这一问题,张先生当时面色微变,但我已经经朱先生提醒过,所以从容回答,未出差错。答辩结束,朱先生笑着对我说"你是太喜欢朱熹了",当时杜维明教授在旁,说"是同情的理解"。答辩后我回到系里教书,此后二十多年在学术上仍一直不断地受到朱先生的教益。

朱先生的学术活动可分为四个方面。第一是中国哲学史。在这方面他在建立50年代后北京大学中国哲学史的教学体系方面做出了重要贡献,在教学实践、教材编写、资料编辑各方面都发挥了重要的作用,由于院系调整以后,全国的哲学教师都集中于北大,北大哲学系在全国具有示范的意义和影响,所以他在北京大学哲学系中国哲学史教学的影响是及于全国的。第二个方面是易学哲学。朱先生认为中国哲学形上学和宇宙论的概念、命题、思维主要是借助对《周易》的解释而发展起来的,是从易学的解释传统中转出来的,他从70年代末开始对此进行研究,在开设易学哲学史课程外,以十年时间完成出版了《易学哲学史》四卷的巨著。这部划时代的易学哲学经典,不仅开创了易学哲学研究综合的典范,同时也是一部中国哲学史的通史。第三个方面是易学普及。朱先生上世纪90年代创办了东方易学研究院,坚持"善为易者不占"的理性解易传统,出版了多种易学知识教程与普及读物,组织多次国际性会议,对推广易学起了重要作用,在新世纪他又主持创建了国际易学联合会,为世界性的易学研究奠定了组织基础。第四是研究冯学。朱先生曾长期跟随冯友兰先生,协助冯先生写中国哲学史新编,冯先生逝世后,在朱先生的建议下成立冯友兰研究会,组织会议,编辑论文集,颁发研究奖,推动了冯友兰研究的深入发展。

在前辈老师学者中,朱先生最善于提出问题和解答问题,这是和他研究的全面、深入与对资料的熟悉功夫是分不开的。朱先生非常注重理论思维,重视辨名析理,在他那一辈的中国哲学研究学者中,朱先生的理论能力是非常突出的。同时,朱先生又非常重视资料,对基本资料的掌握达到了精熟的地步,可以说仅次于张先生。60年代以来北大所编的中国哲学史资料选辑,有几种就是在朱先生一手主持之下完成的。我深深地感到,朱先生对中国哲学的熟悉、把握,我们是要一辈子来努力学习的。

我们教研室中年以下的老师都是朱先生的学生,但我感到,比起其他的老先生,朱先生和我们的关系更自然,也更亲切,这样的师生关系我觉得是很难得的。前年夏天以后,朱先生腹泻的病症长期没有治愈,我去年离家赴美研究,行前曾看过朱先生。从朱先生家出来时闪过一念,不知我走这一年,回来能不能见到朱先生。现在他遽归道山,我虽不觉得十分突然,但颇生歉疚之情。因为我人在美国访问,无法回去亲自向他老人家告别,也无法送他到最后一程,这是我深感遗憾的事情。所以,我只能远隔重洋,献上一瓣心香,默默地悼念这位受到大家一致尊敬的老师。

原刊于《文史知识》2007年第7期

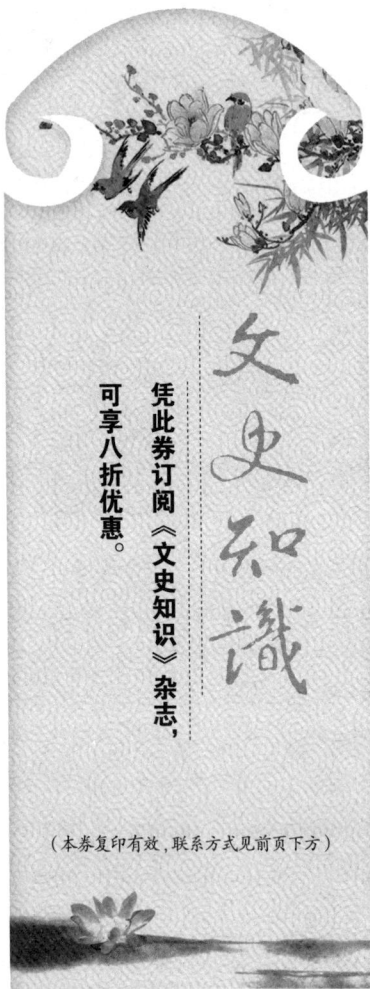

文史知識

凭此券订阅《文史知识》杂志，可享八折优惠。

（本券复印有效，联系方式见前页下方）